肖云　刘恋——著

嘉陵江流域
史前文化研究

Jialingjiang Liuyu
Shiqian Wenhua Yanjiu

图书在版编目(CIP)数据

嘉陵江流域史前文化研究 / 肖云,刘恋著. —成都:巴蜀书社,2021.7
ISBN 978－7－5531－1516－0

Ⅰ.①嘉… Ⅱ.①肖… ②刘… Ⅲ.①嘉陵江－流域－史前文化－文化研究 Ⅳ.①K871.104

中国版本图书馆 CIP 数据核字(2021)第 151063 号

策 划 刘 冰

嘉陵江流域史前文化研究
JIALINGJIANG LIUYU SHIQIAN WENHUA YANJIU

肖云 刘恋 著

责任编辑 刘 冰
封面设计 原创动力
出 版 巴蜀书社
　　　　(成都市锦江区三色路 238 号新华之星 A 座 36 楼 邮编 610023)
　　　　总编室电话:(028)86361843
网 址 http://www.bsbook.com
发 行 巴蜀書社
　　　　发行科电话:(028)86361856
经 销 新华书店
照 排 成都木之雨文化传播有限公司
印 刷 成都蜀通印务有限责任公司
成品尺寸 170mm×240mm
印 张 17.75
字 数 400 千
版 次 2021 年 8 月第 1 版
印 次 2021 年 8 月第 1 次印刷
书 号 ISBN 978－7－5531－1516－0
定 价 68.00 元

内容提要

　　本书结合历史哲学、考古学、人类学、心理学、神经生理学、美学和复杂适应系统理论等，构建了一个关于人类文化演化的理论框架，并按照这一框架的逻辑论述了嘉陵江流域史前文化及其演化发展。全书主要包括理论构建、嘉陵江流域史前文化论述、史前文化交互论述和史前文化交互与生态构建等。全书的核心概念就是"交互"，涵摄文化层面的天人交互、人域交互以及天人交互与人域交互的互构。全书新意迭出，跳出了一般史学著作（包括考古学）见物不见人、见事不见理的窠臼，力求分析出历史文本背后的玄机。本书适合对考古学、人类学、历史哲学等领域感兴趣的读者阅读。

自序

　　历史研究的价值在于鉴往知来，达此目的首先需要有丰富的历史知识，然后在此基础上发现历史背后的力量。但历史已经过去，无论是处在某一历史过程之中的亲历者，还是处于这一历史过程之外的远观者，没有人能够上知历史之全貌、下窥历史之细节；能够准确无误地提供历史知识是困难的。历史学著作看似是对某段历史的真实记录，其实不过是历史的文本，而不是历史的本文。本文是自在的，本文就在那里，不多不少、不增不减，静而无声，默而不语，文本不过是对本文的反映，有多有少，有增有减，喧而扰攘，哗而嘈杂，或者逼近了历史的真相，或者纯粹胡说八道；有的因为迎合了当世的口味而至洛阳纸贵，有的因为反映了历史的真实而流传久远。总之，历史总是被写了又写，没完没了。20世纪以前，历史哲学致力于从本体论的角度去发现人类如何创造历史，试图逼迁历史真相，20世纪以降，历史哲学则转向了认识论，研究人们如何写历史，试图瓦解历史真实。两者都出现了世界级的思想家，如斯宾格勒和汤因比、克罗齐和科林伍德等。结果呢，最终都如大侠金庸所言，"大闹一场、悄然离去"。

　　或许正因为历史不易把握，才有了古往今来众多的杰出人士蜂拥到历史研究的场域之中。这既是人类鉴往知来的需要，也是一场思维的盛宴。本书借嘉陵江流域史前文化研究之机，吸收历史哲学、文化学、考古学、人类学、心理学、神经生理学、美学和复杂适应系统理论等学科的众多成果，构建了一个关于人类文化演化的理论框架，讨论了一些属于文化学领域的问题。当然，个中很多内容只是理出了一个头绪，尚未充分展开，这并非不能展开，而是在一个总课题之下，不能拖累了课题组同仁相关图书的出版进度；另外，如果展开肯定会拉长篇幅，甚至重构全书体系。好在这个框架在本书已经基本呈现，另著讨论可能会更加充分、更加透彻。

如果你对嘉陵江流域的史前文化比较熟悉，那就完全不必看第二部分，即第二、三、四、五章，而直接从第六章开始阅读。如果你发现书中个别地方内容重复，那不过是对同一历史素材不同角度的应用而已。

尽管本书力求把写作过程中阅读和参考过的文献都罗列出来，力求不埋没对本书的研究做出过贡献的专家学者的成果，但还是有一些学术论文未能包括进来，这是因为被阅读过的这类参考文献超过千篇，写作过程中未及注明，事后再去寻找才觉得头大，"此情可待成追忆，只是当时已惘然"。

其实，搞研究并没有什么神圣之处，学术理想与街边卖烤红薯的大爷的人生理想，并没有什么优劣之别或者高下之分，不过是一种生活方式而已。只是大爷是和路人打交道，收获的是微薄的现金，学术是和古代的、现代的、当代的，和国内的、国外的，和去世的、活着的，和熟悉的、陌生的古圣先贤、专家学者进行精神交流，收获的是思想。思想当不得饭吃，搞研究还得生活，像康德那样一生"坐在书斋里玄想"的学术人生，可能人类难有第二个。所以，特别感激生活中有很多至情至性的朋友，他们在我们的研究工作之外创造了精彩纷呈、趣味丰富的生活，创造了无处不在的欢声笑语，喝酒、品茶、美食、唱歌、赏画、博物、玩石、赋诗、鉴古、打牌、运动、旅游等。除了老师、同学、同事和学生以外，有几个值得特别鸣谢的朋友先提录在此，就是母涛、李铣、文学芳、王学义、吴海涛、王禅等朋友，跟他们在一起如饮醇醪、如沐春风，研究生活也变得张弛有度、节奏有序，充满了更多快乐，获得了更多灵感，赋予了更高的意义。

特别感谢四川省社会科学院侯水平院长对我们的鞭策、宽容、信任和奖掖。

庚子仲秋于浣花溪畔"者也居"

目 录

引　言 ·· 1

第一部分　理论建构

第一章　人类文明的创演之路 ······························· 9
　第一节　文明演化的西方理论 ······························· 9
　　从"上帝之城"到"高级宗教" ·························· 9
　　从《古代社会》到"多线进化" ························· 17
　第二节　关于文明演化的中国理论 ······················· 21
　　春秋战国至隋唐 ··· 21
　　宋元至近代 ··· 26
　第三节　世界史的构造——关于交换的理论 ············· 29
　　马克思与生产方式 ··· 29
　　柄谷行人与交换样式 ······································· 31
　　从交换到交互 ··· 32
　　交互的复杂性 ··· 34
　第四节　人类的交互与生态构建 ··························· 35
　　生态建构、聚集和多样性 ································· 35
　　规则革命和互鉴 ··· 37

第二部分　嘉陵江流域史前文化

第二章　嘉陵江西源文化 ·· 43
　第一节　嘉陵江流域史前自然环境和文化空间域 ·············· 43
　　新石器时代嘉陵江流域的自然环境 ·························· 43
　　嘉陵江的文化空间域 ······································· 44
　　史前文化叙述框架 ··· 47
　第二节　远古时期嘉陵江流域的人类活动 ···················· 49
　第三节　大地湾文化 ··· 50
　　大地湾的生业经济 ··· 51
　　　黍、粟和油菜 ··· 51
　　　从陶器到彩陶 ··· 54
　　　创八柱九开间的官殿格局 ································· 56
　　大地湾的精神生产 ··· 58
　　　爬上第三层楼 ··· 58
　　　沉静谦恭的丰收女神 ····································· 60
　　　手握男根的舞者 ··· 63
　　　相距 1000 年的 7 个符号 ································· 64
　　大地湾的社会结构 ··· 65
　　　"陇原第一村" ··· 65
　　　陶祖的出现和专偶制 ····································· 68
　　历时 4300 年的村庄 ······································· 69
　　伏羲与女娲 ··· 71
　第四节　马家窑文化 ··· 74
　　马家窑的生业经济 ··· 75
　　　稷、粟和大麻籽 ··· 75
　　　从师赵村到鸳鸯池 ······································· 76
　　以彩陶艺术为核心的精神文化 ······························ 78
　　　马家窑彩陶的类型和艺术精神 ····························· 78
　　　陶鼓、肥臀和锅庄舞 ····································· 80

卜骨与石圆圈 ……………………………………… 84

陶符的文字功能 ………………………………… 85

社会：聚落不再向心 ………………………………… 86

第五节　齐家文化——转向农牧业 ……………………… 90

气候重塑文明 …………………………………… 90

美食华服的舒心岁月 …………………………… 91

流浪中的彩陶 …………………………………… 92

铜器改变世界 ………………………………………… 95

齐家文化的精神状况 ……………………………… 96

"黄河磐王" ……………………………………… 96

玉礼器与石圆圈 ………………………………… 99

齐家文化的社会实景 ……………………………… 102

一夫一妻制 ……………………………………… 102

600 件串珠和人殉 ……………………………… 103

早期国家的雏形 ………………………………… 104

第三章　嘉陵江东源文化 ……………………………… 107

第一节　老官台文化 ………………………………… 107

老官台文化发现与命名 ………………………… 107

石矛、骨鱼叉和陶锉 …………………………… 109

陶器和三足器 …………………………………… 109

18 件射进少女身体的骨簇 …………………… 110

第二节　北首岭文化 ………………………………… 111

北首岭遗址的文化面貌 ………………………… 112

竹鼠和猕猴 ……………………………………… 112

人面鱼纹和东海楹螺 …………………………… 113

大房子与陶塑人面像 …………………………… 118

图腾崇拜和灵魂观念 …………………………… 120

北首岭遗址与炎帝、神衣 ……………………… 120

第四章　嘉陵江上游史前文化 ………………………… 122

第一节　西汉水流域文化 …………………………… 122

西汉水流域文化概况 …………………………… 123

典型遗址地段：西汉水上游 ……………………………… 125
　　礼县、西河的仰韶文化遗址 ………………………… 126
　　食盐与西礼盆地的征战 ……………………………… 127
第二节　白龙江流域史前文化 …………………………… 129
　白龙江流域环境及史前遗址概况 …………………… 129
　　典型遗址：大李家坪遗址 ………………………… 131
　白龙江新石器时代文化的特色 ……………………… 132
第三节　嘉陵江上游干流的史前文化 …………………… 135
　嘉陵江上游干流史前文化概况 ……………………… 135
　　典型遗址：李家村文化 …………………………… 136
　　　三足钵和圈足碗 ……………………………… 136
　　　臻于至境的骨雕艺术 ………………………… 138

第五章　嘉陵江中下游史前文化 ………………………… 140
第一节　嘉陵江中下游干流史前文化 …………………… 141
　嘉陵江中游广元段新石器时代遗址 ………………… 141
　　广元段新石器时代遗址概况 …………………… 141
　　典型遗址：中子铺遗址 ………………………… 142
　嘉陵江中游南充段新石器时代遗址 ………………… 143
　　南充段遗址概况 ………………………………… 143
　　典型遗址：灵山遗址 …………………………… 145
　嘉陵江下游新石器时代遗址 ………………………… 146
　　概况 …………………………………………… 146
　　典型遗址：沙梁子、大土和蔬菜排遗址 ……… 148
第二节　涪江流域、渠江流域新石器时代文化 ………… 151
　涪江流域史前文化 …………………………………… 151
　　大水洞遗址 …………………………………… 151
　　边堆山遗址 …………………………………… 153
　渠江流域 ……………………………………………… 154
　　通江擂鼓寨遗址 ……………………………… 155
　　巴中月亮岩遗址 ……………………………… 156
　　宣汉罗家坝遗址 ……………………………… 157

第三部分　嘉陵江流域文化的交互

第六章　嘉陵江上游文化交互 ………………………… 163

第一节　相关理论的延伸 …………………………… 163

　　复杂适应系统的 7 个基本点 …………………… 164

　　复杂适应系统适应性主体的特征 ……………… 165

　　复杂适应系统理论与人类创演理论透视 ……… 167

　　关于人类交互的理论创见 ……………………… 168

第二节　前仰韶和仰韶时期嘉陵江上游的文化交互 … 172

　　天人交互 ………………………………………… 174

　　人域交互 ………………………………………… 176

　　　　灵交互 B …………………………………… 176

　　　　灵物交互 B ………………………………… 180

　　　　层际交互和空际交互 ……………………… 182

　　　　文化相似性与空间交互 …………………… 184

第三节　马家窑时期嘉陵江上游的文化交互 ……… 186

　　"孟加拉雀的鸣叫" ……………………………… 186

　　三眼五面神 ……………………………………… 191

第四节　齐家时期的文化交互 ……………………… 194

　　物交互 A 与适应性演化 ………………………… 194

　　玉成为交互的重要媒介 ………………………… 196

　　从人际交互、族际交互到层际交互 …………… 199

　　青铜器、洪水与王权的形成 …………………… 201

第七章　嘉陵江中下游史前文化交互 ……………… 206

第一节　嘉陵江中下游的天人交互 ………………… 206

　　临水而居和木骨泥墙 …………………………… 206

　　流行了四千多年的花边口沿 …………………… 209

　　靠天吃天 ………………………………………… 210

　　最佳觅食模式 …………………………………… 212

　　燎祭、朱砂及其他 ……………………………… 215

第二节　嘉陵江中下游的人域交互 ………………… 218

神秘的巴蜀图语 ·· 218

《亚威农的少女》与花边口沿 ························· 219

第八章 嘉陵江上下游文化交互的比较 ················ 221

第一节 天赐与人力：迥异的文明后果 ················ 221

第二节 人域交互的差别 ······································ 225

300 人的聚落与 50 人的群体 ························· 225

盆地文化的寒碜与维京人的悲剧 ················· 229

尖底瓶与尖底盏 ·· 232

第四部分 嘉陵江流域史前文化生态构建

第九章 天人生态与人域生态的构建 ················ 237

第一节 天人生态构建 ·· 240

粟黍的驯化、小麦的引进 ···························· 240

冰期的逼迫与动物驯化 ······························· 242

第二节 人域生态构建 ·· 244

不同资源空间的聚落形态 ···························· 245

人域交互与战争 ·· 247

第十章 天人交互与人域交互的互构 ················ 249

第一节 人域交互引起的天人生态重构 ················ 249

公元前 1920 年黄河上游大地震 ··················· 249

大地震次生灾害 ·· 251

天人生态的无情报复 ··································· 253

第二节 天人生态重构引发的人域生态演化 ·········· 257

二里头文化的诞生 ······································· 257

大禹部落流迁中原 ··································· 257

大禹治水 ·· 260

夏朝的建立 ··· 261

姗姗迟来的巴国 ·· 262

参考文献 ··· 265

后 记 ·· 271

引　言

研究文化和文明都不离不开水。

《圣经·旧约·创世纪》开头写道："起初，神创造天地。地是空虚混沌，渊面黑暗。神的灵运行在水面上。"《创世纪》第一章是写"神创造天地万物"的，开始就写"神的灵运行在水面上"，这水来自哪里呢？是上帝先创造的呢、还是水本来就有、与上帝同在？或者说"水"是一种"先在"，然后上帝从水开始、在水上创造了天地万物呢？如果是后者，就说明在上帝的创造物中，唯有"水"是例外。而对于究竟是怎么回事，信仰基督的人可能不想去、也不用去知道，因为既然是信仰，就不是理性可以把握和索解的；而且《圣经》告诫信徒，不能以人度神。对于不信仰的人或许会无知妄议一通。

但无论怎么说，《创世纪》至少告诉我们，天地万物是神从水中创造出来的，或许包括水在内。生物学家也证明生命诞生于一泓"初始原汤"。所谓"初始原汤"实质上就是水。信仰基督教的朋友可能会为生物学家的说法而脸红脖子粗，其实这二者并没有什么矛盾。《创世纪》说上帝直接创造了亚当和夏娃，生物学家说生命源自一些"初始原汤"。先是初始原汤中有一些氨基酸、糖之类的物质，他们随机产生相互作用，可能就出现了一些具有短链和分叉的小分子。这些小分子极其像些个微小的媒人，能够起到"接触剂"的作用。接触剂是什么呢？化学家说，接触剂是一种四处游荡的分子，他们可能把两个毫不相干的分子撮合到一起，使他们相互作用和相互融合。完事以后，又把另外两个陌生的分子"结为夫妻"。当然他们并不总是干成人之美的好事，有时也会把两个本来就结合在一起的分子切割开来。这样一直发展下去，这些混合物会逐渐形成一个连贯的、自我强化的相互作用。不断交合、不断演化，总有一天，会产生一种自由存在的秩序，生命会从这种秩序中诞生。

不过，不管生物学家怎么说，离开了水，生命就无从问世。这跟上帝造人似乎没有本质的区别。而我们中国古代神话则说人是女娲造的。她先用黄土和泥，单个单个地捏出个体来。后来嫌这样太费事，干脆扯了一根藤条，扔在池塘的泥土里，藤条往上一拉，那些一串一串地拉上来的泥土丸子就成了人。但是，如果没有水的话，女娲还得一个一个地捏，那可能造不了多少人。而这个女娲造人的地点，可能就在本书要讨论的嘉陵江的源头区域。

水创造了生命，水也创造了文明。人类历史上著名的文明发祥地都在水边。过去说中华文明诞生于黄河流域，但按苏秉琦教授的"满天星斗说"，中华文明是诞生于众多江河流域。"满天星斗说"不禁让人联想到现今的分布式系统，就是中华文明并不是某一个地方、某一个群体创造的，而是多地祖先，分别创造，又逐渐融合，融合以后又分布式发展。就这样不断创造、不断交互而生长起来的。

分布式发展不是分散式发展，各个发展的区域有连接的通道，这样组成的结构才是分布式的。远古时期，地球上根本没有道路，各个地方的文明如何触接呢？这就要靠水，特别是河流。河流是最方便、最简单的交通路线，顺着河岸，人们从一地到另一地。河流在文明的起源、交流和融合中起到了决定性的作用。中华文明主要发生在辽河流域、黄河流域、长江流域、珠江流域、塔里木河流域等，最根本的原因是文化沿着河流走廊生长和传播。

表面上看，流域面积越大，文化传播的范围就应该越大，河流在文明发展中的价值就越高。但事实上，河流所在区域的气候条件、地形地貌、物产等，都是影响文明发展的重要因素。嘉陵江南北走向，纵贯陕西、甘肃、四川、重庆四个省市，流经秦岭、汉中盆地、米仓山、大巴山、四川盆地、川东岭谷，地形地貌复杂、地理单元多样、气候差别明显、物产丰富。远古时候，高山阻隔，加之河道上激流险滩、悬崖绝壁较多，嘉陵江并没有真正起到沟通南北的作用；这使嘉陵江上游和中下游形成了两个差异显著的文化板块。本书把这两个差异显著的史前文化板块称为"文化区"。

"文化区"是人类学家最先提出的概念，它是指具有相似的基本环境条件和文化特征的区域，而相似的文化源于一定区域内相似或相同的文化条件。当然，美国人类学家克罗伯（A. L. Kroeber）等人也使用了"文化区"的概念，他是在反对"环境可能论"理论时提出来的，认为文化出现相似性不是单纯环境因素的影响，而是由于文化万史上千丝万缕的联系。① 本书所使用的"文化区"概念与前者大体一致。

从文明的发展来说，不同的地理单元往往形成不同的文化样态，从而在一定的地理空间内产生多样性的文化。这是一件好事。这样的分布式发展比集中式发展，对文明的演化更有价值。有专家提出过与苏秉琦教授不同的观点，认为中华文化像一朵花，所有花瓣都是围绕一个中心绽开的。实际上，文化发展得越好，文化就越是百花齐放。历史上许多文明的崩塌，跟文化本身的单一性几乎不无关系。所谓单一性，是指文明内部缺乏多样性而文明外部缺乏可以鉴照的文明系统。所以，"满天星斗"比"一花独放"更有活力，如果中华文明是由一花独放而来的，可能早就灰飞烟灭了。幸好我们的祖先创造了形态各异的文化，中华文明在今天才依然星光灿烂，连绵不绝。

那么，从整个史前来看，嘉陵江流域到底产生了哪些不同的文化？各自有着怎样的文明进程？它们对中华文明产生了什么影响？这些正是本书想分析和解答的一个问题。

史前是一个时间跨度很大的概念。从人类诞生到国家出现以前，都可以称为史前。最远甚至可以追寻到人类和自己的黑猩猩表亲分手而开始踏上人类历史征途的 500 万年或 600 万年前。此后是南方古猿和能人的出现，而到了 200 万年前直立人或者叫匠人出现，50 万年前早期智人诞生（这就是海德堡人，其中的一支成为后来雄霸全球的尼安德特人）。到了 15 万年前或 20 万年前，现代智人诞生。现代智人一出场，此前的人类除了早期智人以外都悉数灭绝。早期智人也自身难保，1.2 万年前，随着最后一批霍比特人在印度洋的弗洛里斯岛消失，他们也永远告别了这个星球。现代智人因为语言的发明、文化的诞生、合作，以令人难以置信的速度，把这个在地球上生活了差不多 50 万年的人类屠戮得一毛不留，只剩一些基因还在现代智人的血液里奔跑撒欢。

看来，史前是一个很复杂的概念。应该从什么地方开始呢？本书基本把已经消失的人类排除在了史前概念之外，只是把现代智人诞生到国家出现以前的历史划为史前，并把重点放在新石器时代。

石器时代一般可以从南方古猿诞生以后开始计算。那时南方古猿已经能

---

① 陈勇：《人类生态学概论》，科学出版社 2019 年版。

够使用一些打制石器，当然这些石器工具很粗糙，极有可能是偶然产生的。考古学往往利用现在的科学技术去观察石器上的痕迹来辨认是否是石器工具。不过，这样做并不一定靠谱，因为黑猩猩之类的哺乳动物也会把石头砸开，选择可以作为工具的部分来砸坚果。因此，有些石器究竟是原始人类的杰作还是其他哺乳动物所制造，真的还无法分辨。

250万年前，南方古猿进化为一个新的人种——能人。人类可以辨认的真正的石器工具就是能人制造的。在东非坦桑尼亚的奥杜瓦峡谷，人们发现了许多由鹅卵石薄片制成的工具，这些工具形态各异，全无设计感，制造者只是利用了石块的天然形状而已。但他们的用途多多，可以用来剔肉、割开皮革、杀死草食动物等。这个时期的工具被称为"奥杜瓦工具"（又译为"奥杜维工具"）

170万年前，能人之后出现了匠人或直立人，直立人制造的工具被称为"阿舍利工具"，代替了已经使用了80万年而一成不变的"奥杜瓦工具"，它们包括像手斧这样的菱形石块，还有割草器和砸裂骨头以取骨髓用的石器等。到50万年前，海德堡人出现以后，石器工具更加丰富，可能石制长矛应该算是他们的一大创造。25万年以前，"阿舍利工具"在差不多使用了145万年以后消失了。

20万年前后，现代智人出现。在被称为"认知革命"的进化事件发生以后，[①] 石器工具在现代智人手里逐渐开始发生缓慢变化。过去的打制石器开始向磨制石器转变，人类从考古学上所谓的旧石器时代进入了新石器时代。

因此，本文的史前主要是指现代智人诞生以后，从打制石器向磨制石器过渡的旧石器时代末期到国家诞生以前的人类历史。旧石器时代末期大致与现代智人出现的时间相当。石器由打制变为磨制仿佛没有什么技术含量，但这却是现代智人认知革命的结果。而现代智人的认知革命或语言的产生发生在大约20万年前，[②] 本书的研究也起于这个时间段，考古学界把从25万年前开始的这个时代往往又叫"中石器时代"（欧洲）。[③]

史前包含了旧石器时代末期、新石器时代早期、陶器时代、青铜时代四

---

① ［以色列］尤瓦尔·赫拉利：《人类简史》，林俊宏译，中信出版集团2017年版，P20。

② ［美］尼古拉斯·韦德：《黎明之前》，陈华译，电子工业出版社2015年版，P46。

③ 同上，P25。

个阶段。本文的叙述大致包括了嘉陵江流域所经历的这四个阶段的文化，时间涵盖从 20 多万年前直到公元前 1 千纪中叶中原的夏王朝末期。重点是对中间两个阶段的叙述和研究。

本书还要对文化和文明这两个含混不清的概念加以说明。本文在使用这两个概念时，是这样来区分的：文化，就是人类所创造的一切物质文化和精神文化，这些文化主流是优质的，但不可避免地也产生了一些不良的劣质的文化。父系社会的出现是人类社会发展的必然结果，但父系社会所形成的男权思想、男尊女卑观念、歧视女性的行为等文化在现在看来则是糟粕。而文化中优秀的部分则统称为文明，也就是说文明就是指"好的文化"。当然，如果要把文明从文化中剥离出来，只保留好的文化，往往是一种担雪塞井的事情，因为它们往往是相辅相成的，而且还存在各种各样的判断标准。

自从 20 世纪 20 年代初考古学进入中国以来，关于嘉陵江流域的考古成果可谓硕果累累。学者们从许多方面对这个区域的考古学文化进行了研究，研究思路大体包括：什么地方发现了什么类型的石器工具，什么地方发现了什么罐跟什么地方的罐或者罐上的花纹相似，什么地方又发现了什么样式的玉制品跟什么地方的玉制品样式相似；或根据器物产生的时间先后顺序来决定什么地方的文化影响了什么地方的文化等，用时间顺序来证明空间关系或者用时间把空间联结起来。稍微有趣一点儿的文献是通过某种器物的形态或者根据某种遗址遗物来推断和想象古人的生活、社会状况或者演绎古人的思想。也有很多文献是用文明时代的很多概念和理论去诠释过去的遗址和遗物，而这些理论是否契合当时社会环境、有没有刻舟求剑之嫌，鲜有人先对此进行检讨。

文明究竟是如何形成的？考古学尽管讨论较多，但对其过程的分辨总嫌隔靴搔痒。也许考古学的一个重要任务就是客观、准确、全面地展示远古人类的物质文化形态以及附着于物质文化之上的精神文化。至于精神文化如何作用于物质文化或物质文化又如何反过来影响精神文化，从而推动人类心智的发展，进而形成社会和人类文明，则不是考古学应该思考的。

事实上，从历史哲学、人类学、文化哲学等领域，我们看到很多专家学者对文明的生成和发展进行了很有意义的探索。本书在讨论嘉陵江流域史前文化的时候，很多地方借鉴了这种思路。重要的是，循着这个思路，本书也创造了一些新的理论，构建了一个新的解释框架，来观照嘉陵江流域的远古文化，并力求让文字具有可读性。

第一部分也就是第一章将介绍一些与本书相关的历史哲学、人类学的理论，同时也介绍自然科学关于复杂适应系统的理论，以便后面的章节可以把二者结合起来，讨论嘉陵江流域文化的生成和发展问题。

第二部分从第二章开始，叙述嘉陵江流域的远古文化。

第二章和第三章叙述嘉陵江源头的文化。按地理科学的约定，嘉陵江只有一个源头，那就是在陕西凤县。本书不囿于这种地理学或历史地理学的约定，认为西汉水甚至白龙江的源头都比凤县的源头更远，也比凤县到嘉陵江在重庆朝天门汇入长江的江流里程更长，因此，它们的源头都可以作为嘉陵江的源头。所以，本书认为嘉陵江有东源和西源两个源头，这是基于文化研究的必要性来确定的。第二章叙述嘉陵江东源文化，第三章叙述嘉陵江西源文化。

第四章开始叙述嘉陵江上游文化。嘉陵江上游是从源头到四川盆地北部广元的昭化。上游包括了从陕西凤县到昭化嘉陵江干流的文化，还有支流西汉水流域和白龙江流域的文化。

第五章叙述嘉陵江中下游的文化。嘉陵江的中游基本上在四川盆地，下游全部在重庆市。由于下游合川到朝天门只有93公里，而且巴蜀文化向来是一个整体，所以我们把中下游合并叙述。包括嘉陵江中下游干流文化、中下游两条最大的支流涪江和渠江流域的文化。

第三部分主要研究嘉陵江流域远古文化的交互情况。本部分把嘉陵江流域分为上游和中下游两个文化区。因为文化交互毕竟涉及更广阔的地理空间和文化的多样性。与第一章和本部分开头给出的的理论相呼应，第六章阐述嘉陵江上游的文化交互，第七章阐述嘉陵江中下游的文化交互。第八章则对上游和中下游两个文化区的交互进行比较研究。在分析文化交互的过程中，力求阐明文化的交互是文化发展的基本动力。

第四部分主要阐述人类与自然界和人类社会自身之间在交互过程中的生态建构。与第三部分的分区相同。由于生态建构是在更广阔的空间中才能更好地观察的事物，所以这一部分不再把嘉陵江流域的文化空间分割开来研究，而是根据研究的需要，选择一定的空间作为原点，动态地演绎人类的生态建构。尽管直觉告诉我们，嘉陵江上游和嘉陵江中下游的生态构建显然是很不相同的。

全书第一、三、四部分由肖云撰写，第二部分由刘恋撰写。

第一部分

理论建构

第一章
人类文明的创演之路

人类文明是如何创生和演化的？古今中外的许多哲人和思想家对此都进行了探讨。很多成果都富有真知灼见，或者可以解释人类某一个群体的历史，或者可以透视人类某一个阶段的历史，或者可以作为人类文明演化的普遍规律。这些学说对于本文的理论建构具有很大的启发意义。在本章，我们将对中西方历史哲学和人类学就这一问题所进行的探索进行梳理，以显出本书相关理论的生长点和创新之处。

第一节　文明演化的西方理论

西方历史哲学分为思辨的和批判、分析的两大类型，关于人类文明的演化问题主要集中在思辨学派。西方人类学界也对这一问题保持了长久的学术兴趣，有关研究对人类学及其相关领域产生了很大的影响。这里我们对这些成果进行简明扼要的论述。

从"上帝之城"到"高级宗教"

人类文明是如何形成和演化的？人们对此建立了各种各样的学说来进行解释，历史学家、考古学家、历史哲学家和人类学家对此都有诸多回答。这些理论对于我们研究嘉陵江的历史和文化具有很重要的启发。

公元前 5 世纪，古希腊哲学家希罗多德的《希波战争史》问世，其后的整个希腊罗马时代，出现了很多优秀的历史学家，如《伯罗奔尼撒战争史》的作者修昔底德，《远征记》的作者色诺芬，《罗马史》的作者李维，《编年史》的作者塔西佗，《通史》的作者波里比阿。希腊—罗马史学的目的就是把历史事实真实地记录下来，以垂训后世。垂训后世就是对历史人物和事实进行道德评判，目的是给旁观者和后人以道德教训。他们这里的垂训并不是面对普通人讲的，而是面对掌握政权、左右城邦和国家政治的奴隶主贵族代表而言。历史写这些奴隶主和贵族，也是给他们看的。希罗多德以前的西方历史，以《荷马史诗》这种形式存在，主要是歌颂英雄对历史的贡献，是一种英雄史观。尽管自希罗多德开始，历史具有了更浓厚的人文主义特征，但以统治者、权贵为记录和传写对象的历史观念，依然是英雄史观的延续，虽然这种延续以道德史观代替了英雄史观。因此，他们的历史著作重点不是研究文化如何运动和发展，而是作为文明教化的工具。

道德史观统治了西方一千多年。古罗马帝国灭亡以后，西方进入了黑暗时期，这时一种新的历史观—基督教历史观诞生了。公元 5 世纪圣·奥古斯丁写了《上帝之城》一书。他认为，自从亚当犯了原罪，世界就被分成了两个部分，一个是世俗之城，一个是上帝之城。一个代表魔鬼的世界，一个代表天国。在现实社会，这两个世界是混在一起的，因此世界历史就是上帝的信徒和魔鬼的信徒之间的斗争史。末日审判到来的时候，这两个世界就分开了，让上帝的信徒生活在幸福的天国，而魔鬼的信徒则永受地狱的折磨。尽管这种基督历史观有着浓厚的宗教色彩，但关于历史演化的观点却是正确的，那就是奥古斯丁认为的，人类历史是一个统一的整体，是一个不断进步的过程，其进步的动力就是善与恶，或者说上帝信徒和魔鬼信徒之间的斗争。这种天命史观比起希腊罗马的道德史观对现实更具有解释力，道德史观起码无力解释在蛮族的进攻之下，希腊罗马文明玉石俱焚、善恶同悲的现象，但天命史观却可以解释，那就是因为希腊—罗马人不再信奉自己的神。

又过了一千年，西方进入文艺复兴时期，布鲁尼、马基雅维利等人文历史学家出现，他们抛弃了基督教的史学观，从世俗的活动来寻找历史的因果。而法国史学家波丹则进一步把历史变迁和民族命运归结为人种和地理环境。但是文艺复兴在批判神学史学观的同时，把有关历史是合乎理性的、历史是进步的等观点也一同抛弃了，直到启蒙运动的哲人们登场，这种对历史的错误认识才得到了纠正。启蒙运动的思想家们还原了理性在历史发展中的作用，当然，这个理性不再是上帝的理性而是人的理性。以往的历史之所以停滞不前、拖沓沉闷，就是因为人的理性之光没有闪现出来，被无端的压抑、禁锢甚至摧残。而现在不但要让理性的旗帜飘扬在世界的上空，而且要让自由的曙光也照亮世界。

早在启蒙运动以前，意大利的人文主义思想家但丁、彼特拉克、薄伽丘、瓦拉、彭波那齐、爱拉斯谟、拉伯雷就从不同的侧面阐述了人的自由。当理性和自由来到世界，人类才真正有了自己的历史。随后孟德斯鸠、伏尔泰等杰出的历史学家运用理性来讨论历史的规律，尽管他们提出的地理环境决定论（孟德斯鸠）、"气候、政体和宗教"（伏尔泰）还显得很不完善，但这种以理性的精神来探讨历史发展的因果、给历史以合乎理性的解释之史学思路，无疑让历史研究走上了一条正确的道路。而且，伏尔泰第一个把"哲学的明灯带进了幽暗的历史档案库"，[①] 他要求写历史要有哲学家的眼光，写出哲学味来，给人以哲理的教育。

当然，基于理性的视角，最早从演化的角度来研究人类历史的是意大利人文主义思想家维科（1668—1744）。他在《新科学》一书中指出了人类各民族的发展历程和演化的三个阶段：神祇时代、英雄时代和平民时代。《新科学》讨论了历史的创造、结构、过程和动力等问题。不过，历史在维科那里虽然是演化的，然而又是循环的："人类的事物秩序是这样：首先是森林，接着是茅屋，再下去就是村庄和城市，最后是学院。人类首先感到必需，然后追求效用，再接下去就是讲求舒适、寻乐，然后在奢侈中变得淫逸，最后发狂，浪费他们的资产。各民族的性质是粗野，接着是严峻，接着是慈祥，再下去是精巧，最后是淫逸。"[②] 这种周而复始的过程，就是人类的全部历史。对人类历史这种动态的描述，无论是不是一种脱离实际的玄想，但都充满了思想的光辉。

康德的历史哲学是基于他的实践理性而来的，认为历史的目标就是道德理性的实现。如何实现这种道德理性呢，就是自由竞争："唯有在这样一种社会里，其成员有高度的自由，从而成员之间有剧烈的对抗，但社会却使这种

---

① 郭圣铭：《西方史学史概要》，上海人民出版社 1983 年版，P122。

② 伍蠡甫主编：《西方文论选》（上），上海译文出版社，P538－539。

自由具有精确的规定和保证，使每人的自由与别人的自由彼此共存——唯有在这样的社会，大自然的最高目标，它赋予人类的全部才智禀赋，才能获得实现。"①

不少学者认为，康德的学生赫尔德是历史哲学的真正创立者。他写了四卷本的《人类历史哲学要义》来阐述他的哲学思想。与其他启蒙思想家看不起以往的历史不一样，赫尔德是以发展的观念来看待历史的，他认为历史的每一个阶段都具有自己独立的价值和内在效用和必然性，这些阶段互不分离，仅仅在整体中并由于整体而存在，而且每一个阶段都是同等重要不可或缺的。他跟维科一样把人类历史分为三个阶段：诗的时代、散文时代和哲学时代。历史发展有两个基本因素，一个外部的自然力量所构成的人类生存环境，一个是人类精神或民族精神构成的内在力量，而且后者是更为基本的东西，人类历史就是在这两种基本力量的作用下向前演化的。由于环境和精神的不一样，就形成了千差万别的民族的历史。一些启蒙思想家简单地用文明与野蛮、理性与非理性来对历史进行分类，这在赫尔德看来是毫无价值的。正是这种历史视野，使赫尔德没有陷入欧洲中心论的谬误，他认为亚洲和东方也是人类文明的故乡。本书后面的讨论有些思路与赫尔德类似，但笔者并不是借鉴了赫尔德的思想，而是在自己的思考完成以后，才猛然发现与赫尔德撞车了，赶紧踩刹车，不过还是有些轻微的擦刮。

赫尔德之后，西方历史哲学产生了两种倾向：一种重精神力量，一种重科学实证。前者的代表就是黑格尔，后者的代表就是法国哲学家孔德。黑格尔认为自然是没有历史的，只有人才有历史。人的历史就是"自由"意识的发展过程，自由意识发展的手段就是人的活动。人的活动是靠热情和欲望驱使，由于个人的这种活动是盲目的，往往事与愿违，于是就出现了法律和政治，国家也因此而产生了。有了国家人类才真正脱离原始状态从而有了自己的历史。他根据自由意识的运动，把人类历史分为四个阶段，即东方世界、希腊世界、罗马世界和日耳曼世界，认为精神力量是历史发展中的决定性力量。

实证主义哲学家孔德极力反对黑格尔这种对历史进行的形而上学思辨，认为思辨得出的东西毫无意义，应该像自然科学那样采取实证的方法来研究

---

① 李泽厚：《批判哲学的批判》，人民出版社 1984 年版，P334。

历史的发展，应该建立一门科学——实证的社会学。他说，人类精神和理智是历史进步的主要动力；人类的理智发展可以分为三个阶段，神学阶段、形而上学阶段和科学阶段，神学阶段探求世界的初始因或目的因，超自然的力量主宰世界；形而上学阶段，超自然力量只是替换成了某种抽象的力量；科学阶段，人们认识到要找到绝对的知识或概念是不可能的，于是放弃了对这些不可能知识的探索，转而把寻求因果规律作为自己的目标。与这三个阶段相应，人类社会的发展也经历了相应的三个阶段：军事时期、过渡时期和工业时期。

从中世纪开始一直到孔德，西方关于历史发展的问题都围绕着上帝和人的理性、人的理性和自由意志、自由意志和外部条件等之间展开。以演化的思路来论证历史发展道路的占了很大的比例，只是各人对演化动力机制的认识各有不同的视角，奥古斯丁认为是善恶的对立运动，孟德斯鸠等认为是环境对人的影响，赫尔德认为是环境力量和精神力量的相互作用，康德认为是自由意志，黑格尔认为是抽象的理念运动，孔德则运用社会动力学来解释……但影响最大的，应该是德国历史学家奥斯瓦尔德·斯宾格勒，以及英国历史学家阿诺德·约瑟夫·汤因比。

斯宾格勒提出了他的"文化形态学"或者叫"比较形态学"理论体系。比较文化形态学认为，全人类的历史是不存在的，只有各个文化自己的历史，每一种文化都有自己的观念、情欲、生活、感情和愿望，彼此互不了解。历史研究就是把这些各不相同的文化形态进行比较，再从中去发现历史规律。他首先构建了文化形态学的理论体系，其中最重要的是关于"大宇宙"和"小宇宙"的概念及其内涵。"植物是宇宙一类的东西，而动物除此以外还是与大宇宙关联的小宇宙"，① 小宇宙必须不断调整自己，以适应大宇宙。和植物相比，动物在宇宙面前是自由的。"一切宇宙的东西都有周期性的标志；它有'节拍'（节奏、拍子）。一切小宇宙的东西都有极性，它具有'紧张'"，② 人类跟动物一样，都是与大宇宙关联的小宇宙，不同的是，人具有醒觉意识，而其他动物则没有，因此人的存在是一种醒觉的存在。文化是如何产生的呢？人（醒觉的小宇宙）具有"紧张"特征，"紧张"恰恰就是一

---

① 奥·斯宾格勒：《西方的没落》中译本，商务印书馆 1963 年版。
② 同上。

种不稳定状态。受到大宇宙的干扰和打断，某一瞬间这些"紧张"的小宇宙会产生突变："小宇宙的墙垣被拆除了。它争夺、恫吓，它推进、拖曳，它逃跑、闪避并摇摆不定。肢体交错，驰足疾进，众口一呼，万众同运。从许多单个小世界的总合中突然产生了一个完全的整体。"① 本来分散的、互不相关的小宇宙，忽然连成了一个心灵一致的人类组织，在这种状态下，"紧张"被消除了，小宇宙成了"植物性"的存在，这种存在状态就是人类文化。人类文化一旦形成，就不再像小宇宙那样是离散的、没有历史的存在，而是跟宇宙一样有了自己的生命周期和宿命，也因此有了自己的历史。

正因为文化也是像宇宙一样的东西，有自己的宿命，所以它在顺次经过前文化时期、文化早期、文化晚期、文明时期四个阶段以后，将会以凯撒主义的方式进入原始的、野蛮的时代，世界陷入比以往任何战争更为可怕的私人战争状态，文明就这样衰落下去，直至生命的终结。西方在十九世纪进入文明时期，公元 2000 年至 2200 年西方文明将完成向凯撒主义的过渡，2200 年以后西方文明将彻底瓦解。

斯宾格勒非常注重宇宙力量对于文化的影响。文化的演化不能仅仅在地球上找原因，理性或者因果关系可以用来研究自然现象，但不能解释文化和历史的宿命。文化受宇宙的干扰和影响，许多突变都是具有宇宙性质的。"宇宙性质"到底是什么？宇宙如何促使突变的产生？斯宾格勒仿佛是受"天启"，人类语言的局限仿佛不能表达这种"天启"，所以他始终没有给出明确的答案。世俗的人给他的历史哲学简单地套上了诸如"非理性""神秘主义"的帽子而大张挞伐，而其实他的思想深邃，久宜人类。在他谢世前两年的1934 年，另一位堪与比肩的英国历史哲学家阿诺德·约瑟夫·汤因比的《历史研究》问世。

1920 年，远在英国的历史学家汤因比读到了斯宾格勒的《西方的没落》。当他"展读这本闪烁着真知灼见的历史著作时，就像是在黑暗中见到点点荧光"。14 年以后，在世界上同样伟大的、6 卷本 3 千多页的历史著作《历史研究》问世。他所研究的核心问题就是，文明社会第一次出现以后，人类历史经验的性质和样式如何？开始部分用了四章的篇幅讨论文明的起源、生长、衰落和解体的原因和机制，而这恰恰是斯宾格勒认为不可、也无法探讨的问

① 　奥·斯宾格勒：《西方的没落》中译本，商务印书馆 1963 年版。

题。不像斯宾格勒生活在具有思辨哲学传统的德国，汤因比生活在英国经验主义哲学传统的国度，他要采取经验的和理性的方式来解释文明的起源等诸多问题。汤因比把文明分为两种，一种是直接从原始社会里面产生的，另一种则是前者的晚辈或子代，或者说是前者衍生的。这两种文明的不同之处在于，前者模仿的是死去的先辈，而后者模仿的是富有创造精神的人物。创造精神从何而来呢？以往的历史学家用种族、环境、自由意志来进行解释，汤因比认为毫无价值。外界事物，无论是自然的还是社会的，都会不断向人类发出挑战，人类必须进行很好的应战，才能不断发展。"挑战/应战"正是激发人类创造精神的重要原因和机制。有挑战，就必须有成功的应战，但是，限于人类自身的能力局限，并非所有挑战都能成功地应战。当一种文明因此而垂死的时候，需要一种觉醒的精神力量来克服这种文明垂死的压迫，在这个过程中，一种新的"亲属文明"就诞生了。这种觉醒的精神力量就是一种创造精神。

人类文明是在"挑战/应战"的过程中生长起来的。从外部来说，表现为控制环境的能力增强，从内部来说，表现为内部精神自决能力和自我表现能力增强。当这两个方面都增强以后，又出现一个问题，怎么控制这个不断增强的力量本身。文明的生长就表现为，"挑战/应战"的场所从外部物质环境或人为环境转移到了内部人格，从而使社会内部的自决能力不断增强。

不过挑战并不能够激发出每个人的创造性行为。文明的生长只来自于一个社会中富有创造精神的少数人。要避免因此而产生的社会分裂，少数人就要积极地启发人们的创造精神，提供创造的引导和规范；而多数人中则需要积极地响应，并利用人类最简单的模仿本能，模仿具有创造性的人。这样文明的生长就会更加顺利。

而一旦作为社会精英的少数创造者丧失了创造能力，多数人往往就会撤回他们对少数精英曾经的追捧、模仿和支持；社会不再以一个整体的方式存在而失去了统一性。这实质上源于上一次成功的应战。当少数人在应战成功以后居功自傲，或者还以过去的方法刻舟求剑式地应对新的挑战，或者自不量力去追求不适当的目标时，事实上他们的创造力已经丧失了。于是社会很可能在新的挑战面前丧失应战能力，社会随之丧失自决能力，文明就走向衰落。

汤因比关于宗教在文明生长与发展中的作用的观点也是很有价值的。他认为，从人类历史来看，人类是不断从小型社会走向大同世界的。但人天生只适合于小型社会，只会产生对自己的亲属、邻居、朋友的爱，不可能自然地产生对人类普遍的爱，而没有对人类普遍的爱，世界大同是不可能的。这种爱只有通过宗教来培养。因为只有通过神，才能引导人们去爱人类。"如果没有神的参加，就不能有人类的统一"。① 近代以来，人们普遍认为是科学带来了社会的进步和繁荣，但是对自然的支配力远远没有人对自己、对同胞、对神的关系那样重要。科学的进步虽然提出了道德问题，但这种问题却是科学自身回答不了的，科学自身是说不出所以然的。② 文明社会唯一的弱点就是机械化的模仿，这种模仿的后果之一就是文明失去活力。只有我们"从模仿世俗文明的短命的领导人转变为模仿人类一切创造性根源—上帝"，才能避免这种模仿的危险。于是，汤因比提出了"高级宗教"："使每个人自己直接地接触到'终极的精神之存在'的宗教。"③ 它具有自然崇拜和人的崇拜所不具有的超越性和普遍性的特质，人类文明的未来和希望就在于广泛接受和信仰高级宗教。最终，汤因比不知不觉地又走回了奥古斯丁的"上帝之城"。④

从上述有关历史文化的演化理论看，所有的研究都可以归纳为两个方面：一个是从人性的要素出发来进行分析，古希腊哲学家是从道德的角度、中世纪的基督教哲学是从人的原罪的角度、文艺复兴时期是从人的理性和意志自由的角度、维科是从人的自然本性的角度、康德是从道德的角度、黑格尔是从精神的角度、孔德是从人类理智发展的角度、汤因比是从人的自我意识和模仿本能的角度。另一个是从环境的要素出发来进行分析，或者说外在的影响和力量来解释文明的演化和历史的进步。如孟德斯鸠从气候与环境的角度、伏尔泰从气候的角度、斯宾格勒从宇宙影响的角度。当然，很多人都兼顾了精神和环境两个方面，如赫尔德、康德和汤因比，只是对二者处理的主与次、显与隐、轻与重的问题不同。

---

① ［英］汤因比：《历史研究》，曹未风等译，上海译文出版社 1997 年版，P129。

② 同上，P120。

③ 同上，P309。

④ Africa, ThomasW. *The city of God Revisited：Toynbee's Reconsiderations*［J］. Journal of the History of Idees Vol. 23. No. 2，Jun，1962。

从《古代社会》到"多线进化"

除了历史学和历史哲学领域的思想者思考文化和文明的发展以外，人类学家对这个问题的讨论和研究也很多，特别是对其中的文化进化论研究得最充分。下面择其跟本书密切相关者摘要介绍。主要涉及摩尔根、泰勒、怀特、柴尔德和斯图尔德等人。

把进化概念用于社会科学研究的，最早应该是赫伯特·斯宾塞。1851年他在自己的《社会静力学》中使用了这个概念，但当时并无深意，跟"发展""进步"的内涵差不多。1858年以后，他对这个概念有了更多的思考，进一步具体化，1862年出版的《综合哲学》第一卷对"进化"概念给予了极大的关注，1863年构建起他对"进化"的定义："进化是通过连续的分解和整合，从不确定的、不连贯的同质到确定的、连贯的异质的一种变化。"以后，这个概念得到了更广泛的运用，斯宾塞在1890年出版的《社会学原理》第一卷总结道："通过归纳而得出的结论……表明在社会现象中存在一种共存和依次发展的一般秩序，因此社会现象成为一门科学的研究题材。"这是尝试把进化思想用于社会发展研究的一个总结和提示。而达尔文在1872年《物种起源》第六版才开始使用"进化"这个词。①

与斯宾塞同时的摩尔根和泰勒，被人们认为是19世纪的古典进化论者。他们认为世界各地区、各民族文化发展的道路是类同的，人类的所有社会都通过相似的发展阶段，都会经过从野蛮到文明的必然进化阶段。不同的社会只是处在不同的进化阶段而已，而不同的进化阶段会显现出不同的文化面貌，现有的差异都是因为发展阶段高低不同所导致的。摩尔根认为，人类文明社会发展的历史可以分为三个大的蒙昧社会阶段。第一阶段"野蛮蒙昧的社会"，从约三百万年前起到约一万年前为止。第二阶段"野蛮的蒙昧社会"，以制陶术的出现和文字为标志，从约一万年前开始，到约四千年前为止。第三阶段"文明蒙昧社会"，从约四千年前开始到现在，这时的人类社会开始逐渐废除原来的氏族社会原则。其中每一个阶段又可以分为低、中、高三个阶段。而且这个发展过程是上帝事先已经安排好了的："我们今天极为安全和幸

---

① ［美］罗伯特·L·卡内罗：《文化进化论的古典创建》，王丽译，《史林》2004年第1期。

福的条件，都是上帝为从蒙昧人发展到野蛮人，从野蛮人发展到文明人而制订的计划中的一个组成部分。"① 这不禁令人想起哲学家莱布尼茨的"单子论"。另外，人类的物质生产、政治制度、家族制度和财产制度都是人类社会发展进程中的四个事实，在人类从蒙昧社会发展到文明社会的进程中是平行前进的："各种社会制度，因与人类的永恒需要密切相关，都是从少数原始思想的幼苗发展出来的；他们也同样成为进步的标志。"②

而泰勒则把文化分为三个阶段，即原始未开化阶段、野蛮的动物驯化和种植植物为特征的阶段、文明优化的以书写艺术为开端的阶段，而文字的出现则将过去和未来连接起来。当时，社会上广泛流行着一种退化论的观点，认为落后民族已经衰退，因而是不够格的民族。他针对这种思想提出了人类社会是不断发展进化的，文化形式的多样性是同时代文化处于各个发展阶段的表现。文化是怎样进化的呢？就是因为人类有理性，人类的理性能够在实践中不断战胜错误，文化就自然而然地不断发展和进化了。同时，由于人类本质的一致性和心理的同一性，不同地区、不同群体会产生同样的文化发展规律，因此各民族发展都遵循同一路线向前进化。人类的文化史就是人类的技术、经济、精神生活自我运动发展史。

美国人类学家莱斯利尔·怀特从 20 世纪 30 年代后期起，就大力宣传和鼓吹摩尔根的进化论，并陆续编辑出版了摩尔根一些未曾发表的旅行日记和信件。进入 20 世纪 40 年代，怀特写了大量文章，传播文化进化论的思想。当然，怀特虽然支持摩尔根的进化论，但他并不是摩尔根思想的复制者。怀特认为，一部文明史就是通过文化的方式支配自然力的历史，其中，支配能量的历史也就是一部文明发展的记录片。而文化就是人们支配能量的方式。因此，根据人们对能量支配的不同方式，怀特把文化的发展区分为三个阶段。文化发展的幼年或青年期，人们取得了对火的支配。新石器时代，农业和畜牧业技术，把动植物引入了文化控制的轨道。渐渐地，人类文化进入成年期，开始了对煤、油和水力的利用。而现在，文化则成功地深入到了原子核之内，人类学会了如何去创造能量，文化就进入了老年期——这可能是文化的最后一次进步：通过裂变和聚变创造能量相当于玩弄天火，盗窃天火可宥，玩弄

---

① ［美］路易斯·亨利·摩尔根：《古代社会》，杨东莼等译，中央编译出版社 2007 年版，P402。

② 同上，P2。

天火则会受罚。很可能，"这位新的普罗米修斯也就是死刑的执行人"。怀特站在唯物主义的立场上，利用能量说来解释人类的进化，具有很普遍的意义和价值。① 但斯图尔德认为，怀特关注的是全人类的文化而不是个别文化，注重的是从简单到复杂进化的大方向，因此适用于所有的文化，与古典进化论没什么两样。

而戈登·柴尔德与汤因比都是英国同时代的人，而且两人都毕业于牛津大学。因为早年所受的教育不同，正发展出不同的历史思想。柴尔德对于人类历史的进步特别是史前时期的发展，主要采用了达尔文的进化论来解释。柴尔德强调进化论中的适者、天择与生存。适者是在历史演化过程中生存下来的文化，而天择则是文化所面临的外在与内在的环境压力。生存就是物种对环境的挑战做出的反应，反应成功则成为适者，反之亦然。社会进步的关键在于人类应对环境的能力。人类对环境的适应与其他动物不同，其他动物通过改变自身的生理机能被动地适应环境，而人类则借助工具由最初的被动适应发展到主动适应。这种适应性使人类由个体的发展过渡到了社会进步。② 当然，这里的环境不仅仅只是自然环境，也包括人类自己生产出来的社会环境。生物进化与文化变化都可以被视为环境的变化。而人类的进步首先在工具的进步上表现出来，工具的进步意味着人类应对环境能力的增长。而工具的进步不是依靠遗传，而是依靠一种模仿与推理的能力，其外在的表现就是发明与发现，一旦这种发明被社会广泛采用，它就会推动社会的进步和历史的发展。③ 这一点跟汤因比强调模仿在人类历史中的价值是一致的。当然，和汤因比把解决历史迷局的希望最后寄托在上帝身上不同，柴尔德的历史观是马克思主义的历史唯物主义。他认为，社会进步首先开始于个人实践，个人在实践中形成个人经验，个人经验通过模仿与传播扩散到社会群体中，变成集体经验；集体经验逐渐积淀为社会传统，以文化的形式在时空中传播。这样，个性与共性相互作用，个性（偶然因素）通过传播成为共性（统一性），偶然现象发展变成为必然，必然最开始是自然的，后来加入了传统。而在这个过程中，经由石器时代、青铜时代、铁器时代，人类就不断发展和进步。

① 石奕龙：《莱斯利尔·怀特的新进化论》，《云南社会科学》1996 年第 4 期。
② V. Gordon Childe：*Man Makes Himself*，NewAmerican Library，1983：16.
③ V. Gordon Childe，*Piecing Together the Past：The interpretation of archeological data*，London：Routledge and Paul，1956：8 – 9.

前面无论是斯宾塞、摩尔根、怀特还是柴尔德，在斯图尔德看来要么是单线进化论，要么是普遍进化论，于是提出了他的多线进化论。他说："多线演化基本上是一套方法论，其根本假设是文化变迁有其规律，因此，它关注文化法则的测定。它的方法是经验性的而非演绎性的。它不可避免地也关心历史重建的问题，但并不期待历史资料可以分别归类于各个普同的阶段。它的兴趣在于个别的文化，但其目的不是要从地方性差异的发现而将参考架构由特殊性转为一般性；它只处理一些在形式、功能与发生序列上为数有限但具有经验上之真实性的平行现象。它虽然不能顾及普遍性，但却显得无比的具体与精细。因此多线演化没有任何先验的体系或法则。它承认不同地区的文化传统可能具有完全的或局部的独特性，它只要问某些文化之间是否存在着任何真正的或有意义的类似之处，以及这些类似之处是否可以归结出来。"① 斯图尔德的多线进化论，与苏秉琦的"满天星斗说"有一些相似，与"环境可能论"更有值得比较的地方，尤其是跟本书所定义的文化的"分布式"发展更何其相似！不过，我还是要事先声明，不是因为斯图尔德的多线进化的启发，才有了文化的分布式发展，而是因为有了文化的分布式发展思想以后，在检索相关的理论时，才知道有类似的观点。在考古学上，这可能又要分析谁影响谁了，其实文化是分布式发展的，人脑的结构相同，在知识碰撞的过程中，难免会遇到相同或相似的火花，这里面相同的想法和行为之间，很可能谁也没有影响谁。所以我推测中国北方的某个罐跟南方的某个罐相似，原本可能都是自己的原创，一逮到就说谁谁时间靠后，就是被时间在前的所影响，这未免太低估人的创造力了。

西方关于人类文明演化的观点，上面的这些大抵都是影响较大的，最重要的是他们与本书的思考路径类似。当然，还有塞维斯、马歇尔·萨林斯、马文·哈里斯、克莱德·M·伍兹，以及意大利学者路易吉·卢卡·卡瓦里·斯福尔扎等人对人类文明的演化都有精彩的观点，由于这些理论并不影响到对本文理论创新的研究，读者可以参看相关论著，此不赘述。

---

① ［美］斯图尔德：《文化变迁的理论》，张恭启译，台北：允晨文化出版社 1984 年版，P24。

第二节　关于文明演化的中国理论

中国古圣先贤向来也喜欢探求宇宙及人类的起源和演化问题，儒、道、释各家都有丰富的人类演化思想，对整个中国文化有着深远的影响。下面我们依年代顺序进行撮要论述。

春秋战国至隋唐

春秋战国时期，诸子蜂起，百家争鸣，名家辈出，群星灿烂，很多贤哲都思考了文明的发展和演化问题。

儒家创始人孔子认为社会发展是由天命决定的。天就是指上帝，天命就是上帝的意志，即天所命。所以他说："天之将丧斯文也，后死者不得与于斯文也；天之未丧斯文也，匡人其如予何。"（《论语·子罕》）墨子也承认上帝的存在，但他不像孔子那样把"天""命"分开，而认为上帝鬼神的赏罚都是人的行为招致的，而不是"命"，所以他"非命"，"今天下之士君子，忠实欲天下之富，而恶其贫，欲天下之治，而恶其乱，执有命者之言，不可不非。此天下之大害也。"（《墨子·非命上》）儒家后来的孟子和荀子都继承了孔子的天命观，不过这种天命观并没有迷信色彩。孟子认为"诚者天之道也"，即天是以道德法则来决定人世生活的。他同时还提出了"劳心者治人，劳力者治于人"的英雄史观，所谓"劳心者"就是有先知先觉的人，而且从他的"性善论"出发，"仁义礼智根于心"（《孟子·尽心上》），就是说，统治者先在的聪明智慧和道德才是创世的力量，后知后觉的"下愚"之辈，只能听命于这些英雄指引。与性善论相反，荀子提出了"性恶论"，因性恶，所以人类才会起争斗，因争斗，人类社会才会发展。恩格斯在评价黑格尔关于性恶论的思想时认为，"是说出了一种更伟大得多的思想"。因为"在黑格尔那里，恶是历史发展的动力借以表现出来的形式……正是人的恶劣的情欲——贪欲和权势欲成了历史发展的杠杠。'[①] 比起孟子的"性善论"来，荀子的思

---

① 《马克思恩格斯选集》（第 4 卷），人民出版社 1972 年版，P233。

想显然更加深刻。

法家也有自己的历史观，核心就是认为历史是发展变化的。商鞅把过去的历史分为三个阶段，"上世亲亲而爱私，中世尚贤而说仁，下世贵贵而尊官"（《商君书·开塞》），亦即不同的历史阶段有不同的特点，由此说明社会历史是向前进化的，这与孟子"五百年而有王者兴"的历史循环论显然不同。韩非子从历史进化论的角度强调要"因时变法"，社会治理不能因循守旧。"故事因于世，而备适于事。"（《韩非子·五蠹》）同时，他也对历史进化的原因进行了讨论，"上古竞于道德，中世逐于智谋，当今争于气力"（《五蠹》），何以然？"今之争夺，非鄙也，财寡也。"（《五蠹》）。试图从社会内部矛盾出发来解释历史发展的动力，具有很积极的意义。

道家的老子秉持一种"历史退化论"。他不认为历史是进化的、进步的，相反，"民多利器，国家滋昏。人多伎巧，奇物滋起。法令滋彰，盗贼多有。故圣人云，我无为而民自化；我好静而民自正；我无事而民自富；我无欲而民自朴"。（《老子·五十七》），也就是说，利器、技巧、法令这些按照常识看来代表人类社会进步的东西，实质上恰恰是退步的表现。甘食美服，鸡犬之声相闻，而老死不相往来的社会才是最美好的。老子也用阴阳来解释世间事物，认为"万物负阴而抱阳。冲气以为和"，不过阴阳之说最初还是列御寇讨论得最多。《列子》是道家经典之一，认为天地"生化"的奥妙就在于阴阳："有生不生，有化不化。不生者能生生，不化者能化化。生者不能不生，化者不能不化，故常生常化。常生常化者，无时不生，无时不化。阴阳尔，四时尔，不生者疑独，不化者往复。"还说："造化之所始，阴阳之所变者，谓之生，谓之死。"（《列子·天瑞第一》）亦即世间事物的出现、生存、发展、变化和存亡都皆与阴阳的变化有关，阴阳不交感，世间事物就停滞了。《庄子》也是用阴阳来解释事物的运动变化："四时迭起，万物循生。一盛一衰，文武伦经，一清一浊，阴阳调和，流光其声。"（《庄子·外篇·知北游》），而如果"阴阳错行，则天地大骇。"（《庄子·杂篇·外物》）"阴阳不和，寒暑不时，以伤庶物，诸侯暴乱，擅相攘伐，以残民人。"（《庄子·杂篇·渔父》）。

阴阳学说在战国末期的《易传》中得到了系统的发展，《易传》把宇宙间的一切事物均概括为阴阳两种对立的物质实体和两种对立的属性、倾势和状态。① 并运用这个原理来解释事物的运行、变化、发展和生灭，这对中国人的宇宙观、历史观，乃至整个中国文化都产生了深远的影响。

不过，前面的理论往往不仅仅直接指向社会的发展变化，真正直接讨论文明演化或者说社会更迭的是阴阳家驺衍。《吕氏春秋·应同》：

> 凡帝王之将兴也，天必先见祥乎下民。黄帝之时，天先见大螾大蝼。黄帝曰："土气胜。"土气胜，故其色尚黄，其事则土。及禹之时，天先见草木秋冬不杀。禹曰："木气胜。"木气胜，故其色尚青，其事则木。及汤之时，天先见金，刃生于水。汤曰："金气胜。"金气胜，故其色尚白，其事则金。及文王之时，天先见火，赤乌衔丹书集于周社。文王曰："火气胜。"火气胜，故其色尚赤，其事则火。代火者必将水，天且先见水气胜。水气胜，故其色尚黑，其事则水。水气至而不知，数备，将徙于土。

据李善引《七略》和《邹子》均注明《吕氏春秋·应同》应为驺衍之说。驺衍认为五行之德，周而复始，循环运转，借此可以解释历史变迁和王朝兴替，这就是他的"五德终始说"。为了论证这一学说，他还提出了"五德相胜"的理论："始终五德，从所不胜，故虞土、夏木、殷金、周水。"所谓"五德"即五行；"相胜"，即木胜土，金胜木，火胜金，水胜火，土胜水。所以，"终始五德，从所不胜，木德继之，金德次之，火德次之，水德次之"。每一德都有盛衰之时，历史的变迁受五德的支配，德盛则所对应的朝代兴旺，德衰则所对应的朝代衰亡。

而汉初淮南王刘安的《淮南子》、东汉葛洪的《灵宝经》也直接继承了驺衍的思想。西汉大儒董仲舒的《春秋繁露·五行相生》除了发扬驺衍的学说以外，还以"五行顺逆""治水五行""治乱五行""五行变救""五行五事"等概念对其理论进行了扩展。在董仲舒和一般汉人的思想中，历史的变化遵循天道的规律。而变化的规律跟驺衍所说的"五德终始说"和"五德相胜"的历史循环论大致是一致的。"道之大原出于天，天不变，道亦不变"（《前汉书·董仲舒传》），此其不易者也，"有再而复者"为文质；一代尚文，

---

① 谢谦：《中国古代宗教与礼乐文化》，四川人民出版社 1996 年版，P162。

其后一代必尚质以救其弊，"有三而复者"，即三统三正也。① 当然，董仲舒用阴阳五行学说来探求宇宙的生成，是为他的"天人感应论"服务的，他把"天"作为人世的主宰，复活了传统的天命神权思想。不过，他并不是简单地重复，而是认为在天人感应这一点上，人并非是无能为力的，而是有其能动作用的，这把中国天人关系的哲学思想推进到了一个新的起点。

与董仲舒相反，王充否定了天人感应的思想，认为社会命运是自然之道。他同时坚持历史进化论的观点，针对秦汉时期的新儒家认为今不如昔、美化三代古史的论调，提出了"汉高于周"的论断进行回击。当然，王充不懂得社会进化的原因，而提出了"元气说"。他认为万物都是"气"的不同表现形态，"气"具有道德属性，并借以推论整个人类社会的运动，结果最终与董仲舒殊途同归，陷入了"天不变道亦不变"的形而上学泥坑。

魏晋玄学的代表人物王弼、何晏沿着先秦道家的思想路线，提出了"道"就是"无"，万物皆生于无的观点。"无"不具有任何性质，它看不见、摸不着，正因为如此，所以它"苞通天地，靡使不经"，亦即主宰天地万物的存在及其有规律的运动变化。而裴頠则针锋相对提出了"崇有"的思想，郭象综合"贵无"、"崇有"两家的观点，认为万有世界"非无之所化"，也无"真宰使之然"（郭象《庄子注·齐物论注》），天地日月皆自我运动。那万物究竟从哪里来的呢？"万物独化于玄冥"。独化，就是孤立地、无所依傍地生成和变化；玄冥，就是玄之又玄的本体界。这样世间万物之间就失去了联系，不过都是无限多个独立的、单个的"绝对"，事物的生成变化也就变成了绝对的"偶然"。但是，郭象接着又用"命"把这种偶然变成了必然。天地万物之所以"独化"，之所以如此而非彼，"惟在命耳"（德充符注）。"突然自生，则不由我，我不能禁；忽然自死，吾不能违。"（则阳注）陷入了一种精致的信仰主义。

南北朝时期，随着佛教的发展，玄学与佛教逐渐汇合。僧肇《宝藏论》论述世界起源就兼有佛学和玄学之义。

> 夫本际者，即一切众生无碍涅槃之性也。何谓忽有如是妄心及以种种颠倒者？但为一念迷也。又此念者从一而起，又此一者从不

① 冯友兰：《中国哲学史》（下），华东师范大学出版社 2000 年版，P31。

思议起，不思议者即无所起。故经云："道始生一，一为无为；一生
二，二为妄心。"以知一故，即分为二。二生阴阳，阴阳为动静也。
以阳为清，以阴为浊。故清气内虚为心，浊气外凝为色，即有心色
二法。心应于阳，阳应于动；色应于阴，阴应于静。静乃与玄牝相
通，天地交合。故所谓一切众生，皆禀阴阳虚气而生。是以由一生
二，二生三，三即生万法也。既缘无为而有心，复缘有心而有色，
故经云："种种心色。"是以心生万虑，色起万端，和合业因，遂成
三界种子。夫所以有三界者，为以执心为本，迷真一故，即有浊辱，
生其妄气。妄气澄清，为无色界，所谓心也。澄浊现为色界，所谓
身也。散滓秽为欲界，所谓尘境也。故经云："三界虚妄不实，唯一
妄心变化。"夫内有一生，即外有无为；内有二生，即外有有为；内
有三生，即外有三界。既内外相立，遂生种种诸法及恒沙烦恼。①

僧肇关于世界起源的学说明显是受了玄学的影响。他这里的"本际"即
宇宙之本体方面，而"三界"和"种种诸法"则为宇宙之现象方面。在此前
的中国哲学中，很少言及心身问题，这里则用阴阳配身心，"格义"之类。从
中可见混入了道家哲学观念的佛学。

隋唐时期，佛教的理论继续发展。华严宗在世界观方面提出了"一真法
界"的概念。这个"法界"是包罗整个世界的存在，千差万别的事物，无论
是主观意识还是客观物质现象，无论是部分还是全体、个性还是共性、时间
还是空间……或者是佛教所谓的"真与妄""净与染"，统统都呈现为一种相
互依存、相互转化、相互蕴含和相互司一的关系，没有什么实际的差别。"万
法融通，互为缘起"，"一即一切，一切即一"，"相即相入"，"重重无尽"，
世界起于"幻相"，没有任何独立的实体，"圆融、自在、无尽、难名"（《华
严三宝章》）。在这种思想指导之下，也就谈不上什么社会的发展和进化了。
禅宗则把"心"作为本体，慧能说："心生，种种法生；心灭，种种法灭；一
心不生，万法无咎。"（《六祖坛经》）这样一来，就不存在什么社会的运化，
一切都是心自己的运化。

唐代的柳宗元认为，社会历史发展的价值标准是"生人之意"。所谓"生

---

① 冯友兰：《中国哲学史》（下），华东师范大学出版社 2000 年版，P121。

人之意"就是指蕴含着人文关怀的制度和张力结构。一切礼乐刑政制度，只有通过"生人之意"的考验且满足其要求，才具有合理性；一切违反"生人之意"，违反人性的制度，如封建制、品级制等，都应该废除。而对体现着"生人之意"的制度，人们应该自觉自愿地接受和服从。人类社会的历史就是人与自然斗争，确立"生人之意"之原则的过程。[①] 在这一张力结构中，结构的平衡、发展的动力及其价值评判准则均是"人"，富有"人民性"的"人"。人之"意"怎样才能实现呢？那就是必须符合历史发展之"势"。在《封建论》中，柳宗元认为，人类社会的历史发展，不是什么"圣人之意"，而是"势"，他所谓的"势"，就是蕴含在事物发展趋势中的必然规律。"生人之意"在社会历史的进程中以客观必然之"势"的形式表现出来。这种历史发展观，既否定了此前的历史循环论，也否定了英雄创造历史的学说。

宋元至近代

北宋邵雍提出的历史观，可以简化表示为"三皇—五帝—三王—五伯"。邵雍说：

> 修夫意者，三皇之谓也。修夫言者，五帝之谓也。修夫象者，三王之谓也。修夫数者，五伯之谓也……皇帝王伯者，《易》之体也……意言象数者，《易》之用也（《皇极经世·观物内篇》第四）

邵雍以皇—帝—王—伯比附《周易》的意—言—象—数，这种对应关系可以简化表示为"皇—帝—王—伯"，或"意—言—象—数"。表现出一种整齐地从高级向低级退化的特征，似乎呼应了老子关于历史退化的思想。

除了邵雍以外，王安石提出了"天道尚变""新故相除"的历史观。而这种"主变"的历史观，其背后的动力还是五行。不过他的五行不同于此前的五行。他说："五行者也，成变化而行鬼神，往来于天地之间而不穷者也，是故谓之行。"（王安石《洪范传》）这就第一次把五行看做是运行不息，往来不穷，能够自我变化并能支配鬼神的自在之物。

---

① 侯外庐：《中国思想通史》，人民出版社 1959 年版，P378。

朱熹也是"尊王贱霸"的退化历史观。他认为夏商周三代帝王的心中都是"天道流行",社会上的一切现象都是光明的,属于"王道"盛世。三代以后,帝王的心中"未免乎利欲之私",社会上的一切现象都变为黑暗了,属于"霸道"衰世。"王道"不行,但"王道"还"敛藏"着,如果抓到"大根本""切要处",还可以"发用"和"流行"。"所谓大根本者,固无处于人主之心术;而所谓切要处者,则必大本既立,然后可推而见也。"(朱熹《答张敬夫》),这就把帝王的心术好坏作为了历史发展的根本动力,试图把历史拉回到"王道盛世",从而构成了一种唯心主义的倒退的历史观。

明末王夫之出场,总结和终结了宋明道学。从进化的人性论出发,推断人类自身经历了由禽到人、由夷到夏的进化历程。① 他说:

> 唐虞以前,无得而详考也,然衣裳未正,五品未清,婚姻未别,丧祭未修,犾犾獉獉,人之异于禽兽无几也。
> ……
> 轩辕以前,其犹夷狄乎? 太昊以上,其犹禽兽乎? ……所谓"饥则呴呴,饱则弃余"者,亦植立之兽而已矣。

这就是说,轩辕之前,我们的祖先不过是"植立之兽",而今天"财足自亿,兵足自强,智足自名"。他以"文质"的观念解释了这种进化的原因:

> 禽兽不能全其质,夷狄不能备其文。文之不备,渐至于无文,则前无与识,后无与传,是非无恒,取舍无据。所谓饥则呴呴,饱则弃余者,亦植立之兽而已矣。魏晋以降,刘石之滥觞。中国之文既乍明乍灭。他日者必且陵蒉,以之于无文。而人之返乎轩辕以前,蔑不夷矣。文去而质不足以留,且将食非其食,衣非其衣。食异而血气改,衣异而形仪殊,又返乎太昊以前,而蔑不兽矣。至是而文字不行,闻见不征,虽有亿万年之耳目,亦无与征之矣。此为混沌而已矣。

---

① 以下所引王夫之的文献均见莫秀珍、章启辉:《论王夫之的社会文明进化历史观》,《湖南大学学报(社会科学版)》2001 年 12 期。

　　在王夫之看来，人类社会的发展进程是依照"禽兽—植立之兽（质而无文）—夷狄（文之不备）—华夏（文明人）"这样的阶段，逐渐由蒙昧野蛮而进入文明时代的。即使所谓的夷狄也是人，只不过由于文化发展慢了一步，文化素养相对欠缺一些而已。华夏则因为文化领先才成为"华夏"。正是在这种进化轨迹中，王夫之洞察到了人类社会由夷到夏、由野蛮到文明的发展规律，从而构成了自己的社会文明进化历史观。

　　逮至近代，"天演祖哲学家"严复提出了"力今胜古"的社会进化思想，坚定不移地站在达尔文进化论的立场上。同时也认为，进化虽然是自然法则，但人力的作用并不是消极无为的，因此，他还创造性地宣扬"恃人力""合群"在进化中的价值。"能群者存，不群者灭；善群者存，不善群者灭。"宣扬在进化过程中要主动地与自然环境和社会环境进行斗争，这样才能推动人类社会前进。[①]

　　康有为认为，人类历史是不断发展的，由野蛮到文明，按照拨乱、升平、太平三个阶段的顺序而进化，这一顺序既不会错乱，也不会反复。所谓"进化有渐进，仁民有渐进，爱物亦有渐进，此皆圣人无可如何，欲骤进而未能者。"（康有为《＜论语＞注》下卷）他认为，春秋公羊家的拨乱、小康、大同三世之运，是依仁、义、礼、智、信"五德之运"来运行的。其中"仁运"为大同之道，"礼运"为小康之道，礼运包括小康之道和拨乱世之道。夏商周三代是行礼运小康之道的升平世，春秋亦行"礼运"小康之道，但"祸乱繁兴"，是拨乱世。汉唐以至元明，同为行小康之道的升平世。而当世，只有运用孔子的大同之道，进行变革，中国才能由礼运小康之道的升平世，进化到行仁运大同之道的太平世。

　　稍后的梁启超在《文野三界之别》中，介绍了日本学者福泽谕吉关于人类社会发展的三阶段说。即世界人类分为三个阶段：一曰蛮野之人，二曰半开之人，三曰文明之人。这些阶段"皆有阶级，顺序而升，此进化之公理，而世界人民所公认也"。[②] 至于文明进化的途径，梁启超则主张从精神变革入手，"求文明而从形质入，如行死港，处处遇窒碍"，"求文明而从精神入，如导大川，一清其源，则千里直泻，沛然莫之能御也"。因而"以先知先觉自任

---

① 肖萐父，李锦全：《中国哲学史》，人民出版社 1983 年版，P361。
② 李华兴，吴嘉勋：《梁启超选集》，上海人民出版社 1984 年版，P94。

者，于此二者之先后缓急，不可不留意也"。①

　　纵观中国历代贤哲，他们关于人类文明演化的观点大抵不出天人之际的宏大视域、阴阳五行的基本框架、仁义礼智信的人伦秩序。近代以降，随着西方历史哲学、人类学和考古学的引入，虽然出现了更多的学说，如新儒学的牟宗三、唐君毅，历史学家翦伯赞，社会学家费孝通，以及考古学家夏鼐、苏秉琦等，但公认的、具有客观有效性和逻辑必然性的学说还很少。特别是新中国成立以后，这方面的研究成果除了沿着马克思主义的路线发展以外，鲜有更多的创造。

第三节　世界史的构造——关于交换的理论

马克思与生产方式

　　与上面的理论不同，马克思是用生产方式来解释人类社会发展的。在他的《政治经济学批判·序言》中，马克思写到：

　　　　我所得到的并且一经得到就用于指导我的研究工作的总的结果，可以简要地表述如下：人们在自己生活的社会生产中发生一定的、必然的、不以他们的意志为转移的关系，即同他们的物质生产力的一定发展阶段相适合的生产关系。这些生产关系的总和构成社会的经济结构，即有法律的和政治的上层建筑竖立其上并有一定的社会意识形式与之相适应的现实基础。物质生活的生产方式制约着整个社会生活、政治生活和精神生活的过程。不是人们的意识决定人们的存在，相反，是人们的社会存在决定人们的意识。社会的物质生产力发展到一定阶段，便同他们一直在其中活动的现存生产关系或财产关系（这只是生产关系的法律用语）发生矛盾。于是这些关系便由生产力的发展形式变成生产力的桎梏。那时社会革命的时代就到来了。随着经济基础的变更，全部庞大的上层建筑也或慢或快地

---

　　① 葛懋春，蒋俊：《梁启超哲学思想论文选》，北京大学出版社1984年版，P37。

发生变革。在考察这些变革时，必须时刻把下面两者区别开来：一种是生产的经济条件方面所发生的物质的、可以用自然科学的精确性指明的变革，一种是人们借以意识到这个冲突并力求把它克服的那些法律的、政治的、宗教的、艺术的或哲学的，简言之，意识形态的形式。我们判断一个人不能以他对自己的看法为根据，同样，我们判断这样一个变革时代也不能以它的意识为根据，相反，这个意识必须从物质生活的矛盾中，从社会生产力和生产关系之间的现存冲突中去解释。无论哪一个社会形态，在他们所能容纳的全部生产力发挥出来以前，是决不会灭亡的；而新的更高的生产关系，在它存在的物质条件在旧社会的胎胞里成熟以前，是决不会出现的。所以人类始终只提出自己能够解决的任务，因为只要仔细考察就可以发现，任务本身只有在解决它的物质条件已经存在或者至少是在形成过程中的时候才会产生。大体说来，亚细亚的、古代的、封建的和现代资产阶级的生产方式可以看作是社会经济形态演进的几个时代。资产阶级的生产关系是社会生产过程的最后一个对抗形式，这里所说的对抗，不是指个人的对抗，而是指从个人的社会生活条件中生长出来的对抗；但是在资产阶级社会的胎胞里发展的生产力，同时又创造着解决这种对抗的物质条件。因此，人类社会的史前时期就以这种社会形态而告终。①

这是马克思对自己的历史唯物主义观点的最基本表述。它说明，生产力和生产关系的矛盾运动是社会发展的最基本的动力；经济基础是上层建筑的决定性因素。当然对这种思想不能做僵化的理解，尤其是不能把生产方式与经济基础混同。否则马克思的理论将遇到许多挑战，例如无法解释原始社会和古典时期希腊罗马的经济及其社会现象。事实上，马克思在《资本论》中解释资本主义经济时，不是从生产方式而是从商品交换着手的。基于此，日本著名学者柄谷行人认为，作为生产关系总和的经济基础，如果作为人类的"交换样式"来体认，就可以解释社会发展的各个历史时期的经济现象及其相关的国家、民族等问题了。

---

① 《马克思恩格斯选集》，人民出版社 1972 年版，P82－83。

当然也有人认为仅仅依据这段话来解读马克思是不对的。这种本质上机械而非辩证的经济决定论，是对马克思的误解。在马克思那里，人类思想扎根于人类活动（也就是最宽泛意义上的"劳动"）以及这些活动所引发的社会关系，只有将经济基础理解为人类活动，将上层建筑理解为人类活动创造出的世界，才能真正把握这对概念的意义。① 本书在第二部分叙述嘉陵江流域史前所采用的框架，就吸收了这种见解。

柄谷行人与交换样式

柄谷行人把人类的交换样式分为四种。

交换样式 A，这是一种"赠与—回馈"互酬的交换。人类学家马塞尔·莫斯就曾在原始社会的食物、劳动、女人、财产、服务、土地、礼仪等各种赠与和被赠与的互酬体系中，发现了社会构成体得以形成的原理。当然，互酬的交换，并不仅仅限于原始社会，各种类型的共同体中都可以存在。

交换样式 B，它始于一个共同体对另一个共同体的掠夺。掠夺怎么变成交换样式了呢？因为如果要实现长期的掠夺，处于支配的一方还要向被掠夺方有所给予；如果被掠夺方没有资源可掠夺，掠夺就实现不了。这种给予包括让被掠夺方免受其他共同体的侵害，发展公共事业，如农业灌溉、教育、卫生等。被掠夺方因此就可以获得安全和稳定。掠夺与被掠夺就成了交换样式 B。

交换样式 C，当互酬或者依靠暴力而不可得时，就出现了交换样式 C：商品交换。商品交换发达时，个人摆脱了基于互酬的共同体的束缚，也摆脱了被掠夺的人身而获得自由。城市就是这些获得自由的个人自发组成的联合体而形成的交易空间。

交换样式 D，当交换样式 C 占统治地位时，交换样式 A 并没有被消灭，只是受到了压抑。作为"被压抑物的回归"（弗洛伊德），交换样式 A 将在更高层次上得到恢复，这就是交换样式 D。"我们可以用社会主义、共产主义、无政府主义、协会共产主义、联合主义等名称，来称谓交换样式 D 以及源自

---

① ［美］彼得·L.伯格、托马斯·卢克曼：《现实的社会建构》，吴肃然译，北京大学出版社 2019 年版，P9。

于此的社会构成体。"①

柄谷行人用交换样式而不是用生产方式或者经济基础来观察历史,在一定程度上与马克思是一致的。马克思在他的著作中,虽然没有使用"交换样式"来阐述人类历史的发展问题,但在广义上使用过"交往"概念。例如,马克思说:"在后来时代(与在先前时代相反)被看做是偶然的东西,是曾经与生产力发展的一定水平相适应的交往形式(知识)。生产力与交往形式的关系就是个人的行动或活动的关系。个人相互交往的条件,在上述这种矛盾产生以前,是与他们的个性相适合的条件,对于他们来说不是什么外部的东西。"② 这里,马克思就谈到了生产力与交往形式的关系,说明交往形式是与生产力相适应的。

用"交换样式"来讨论世界历史的发展,让人们获得了很多新的启迪。首先,这种思想可以让人看到,社会历史的发展是人与人之间、人类共同体和共同体之间、国家与国家之间的交往互动的结果。其次,因交换样式的不同,而形成了不同的社会构成体、权力类型和人类社会不同的发展阶段。第三,人类社会将在更高的形式上回复到没有暴力压制的互酬时代,这个时代是远比原始社会的互酬关系更高级的社会。共产主义社会就是这样一个高级阶段。

循着柄谷行人的启示,可以更进一步从历史上研究这种交换样式的更多的细节,诸如交换的聚集方式、交换节点、交换渠道、交换方式等。本书聚焦于嘉陵江流域的历史文化,来探寻这种交换样式的面貌。

从交换到交互

不过柄谷行人是从经济入手来讨论社会构成体和人类历史的。这四种交换样式本质上都是经济的、人与人之间的交换。而前面很多学者都提到过的人与自然之间的交换,柄谷行人则没有给予充分的关注。当然,马克思主义者根据不同的地理环境却形成了相同的经济结构的现象,对地理环境学派进行了否定。但是这种否定毕竟只是对决定论的否定,并没有否定人与环境的

---

① 柄谷行人:《世界史的构造》,赵京华译,中央编译出版社 2012 年版,P9。
② 《马克思恩格斯选集》(第 1 卷),人民出版社 2012 年版,P203。

相互作用。在《费尔巴哈论纲》中马克思说："前此一切唯物主义（包括费尔巴哈的在内）的主要缺点都在于对对象、现实界，即感性世界，只以对象的形式或直观得来的形状去理解，而不是把对象作为人的具体的活动或实践去理解。"① 这就把环境与人之间的关系从实践的角度讲得很明白。

从文化的角度来说，不同地理环境会形成不同的文化性格，而不同文化性格又反过来对环境形成反作用，从而相互塑造并作用于经济结构。因此可能看似相似的经济结构，其内部很可能隐藏着不同的价值观念和不同的细节。因此，不重视人与自然这对关系范畴，不重视人与自然的交往，这会使理论有失偏颇。

其次，交换应该是异质事物的易主，而交往则是各方结成某种关系；无论交换还是交往，都应该视为一种主动的、有意识的行为，它区别于本能行为和无意识行为。人类与自然的交往最初肯定是一种无意识的行为或一种本能，如饿了摘浆果吃、猎食草食动物等，这跟其他动物的行为一样都属于本能行为。这种情况下，人类与自然的交往就不是有意识的，所以不能视为交往。即使人类后来在与自然打交道的过程中有了自己明确的意识，但自然本身是没有意识的，所以还是不宜称为交往。

第三，人与自然之间的关系不能简单用交换或者交往来认识，人与人之间的关系也不能仅仅用这种概念来概括。当人们共同劳动的时候，比如共同捕猎野兽，这里面只有人与人之间的协作而没有交往。性交可能是一种交往形式，但也可能仅仅只是一种动物性的需要。虽然里面似乎也包含了某种已经形成的关系，但不是交往本身，而是对交往结果的运用。因此，我们应该在更广泛的意义上来认识人与自然、人与人、人与社会、人与自我的相互关系和相互作用。

我们扬弃"交换""交往"的概念而用"交互"来研究上述四种关系。人从自然获取生存的物质和自然因为人类活动而改变自身的面貌，这是人与自然的交互行为。共同狩猎，这是人与社会的交互行为。"梳毛"，这是人与人之间的交互行为。② 人因为这些交互行为，而懂得什么是适宜的行为，这是人与自我之间的交互行为。

---

① 朱光潜：《美学拾穗集》 百花文艺出版社 1980 年版，P73。
② ［英］罗宾·邓巴：《最好的亲密关系》，周晓林译，四川人民出版社 2019 年版，P40－42。

从交互的力量来源来说，交互可以分为主动的交互和被动的交互。国与国之间的外交属于主动的交互，而一国对另一国的侵略，对于被侵略的国家来说，属于被动的交互。人类顺应自然和自然进行的交互，这是主动的交互；而人类违背自然的意志，比如掠夺式使用地力进行农业生产，对于自然来说就是被动的交互。从交互的内容来说，可以分为经济交互、文化交互、政治交互、宗教交互和军事交互以及物理交互和化学交互，前四者是人类和自身的交互，后二者是人类和自然的交互。

柄谷行人的交换可以称为互酬式交互（A）、掠夺式交互（B）、货币式交互（C）和无利害交互（D），这些交互都是发生在人类社会的经济交互形式。他们对社会的构成起到了决定性的作用。按照柄谷的思路，我们也可以对其他几种交互做进一步的细化研究。现成的如政治中的自由主义、民主政治和威权政治，或者如柄谷所谓 isonamia 与 democracy 等；又如文化中的天人合一（中国）和天人相分（西方）。军事中无战争观念的族群（古代印度的哈拉帕文明）和有侵略思想的族群。汉传佛教中的渐修和顿悟等。本书将主要从文化的角度来讨论人类的交互问题。

交互的复杂性

美国圣菲研究所的计算机大师约翰·霍兰在 20 世纪 80 年代和 90 年代发现了复杂适应系统的演化规律。复杂适应系统的主体都是一些具有主动性的元素，这一点刚好和人类社会系统的特点相吻合，可以拿来观察和解释我们这里提出的的交互问题。

按照复杂适应系统的理论，复杂系统有 7 个基本点，就是聚集、标识、多样性、流（交互）、非线性、积木和内部模型。详细的介绍我们放到后面去，这里只谈一下有关"交互"的问题。

就人类而言，所谓交互，就是人与人之间的相互作用。这种相互作用包括个人与个人之间的交配、交往、交流、劳动和争斗；群体与群体之间的交互，如和亲、交往、协同、贸易和战争。以"战争"为例，如果仅仅从战争本身来看，它是残酷的、黑暗的，但是从人类的交互行为看，战争也是人类的一种交互形式，只不过是一种很激烈、很极端的形式。而且从长远看，正如很多学者所指出的，战争造就了强大的国家，创造了大规模的、组织完善的政治社会推动了人类的发展，等。

交互是人类文明发生的重要条件。交互不仅仅只是单个人的活动，单个人的活动无法造就文明。交互是把人当做活动中和交互中的人，交互的人才是人的本质，没有交互就没有人的本质。这个思想是复杂适应系统理论关于主体的核心观点。就是什么是主体？只有处于交互中的主体才是真正的主体，没有交互的主体不是复杂适应系统的主体，而人类恰恰是一个复杂适应系统。柴尔德认为社会进步首始于个人实践，个人实践形成个体经验，个体经验变成集体经验，集体经验成为社会专续。这个过程其实就是通过交互来实现的。

当以此来审视人类社会和文明的时候，会有很多有价值的发现。下面的很多讨论我们都是以"交互"为核心概念展开的。

第四节　人类的交互与生态构建

生态建构、聚集和多样性

人类的交互既包括人与人之间的交往，它还包括人类与自然的交互。人与人、人类与自然的交互必然会在环境打上自己的烙印，与环境互相塑造（注意：这里的环境概念内涵与柴尔德的"环境"一样，包括自然和社会两个方面）。这种相互塑造就是人类的生态构建。生态构建的过程就是人类为了适应生存环境，应对环境挑战和冲突的过程。一个生态是有机体存在于世的所有方式的总和，包括有机体的生态、行为和构成其周围环境的方方面面。不同有机体是不同的有机体环境。几乎所有的有机体都会从事生态建构。蚯蚓会将自己周围的土壤吃进去，再通过身体的内部作用，改变土壤化学结构，并把土壤变成丸状，使周围的土壤变得松动，为后代提供更好的生存环境。

人类的生态构建独具特色。农业、机器、家庭、城市，都是人类应对环境压力改变生存环境的成果。这些成果都是合作与创新的产物。没有合作与创新，人类就无法适应环境，无法发展。而交互改变了的世界又反过来进一步塑造人类的心智，让这种生态构建更加适于人类生存发展的需要。

交互要达到合作与创新，是需要一定规模和频率的。

交互要达到一定规模和频率，就需要提供可以聚集的通道和聚集的空间。

尤其是在古代社会，物质、能量和信息的流动实质上都是人的流动。没有人的流动，物质、能量和信息是无法自动移动的。而古代的交通是很不发达的，河流就成了重要的通道。藏彝走廊的六江流域是重要的民族走廊，这是民族交流和融合的通道。而嘉陵江贯穿南北，虽然史前因很多条件限制，无法实现全域的交流和合作。但就一个一个的局部空间来说，因嘉陵江的存在，还是形成一条重要的文化交流廊道。因此，为聚集而形成的交通通道对人的合作与创新十分重要。或者说，人与人之间的连接线很重要。当然，聚集的方式有很多，贸易、文化交流、战争都是一种聚集方式。

人的聚集是在一定的历史时空之中的。这就是交往的节点。部落、乡村、市镇、城市，都是这样的节点。施坚雅把中国市镇概括为六边形的结构，其实这个结构也是中国古人聚集的结构，当然，这应该算是文化成熟时期的结构。史前则有史前的交往结构（详见后文第三部分）

此外，聚集的人群还应该是多样性的，如个体多样性、族群多样性、文化多样性等。同质个体或者族群之间的交互是缺乏创新和创造的。纵观中国古代，多族群交互往往能够使文化产生新质，推动文化的转型或丰富文化的内涵。历史上的几次民族大融合就是明证。

多样性的文化之间的交互，容易产生新的文化力量。文化缺乏交互或缺乏多样性交互，往往不可持续，或者被其他文化取代、同化，最终衰落和消失。历史上，单一文化或者多样性匮乏的文化都纷纷消亡，就是交往的同质性造成的。因此，闭关锁国，拒绝与多样性的文化交互就会给文化带来危机。中国近代史就是一面镜子。而不妄自尊大的邻国，主动与西方文化交互，就极大地推动了族群的发展。

一地的族群依其交互环境、交互方式和交互内容的不同，往往会形成应对环境的不同规则。这些规则构成了族群文化或区域文化的独特性。而某些规则会固化为族群或者区域应对环境的特有方式。宏观上来说，农业民族和游牧民族就是应对环境而形成的不同的族群。这种特有的应对方式，是凝聚族群的核心力量，当然同时也可能成为阻碍族群进步的力量。

生态构建过程就是人类不断发现规则的过程。规则，是指一种正确的应对自然、他人和社会、人类—自然系统的方式。当然，这里的"正确"方式，是一时一地的人们长期累积和总结的结果，对于某一地的居民意义十分重大，他们在日常生活中，基本上会采用这种规则来适应自然和社会的需要。对另一地的居民来说，这些规则可能意义同样重大，当然也可能意义不大、没有意义或具有反面意义。橘生淮北则为枳，这是自然事物适应环境的结果。人类也一样，对于游牧民族来说，适应性规则就是逐草而居，游动性大。而对于农业居民来说，如果像游牧民族那样居无定所，就无法因季种粮，甚至无法活下来。人类发展到一定程度，战争是交往的重要形式。但是，当一个族群处在没有战争观念的文化之中，周围也没有强敌入侵，就不会获得有关战争的经验和应对规则。一旦战争爆发，就往往一败涂地。即使知道战争的威胁，如果并没有战争的历练，同样会因为应对战争规则的贫乏而遭遇失败。美国人一直在外交上实施"可控混乱"，伺机参与进去，甚至实行军事干预，都是为了让自己建立起不断适应的应对规则。

规则的发现与前面的多样性交互是成正比的。多样性越是丰富，就越是能够产生更多的适应性规则。相反，缺乏多样性，所产生的适应性规则就少。而越是与人类生存与发展密切相关的多样性交互，就越能产生有竞争力的规则。这种有竞争力的规则是一个族群发展壮大的重要条件。而前面提到的应对战争的规则，就是这种有竞争力的规则之一。

规则革命和互鉴

自然和人类社会每时每刻都在发展变化，具有恒新性，而规则总是有限的。怎么应对这种恒新的世界呢？那就是通过有限规则的组合来应对。有限规则各种各样不同的组合可以产生无穷的应对规则，这又反过来产生更多的规则。但是，如果本来的应对规则就很贫乏，要产生好的、新的组合规则往往就比较困难。这种情况下，规则贫乏的族群就会被规则相对丰富的族群所征服。

当然，规则的形成和组合，也往往可能使规则及其组合过程成为一个程式化的形式。程式化可能在环境需要构建新生态的时候，成为规则组合创新和创造新规则的障碍。这种时候就需要革命。一次规则的革命，会打破原来的程式，为新规则的获得创造条件。

赵武灵王"胡服骑射"就是一次规则革命。战国时期的赵国地处北边，经常与林胡（匈奴的一支）、楼烦等北方游牧民族接触，也经常受到这些民族的袭扰。赵国国君赵武灵王看到胡人在军事服饰方面有一些特别的长处：穿窄袖短袄，生活起居和狩猎作战都比较方便；作战时用骑兵、弓箭，与中原的兵车、长矛相比,具有更大的灵活性和机动性。于是,他提出"着胡服""习骑射"的主张。从第二年起,赵国的国力就逐渐强大起来。后来不但打败了经常侵扰赵国的中山国,而且还收服林胡,"礼服"楼烦,并力向北开辟了上千里的疆域,设置了云中、雁门、代郡行政区。

而改革之初,赵国的很多皇亲国戚以"华夏文明本位论"来抵制,觉得使用他族创造的规则,这是把祖先积累的规则抛弃了,认为"易古之道,逆人之心",而赵武灵王坚决抵制了这种把规则程式化的僵化行为。这就是规则的革命。当规则革命以后,新的规则就会相应地构建起新的生态。

中国的改革开放也是一种经济规则的革命。计划经济时代,我们创造的经济价值远低于资本主义社会。这就证明这种规则是有瑕疵的。如何祛除这种瑕疵进而推动社会主义经济超越资本主义经济,这就需要革命。国家提出了社会主义有计划也应该有市场,正如资本主义有市场也有计划一样;社会主义国家也要实行市场经济从而解放和发展生产力,才能更好地推动经济的发展。这就是创新原来的规则、组合新的规则,即进行规则的革命,我国也因此在短短的几十年内创造出了世界经济的奇迹。

构建适宜的生态需要成熟的规则。因此,社会的发展除了我们自己创造规则,还要学习别人的规则。"胡服骑射"和改革开放是规则革命的例子,也是文明互鉴的例子。文明互鉴核心其实就是规则的相互学习、借鉴和融合。因为环境是恒新的,事物的发展有着无穷多的可能。某个民族经历过的事情,可能另一个民族并没有机会经历,于是某个民族获得的相关规则就成了其他民族的宝贵财富。文明的互鉴,就是交换规则、储备规则,丰富人类共有的规则库,用以在不断变化的环境面前应付自如。

历史上,很多文明都因为缺少与其他文明之间的交互而消逝。美国国家科学院贾雷德·戴蒙德教授认为,文明崩溃有五个方面的因素:生态破坏、气候变更、强邻侧伺、友邦援助减少以及社会自身应对乏力,并认为最后一点至为关键。[①] 另一位美国学者约瑟夫·泰恩特则认为,人类社会是一个不断解决自身问题的组织,解决问题就需要投资。然而,持续的压力和预料之外的挑战会迫使社会追加更多的投资,达到某一个临界点,投资回报就开始递

---

① [美] 贾雷德·戴蒙德:《崩溃——社会如何选择成败兴亡》,江滢、叶臻译,上海世纪出版集团 2011 年版,P11。

减。如果一个社会不能克服不断增加的成本和不断减少的利润所构成的曲线的话，它就必然走向衰落乃至崩溃。[①] 两位学者其实都倒果为因：无论社会应对乏力、还是投资利润递减都是应对规则缺失造成的；规则缺失则可能是因为缺乏与其他文明的交互造成的。

晋南的陶寺遗址，是距今 4500～4000 年陶唐氏的文化遗存。龙山文化时期，陶寺文化在整个黄河流域文明中无与匹敌。陶寺拥有河东的盐池，能够赚到足够多的钱，但陶寺的上层却缺乏把钱用于族群建设的动力，仅仅把钱拿来满足自己穷奢极侈的享受，以致一直把自己局促在临汾盆地的大部分和运城盆地的局部。而在它的外部，特别是东部和南部，很多文明都相继兴盛起来。激进的东下冯文化甚至直接楔入了陶寺文化的腹心地带—运城盆地中东部地区。陶寺文化就如其所依仗的核心资源—食盐，在外来文明的洪水冲击下，瞬间溶解了。假如陶寺人知道与其他文明交互的重要性，能够放眼天下，累积丰富的应对规则，他们断不至于在辉煌五百年以后旋即灰飞烟灭。

所以，无论文化还是文明，其实就是由应对环境变化的一系列规则组成的，包括应对自然的、社会的、人与人之间的、自我的全部规则。物质文化和精神文化，都不过是这种规则的外化或衍生品。不同的文明因为有不同的环境，就会形成不同的规则，从而形成文化的多样性，也可说是生态的多样性。历史上人类文明的进步往往以毁灭或吞噬别的文明为代价。史前时期特别明显，因为人类文明还没有发展到足够的程度，认识不到文明的多样性和文明共存的意义和价值。今天，人类文明发展到了这样的高度，文明的和谐共生与文明互鉴理所当然应该成为世界性的主题。试图以一种文明取代别的文明，消灭文明的多样性，其结果必然是人类文明的整体崩溃。这就是基于规则发现和生态构建的文明互鉴的要义。

嘉陵江流域是中华文明形成的一个重要的地理空间。史前时期，这个空间所形成的文化对于中华民族独特应对环境之规则的形成产生了很大影响。而在这些规则的作用下，又必然会构建起新的生态空间。那么，这个生态空间具有哪些特点？历史上起了哪些作用？这些都很值得研究。

---

① ［美］约瑟夫·泰恩特：《复杂社会的崩溃》，邵旭东译，海南出版社 2010 年版，P166－175。

第二部分

嘉陵江流域史前文化

第二章

嘉陵江西源文化

第一节　嘉陵江流域史前自然环境和文化空间域

新石器时代嘉陵江流域的自然环境

嘉陵江源头的陇东地区，距今 10000～8500 年前的新石器时代气候较为寒冷，自然景观以草原为主。到距今 8500～6000 年前，气候变得温暖湿润，年降水量比现在多 150～300 毫米，气均气温比现在高 1℃～2℃，自然景观以松林为主。而到了距今 6000～5000 年前，落叶阔叶林迅速增加，形成由松、云杉、冷杉和榆树、桦树、栎树组成的针阔混交林景观，气候则以干旱为主，年降水量比现在少 20%～30%，气温则与现在大致相当。距今 5000～3100 年前，又进入另外一个温暖湿润阶段，只是湿润度有所降低。①

而嘉陵江上游的秦巴山区在距今 10600～7400 年前，气温从最初比现在低 3.5℃、降水比现在少 100 毫米逐渐上升到与今天持平，中间波动不大。而从距今 7400～3400 年前，发育了暖湿气候条件下的植被，由于气候波动明显，这些植被从老到新分别为暖温带落叶阔叶林、亚热带常绿阔叶与阔叶混

① 中国社会科学院考古研究所编著：《中国考古学（新石器时代卷）》，中国社会科学出版社 2010 年版，P64。

交林、含常绿阔叶林成分的暖温带落叶阔叶林。其中，暖湿期的年均气温与降水分别比现在高 3.5℃~4℃ 和 120~150 毫米，干凉期的年均气温和降水分别比现在高 1.7℃~2.2℃ 和 50~80 毫米。而地处嘉陵江中游的川中盆地和下游的重庆段，由于秦巴山地的屏障作用，新石器时代（甚至从旧石器时代末期晚段开始）气候以暖湿为主，冬季温暖、夏季炎热；降水较为丰沛，只是水热的季节分配不够协调。

新石器时代嘉陵江流域的气候和植物景观，是嘉陵江流域人类交互行为的基本背景和自然环境基础。当然，自然环境是一个很复杂的系统，不是仅仅利用气候和植被可以一以概之的。不过，这两个要素大致可以作为人类活动的基础性条件来看待。因为如果气候条件让人类根本无法生存，那么文化创造也就是不可能的。而植被条件是为人类提供食物的重要外部环境，如果在一个荒漠化的环境中，人类同样无法生存。当然，气候条件是根本的，它决定了植被的状况和伴随植被而生的动植物的总体状况。

嘉陵江的文化空间域

使用"空间域"这个概念，实质上是很慎重的，因为"域"往往是数学概念，很多人一见到数学概念就犯晕。但是，数学理论里面有些概念还是可以借用来言说文化的，而且表述往往更准确。莱斯利·怀特利用物理学的"能量"来解释人类文化，结果更加明晰。

空间可以分为自然空间和社会空间。自然空间都是自然形成的，一般没有人的干扰；而社会空间则是人类实践活动的结果，有浓厚的文化色彩。空间域是指众多空间所组成的一个结构化的空间，是诸多空间之间相互联系、相互影响的产物。处在空间域中的空间必然会与其他空间产生互动。

由于秦岭、米仓山、大巴山的阻隔，嘉陵江流域形成了两大文化区域，即广元昭化以上的嘉陵江上游文化圈和以下的嘉陵江中下游文化圈。上游由秦岭北坡、南坡、汉中盆地、米仓山、大巴山山地组成，除了嘉陵江干流外，还包括白龙江流域、西汉水流域。中下游由川中丘陵、川中盆地、川东岭谷组成，除干流外还包括涪江流域和渠江流域。由于秦岭南坡山体陡峻、崖高谷深、滩多水急，不利于上游与中下游之间的往来，新石器时代早中期这两大文化区之间交流不多，相互影响不大，形成了两个基本独立的文化区。

　　从嘉陵江上游流域的地形特征看，可分为两大区域，即北部的黄土沟壑区和西部、南部的秦岭山地，地势呈东西高、南部低的走势。北部与渭水流域、洮河流域、大夏河流域多有道路连接，与嘉陵江上游的西汉水和白龙江流域的文化交流频繁。仰韶文化时期，嘉陵江上游流域文化主要为仰韶文化大地湾类型；龙山文化时期，则为马家窑文化；其后为齐家文化、寺洼文化等，明显受洮河、大夏河流域文化的影响。

　　嘉陵江西源西汉水发源于甘肃天水秦城区蟠冢山（现名齐寿山）。蟠冢山位于秦岭南坡，从北到南地质地貌变化较大，北部上游分布着2350余平方公里的黄土高原，地貌以黄土丘陵为主，河流切割十分严重，形成了一些面积较大的山前台地、河岸台地及两河交汇处的沉积台地。不少先秦文化遗址就发现于这些台地上。南部下游则由黄土丘陵沟壑区过渡为土质山区。

　　嘉陵江东源起于陕西省凤县秦岭主脊——海拔2598米的代王山南侧大凤沟的东峪河，上源称为大南沟，由东南向西北流，与发源于代王山以北的渭河支流清姜河上源深沙沟平行。到蒹茶坪以后，东峪河与清姜河才分别转成西南和东北流向，相背而去。然后进入甘肃两当县、徽县，在略阳县与西汉水汇合。区间山高谷深，属于秦岭侵蚀山地，水流平缓处，河流两岸常常会形成一些面积不大的河谷阶地。凤县发现的11处新石器时代遗址都分布在这些阶地上。

　　关于台地和阶地，这里要特别说明一下。

　　阶地和台地是两个不同的概念。阶地是个外来词，来源于英文，原文"Terrace"是"阶梯"的意思。地质学界翻译为"阶地"，考古学界则译为"台地"。其实"阶地"和"台地"二者的区别是很大的。

　　阶地具有成因学的意义，专门指由于河流堆积或侵蚀而形成的一种台阶式地形，同一级阶地的时代和成因是相同的，比如由于地壳上升，古河床被抬升到了岸边水面以上。河床每抬升一次就形成一级阶地。如果有五六级阶地，就说明这里的河床抬升了五六次。这就形成了阶梯式地形。阶地的剖面内总有淤积土层和成层排列的砾石。同一级阶地的砾石风化程度相同，化学成分也大致一样，表明是同一个时代的古河床堆积。而不同级别的阶地堆积物则不相同，属于不同时代的产物。

　　而台地则是形态学的概念，仅仅指一种台状的地形，就像舞台、祭台这样的平台一样，可以泛指包括阶地在内的一切平台状地形，而不管这些平台是何种原因形成的，没有年代和成因学的含义，也不一定分布在河边，更不是地层年代的依据。阶地都是台地，台地则未必都是阶地。[①]

考古学往往对这两个概念的区分不够严格，常常把二者混用。但读者应该明白他们的不同。

嘉陵江上游东源与渭河流域的文化空间多有重叠，河道走廊是渭水流域文化、巴蜀文化、汉水上游文化碰撞、交汇、融合的重要通道，历史上最早的古道就在这个区域。这些古道，为中华文化的发生贡献了多样的文化基因。这构成了"嘉陵江上游—渭水下游"第一个文化空间。

西源西汉水上游与渭水上游相邻，中间隔着平缓的秦岭山地。北侧是渭河水系的南沟河、大南河、山丹河和榜沙河，南侧是西汉水的支流稠泥河、峁水河、永坪河和燕子河。这些河流走廊成为陇右天水地区与陇南和川蜀交通的天然孔道，构成了嘉陵江流域的第二个文化空间："西汉水—渭水上游"文化空间。

西汉水上游、白龙江上游中间隔着东西走向的迭山，它与由南向北流入黄河的洮河、大夏河相邻，并远及湟水谷地、河西走廊。这构成了嘉陵江流域"西汉水／白龙江—洮河／大夏河"第三个文化空间和"白龙江＼西汉水—洮河＼大夏河—湟水"文化次空间。

西汉水上游同时又与岷山山前地带接壤，并与嘉陵江的另一条支流白龙江上游平行。白龙江上游支流白水江支流——白河，位于四川省阿坝藏族自治州九寨沟县境内的九寨北高原东南缘，即四川盆地西北部的高山峡谷地带。它与岷江东源都同发源于岷山弓杠岭斗鸡台。白河由西南向东北流经九寨县上四寨、塔藏乡以后右纳支流九寨沟，然后折向东南流，在九寨沟县黑河塘与西北来的黑河相汇合，称为白水江。白水江流出九寨沟县，在甘肃文县碧口镇汇入白龙江。白河水深 0.4 米，河面宽 8 米。白水河流域地处青藏高原东南缘的岷山山脉东部，流域边缘雪峰耸立，河面宽 10～30 米，谷深流急。这里构成了嘉陵江"西汉水＼白龙江—岷江"第四个文化空间。

嘉陵江冲出秦岭山地后，在略阳县接纳西汉水，进入汉中盆地，与汉水上游相会，成为巴蜀和关中地区进入中原的重要水道。嘉陵江流域文化和汉水流域文化又相互影响，对于巴蜀文化、湖湘文化的塑造起到了很大作用，

---

① 刘兴诗：《古蜀文明探秘》，四川辞书出版社 2011 年版，P32。

从而构成了"嘉陵江上游＼汉水上游"第五个文化空间。

嘉陵江流出汉中盆地，穿过大巴山脉，在广元昭化接纳白龙江之后，横切海拔 900～1000 米的剑门山区，流入四川盆地，构成"嘉陵江中游—川中盆地"第六个文化空间。

在合川左、右两岸，嘉陵江分别接纳涪江、渠江，进入嘉陵江下游。嘉陵江下游切开川东岭谷、穿越嘉陵江小三峡，在重庆朝天门汇入滚滚长江，构成"嘉陵江下游—川东山地"第七个文化空间。

而嘉陵江在朝天门与长江汇合以后，又与长江中上游特别是三峡地区的文化相互影响，构成"嘉陵江下游—三峡"第八个文化空间。

归纳起来就是，这 8 个文化空间构成了嘉陵江流域的文化空间域，其中前面 3 个文化空间属于黄河水系，后面 5 个文化空间属于长江水系。这众多的文化空间是由嘉陵江水系的扇形结构决定的，这也是嘉陵江长度不及汉水，流域面积却超过汉水的重要原因。同时，这众多的文化空间也构成了嘉陵江流域文化的多样性，对中华文明的形成有着十分重要的意义。不过，上面的第四、第八文化空间本书将不作专门的讨论。第四文化空间已经进入岷江流域，与成都平原史前文化关系很大，而第八空间已经进入长江中游，与城背溪、屈家岭、石家河文化牵连较多。讨论这两个文化空间超出了本书主题。

史前文化叙述框架

嘉陵江流域史前文化是比较丰富的。这里对下面的叙述和分析框架做一个说明。

其实，前面的很多学者都提出过文化的分析框架。

摩尔根是按照"生产技术的发展—政治观念的发展—家庭形式的变化和私有制的产生"的框架来构架《古代社会》的，当然，马克思按照自己的理论，把顺序变了一下就成了"生产技术的发展—家庭形式的变化到私有制和国家的产生—政治观念的发展"。

莱斯利尔·怀特认为，作为一个超有机体的文化系统，是由三个亚系统组成，即技术系统、社会系统以及意识形态系统。技术系统是由物质的、机构的、物理的和化学的仪器以及使用这些仪器的技术构成。社会系统则由人际关系所构成，它通过个人与集体的行为方式来表现，包括社会关系、经济关系、政治关系、军事关系、亲缘关系、伦理关系、职业关系、教会关系、娱乐关系等。意识形态系统由思想、信仰、知识构成，运用清晰的言语或其他符号形式表现出来，包括文学、哲学、科学、神话、传说、民间智慧以及普通常识。这三个系统作为子系统，构成文化系统的三个层次。技术层次是底层，意识形态（有时又叫观念形态或哲学）是上层，居中的是社会层次。换个角度说，技术系统是最基本的和首要的系统，是整个文化系统决定性因素，并决定社会系统的形式；社会系统是技术的功能；而意识形态系统则在表达技术力量的同时反映社会系统；技术系统和社会系统则共同决定意识形态系统的内容与方向。当然，社会系统对技术活动也有制约作用，社会和技术系统同时又受到哲学或观念形态的影响。①

朱利安·斯图尔德在文化生态学理论中，提出了"文化核心"的概念。所谓文化核心，就是指文化中与适应及利用环境最直接相关的部分，包括技术经济、社会结构、意识形态等，其中技术经济是占基础地位的，文化变迁、进化的决定因素是技术经济。因此，他的文化生态学方法，首先要注重的就是技术经济与环境的关系。其次就是分析技术手段在具体的开发地区所涉及到的行为模式，弄清同样一种生计手段有哪些不同的表现方式。第三就是弄清行为模式可以影响文化到什么程度。这就关系到文化意识形态问题。

朱利安·斯图尔德"文化核心"的概念不仅包括了底层的经济基础、中层的社会结构和上层的意识形态三层，他还在下面加了"生态环境"，构成了四个层次的"文化核心"。②

当然，还有斯宾塞、泰勒和柴尔德，他们和上述学者相似的方面，就是都把工具或者说经济技术作为了分析的根本。

综合他们的意见，结合史前社会的实际，我们下面按照"生业经济"、"精神生产"和"社会特征"三个方面来叙述嘉陵江流域的史前文化。这和马克思主义关于经济基础与上层建筑的关系有些逻辑联系。不过这里更愿意使用对马克思的另一种解读（参见第一章第二节），把"生业经济"当做"人类活动"，而不是当做"经济基础"来体认。这三个方面并不是一种并列的、平面的关系，而是一个系统。生业方式决定精神生产的水平，又和精神

---

① 石奕龙：《莱斯利尔·怀特的新进化论》，《云南社会科学》1996 年，第 4 期。
② 石奕龙：《斯图尔德及其文化人类学理论》，《世界民族》2008 年，第 3 期。

生产一起决定社会系统的状况和特征；而社会系统又反过来作用于生业经济和精神生产，三者相互作用、相互促进，推动系统不断从低级向高级发展。这种叙述框架同时也和第三部分的理论构架相呼应，从而让全书在逻辑上构成一个完整的体系。这可参见第三部分的理论部分。

当然，这三个方面是以典型的史前文化区为标准的，很多文化遗址都没有与这三个方面相对应的完整的考古发掘资料，所以，往往只能阐述其中的一个或两个方面。

第二节　远古时期嘉陵江流域的人类活动

远古时期嘉陵江上游就有人类活动，在天水市西南的武山县鸳鸯镇大沟发现的一男性青年头盖骨化石，距今约 3.8 万年，与内蒙古"河套人"生活的年代大体相当。而在天水市东北的平凉市泾川县发现的一女青年头骨化石，距今在 5～3 万年。而泾川县太平乡梅家大岭发现的石器则表明，在五六十万年前的旧石器时代早期，这里就已经有了人类活动。距离更远一点儿的镇原县姜家湾和寺沟口遗址，距今约 20 万年，出土的文物有石器和角器（如尖状鹿角器）两类。在六十万年到二十万年前的这个时期，陇东自然环境属于稀树草原，水量丰富、气候温暖湿润。那里生活着各种动物，如犀牛、大象、鬣狗、野马、野驴、原始的水牛、兰等，他们成为古人生存的主要猎食对象。

陇东同时又是关中通往河套的中间地带，距离著名的旧石器时代遗址，如陕西蓝田、山西丁村、宁夏水洞沟等都不远；而且这些地方旧石器时代的文化与陇东的旧石器时代文化存在许多类似之处，特别是石器的制作方法与北京猿人相似，这说明中国华北旧石器时代的古文化与中国西北旧石器时代的古文化是有交流的。当然，时间长达几十万年，空间距离又并不遥远，存在文化交流或者相互影响是不足为怪的。

而这种影响也势必通过嘉陵江、岷江、雅砻江等水上通道影响到四川乃至西南的文化。嘉陵江中游的四川南部县发现了属于旧石器时代的大桥镇遗址，这个遗址的石器属于细石器类型，考古学界认为，以细石器为代表的工艺传统发源于我国华北地区。大约在旧石器时代晚期即 1～2 万年前，这些具有小石器和细石器传统的北方人群开始由黄河上游的高原沿嘉陵江河谷、岷江河谷或雅砻江河谷向南迁徙，进入到川西高原和四川盆地；并把源于华北的小石器和细石器传统带了进来。因此，大桥镇遗址可以认为是北方人群沿嘉陵江通道带到四川盆地的；而在攀枝花迴龙湾洞穴遗址中发现的细石器则应该是从雅砻江河谷进入的。在雅安汉源县发现的富林文化小石器类型直接承袭了华北旧石器时代的小石器使用传统，这很可能是宁夏水洞沟文化经六盘山东麓南下渭河平原后逐步扩散到渭河上游，然后沿岷江进入大渡河流域的结果。

嘉陵江下游的铜梁县西郭张二塘旧石器时代遗址，距今 2 万多年。石器工具有的与 28 万年前湖北大冶石龙头遗址的遗物相似，二者砍砸器数量都多。有的与山西丁村（其中过水洞遗址在 20～30 万年前）遗址在砍砸器组合中的地位上有些相似，个中两件尖状器，与丁村大三棱尖状器近似度极高。而从很多特点综合起来看，它又像直接承袭贵州黔西观音洞（早期地层的年代在 24 万年前）而来。在打片方法、修理技术和石器类型等方面，都有不少相同点。但在石器类型组合上，黔西观音洞砍砸器的数量极少。当然，铜梁遗址是否由北方而来尚无法确定，因为年代差了 20 多万年。或许铜梁遗址附近还有更早期的旧石器时代遗址，年代也在 20 多万年前。只是在长达 20 多万年的时间里，当别的地方都进入细石器工业的时候，这里还依然停在大石器阶段，石器工业并没有什么进步。

由于旧石器时代嘉陵江流域的人类遗址至今尚未有比较充分的发现，而新石器时代遗址特别是新石器时代中期及以后的遗址则有较多的考古成果，所以我们从新石器时代开始叙述嘉陵江流域文化。

江河走廊并不是指人们都是沿着河谷或河流移动的，而是指，河流是人们流动的一个指引物。因为在远古时代很多河谷都无法通行，局部河段激流险滩、巨石漩涡，行船都很危险。如果步行的话，这些地方可以绕道回到河谷或者与河流平行的道路。嘉陵江青泥岭段就是绕开逼仄河谷通行的陆路。或者一段舟行、一段陆走，这样就通过河谷从一地移动或迁徙到另一地，从而形成不同地区之间、不同文化之间或不同民族之间的交流。

第三节　大地湾文化

大地湾地处甘肃省天水市秦安县五营乡邵店村，大地湾遗址包括了五个阶段的文化遗存，即新石器时代早期文化（大地湾一期：距今 7800～7300年）、仰韶文化早期（距今 6500～5900 年）、仰韶文化中期（距今 5900～5500 年）、仰韶文化晚期（距今 5500～4900 年）和第五期（常山下层文化，距今 4900～4800 年）。包含了距今 7800 年至 4800 年长达 3000 年的远古文化遗存。大地湾遗址不仅是甘肃史前考古中极为重要的发现，而且被学术界评为 20 世纪我国百项考古大发现之一。

秦安大地湾遗址是嘉陵江西源最早的新石器时代遗址的典型，西源同期还有两处著名遗址，就是天水市西山坪遗址和师赵村遗址。

大地湾的生业经济

黍、粟和油菜

新石器时代渭水上游的气候比现今高 2～3℃，降水也高于现今，覆盖着大面积的森林、河流、湖泊和沼泽，植被良好，有着优越的生态环境，从而成为了中国农业文明的重要发源地。

原始农业的发明是妇女的功劳，她们在长期从事采集野生植物的过程中，发现落在泥土表面的植物果实，会发芽，并重新生长为新的植物。于是她们就把野生的植物种子带回去自己进行种植，无数次的试种、摸索，终于把一些可供食用的野生植物变成了人工栽培的农作物。于是原始农业开始了。大地湾时期，黍和油菜是最早培植的两种作物，而且在国内也是最早的。国外目前报道的最早的黍，出土于希腊阿尔基萨前陶期地层，其时代同大地湾对应的遗址年代相当。这说明大地湾文化还是世界上最早的农业文化之一。以大地湾遗址为中心的清水河谷一带是中国最早的粮食作物种植地。

大地湾清水河边的台地海拔 1470 米，与中原乃至关中地区相比，海拔更高，平均气温更低，并且年降水量更少，农作物的生长条件相对较差，所以在培植农作物的选择上就与关中盆地和中原不同。黍耐旱性强，能够在阳光、土壤等自然条件较差地区生长，所以成为大地湾先民首选的粮食作物。而油菜也是一种对生长条件要求较低的油料作物，中国西北、内蒙古、东北和长江流域都可以种植。因此大地湾先民率先开始了油菜的人工种植，迄今已有8000 多年的漫长历史，中国因此或为了世界油菜的起源地。

除黍和油菜这两种农作物以外，人们还种植粟。粟就是谷子，去皮后称为小米。它在中国古代被列为"五谷"之一，是中国人最早栽培种植的农作物。粟有很多优点：耐干旱，适于生长在北方的黄土地带；播种后不需要多少中耕管理；成熟期短，收获量较大；籽粒不易受潮和受虫蚀，久藏不坏。因此，黄河流域的原始先民首先选择了粟作为主要的粮食品种。

黍和粟都具有抗旱、耐贫瘠、喜温的特性，属于旱作农业品种。当然，两者也有一些微观差异，如黍的抗病能力更强，栽培也更容易，而粟对栽培的条件要求更高一些；其次，黍的田间管理要求低于粟，但粟的产量更高，而且比黍更好吃。但普遍来看，北方很多地方的原始先民都放弃或少量选择栽培更优的粟，全部或主要选择产量和食用口感较差的黍，说明当时农业技术水平还不高。但在大地湾却不一样，黍的比例远远低于粟，粟在农作物中占据主体地位。这或许反映了当时大地湾的农业生产尽管整体还处在较低的发展阶段，但大地湾前仰韶文化时期的农业技术水平却要比北方其他地区高。

大地湾遗址出土的农业生产工具主要有石制、陶制、骨制三种。石器多为打制和磨制，也有少量的琢制，石器工具包括石刀、石铲、石斧、石镰、石锛、石凿、磨石、石球、石弹丸、石纺轮等。石刀是收割工具，半月形，扁而薄，两面都进行了加工，刃部磨得很锋利，基本上选用绿叶岩石制作而成，硬度适中。石铲用来翻土、播种，形状扁平，长方形体，通体磨光，双面都磨有弧刃。这种铲都带肩，有圆肩、窄肩两种，应该算是新技术的标志。两侧做成肩，中间部分凸出，便于手握，既可以减轻劳动强度，还可以装上长柄，作为锄头来使用，从而提高劳动效率。石斧有长条平刃和弧刃两种，也是通体磨光，两面开刃，主要作为砍伐工具。

陶制工具有陶刀、陶弹丸、陶纺轮、陶球等。骨制则有骨锥、骨镞、角锥等。这表明当时的农业尽管已经有了一定的基础，但农业生产还处于比较原始的"刀耕火种"阶段。

首先，原始居民先用石斧等砍伐工具将树木下部的树皮割去，树木周围的杂草也全部割倒，让树木因为缺乏水分而死掉。他们知道不能直接放火烧这些草木，那会很危险，所以砍倒这些草木，等他们干枯以后再用火烧。燃烧以后剩下的草木灰富含钾、钙，是很好的农业肥料。然后他们用多杈树枝做成的多支棒来除草，用树杈、树枝做成的木锄来挖地，用石制工具或木制工具掘洞点种。

距今 13000～7000 年前，这个时段属于大地湾农业的初始阶段。在距今 7000～5000 年之间，大地湾陶器和细石器工具成为主导，农业经济逐渐进入成熟阶段。

随着农业的进步，依赖农业的副产物发展起来的畜牧业也同步成长起来。猪和狗的饲养已经开始。大地湾时期的墓葬中首次发现了用猪的下腭骨陪葬的习俗，尤其在墓葬和地层中发现了不少猪、狗的幼年个体骨骼，有的灰坑中猪骨个体堆放了几十头之多，可见其时畜牧业的发展已经到了比较成熟的阶段。除了猪狗以外，他们还养殖鸡。

狩猎是仅次于农业的生产活动。在当时的生产条件下，狩猎依然是比较可靠的食物和相关生活资料的来源之一。大地湾遗址出土的兽骨标本达 17000 多件，经专家鉴定，仅哺乳动物就有 7 目 15 科 28 个属种，其中如苏门犀、苏门羚均为目前生活在南方的动物。说明史前时期当地的气候类似秦岭以南地区，生态环境优越而多样，不仅适宜原始农业的发展，而且提供了便于狩猎、采集的自然生态条件。狩猎的对象为鹿、羚羊和一些哺乳、软体动物等。从出土的狩猎工具看主要有石、陶、骨等制成的陶弹丸、陶球、石球、石弹丸、骨镞等。

这些狩猎工具应该已经相当先进。比如，石球的用法除了手掷以外，还有两种使用方式，就是投石索或飞去来器。投石索是由两个或三个石球组成的，石球外面往往用皮革包裹，再用由革条编成的绳索绑紧并连结起来。使用时，猎人握紧绳索的一端（如果是三个石球组成的，则用手握紧其中最小的那个石球），在自己头顶急旋，然后对准目标投掷过去。一旦命中目标，石球就会立即盘旋在野兽身上，彼此互相交织，直至将猎物牢牢地缠紧。善跑的鹿类，机警的野马，凶悍的野牛都不易逃脱。这种狩猎武器，远自 10 万年前的山西丁村人就已经开始使用。桑干河畔的泥河湾盆地，一处不大的古代猎人营地，采集到的石球达 1500 个，他们就很可能是作为飞球来使用。

飞去来器是一种巧妙的武器。它用一块长约 75 厘米的曲木制成，曲木硬度很高，投掷出去以后，在空中旋转飞行。百米以内，能在对方意料不到的方向击中目标。如果没有命中，曲木会飞回投掷者身边。这种武器不容易保存，人们还是从原始人的绘画中发现这种武器的。[①]

---

① 黄慰文等：《勇于创新的猎人》，《化石》1977 年第 4 期。

狩猎生产不仅供给人们肉食，还供给食物以外的生活用品，如毛皮、骨角和油脂之类。这种活动显然需要较强的体力，按照自然分工的原则，应当是男性来承担。

渔业在当时人们的生活中也占有相当重要的地位。大地湾三面环水，是理想的捕鱼场所。先民采用的捕鱼工具主要是鱼网、鱼叉等。同时还有鱼钩、鱼镖等专用捕鱼工具，鱼钩上面还可以看到倒刺，说明垂钓已经成为捕鱼方法之一。

采集经济虽然居于次要地位，但仍然是当时不可缺少的一项生产活动。采集的食物主要是松子、野果、栗子和蚌壳等，可能还有用来制作衣服的野麻一类的东西。采集工具大概就是木棒、石刀之类，一些老人和儿童也会经常参与这种花费力气不多的生产活动。

大地湾的居民还用窖穴来储藏粮食。遗址可以看到一处窖穴，圆形、窖壁笔直，窖底还有黍和油菜籽残留物。

总的来看，早在大地湾一期阶段，大地湾的居民就可能已经过上了以农业为主，兼有养殖、采集和渔猎的社会生活，让我们看到在嘉陵江西源的甘肃中部地区，距今七千多年以前或更早的时代，农业就已经成熟了。[①]

从陶器到彩陶

制作陶器是中国从更新世到全新世过渡期的标志性发明。世界上最早的陶器是在捷克多尔尼·维斯托尼斯的莫拉维亚遗址群发现的，出土了1万余件陶制品，时间大约距今28000～24000年前。在我国，距今18300～14000年，处于末次冰盛期的湖南玉蟾岩遗址和河北泥河湾盆地的虎头梁遗址都发现了陶器。由于出土陶器往往都伴随有野生水稻遗存，所以陶器的出现应该是人们炊煮稻米的过程中产生的。逐渐的，人们发现橡子、谷物、贝类、块茎植物、小型动物、鱼类经过炊煮，都更加可口、更容易消化吸收，于是就进一步推动了陶器的发展。[②] 陶器没有发明以前，西亚安纳托利亚高原和北美阿拉斯加的居民用的石制容器，科迪勒拉山西南部的居民长期使用篮子。后来在篮子上敷上泥巴，火烧以后，人们发现越来越硬，于是就逐渐发明了陶器。

① 何双全：《甘肃先秦农业考古概述》，《农业考古》1987年第4期。

② 刘莉、陈星灿：《中国考古学》，生活·读书·新知三联书店2017年版，P69。

陶器的用途很多，最初主要是为了炊煮、盛水和贮存食物，后来陶器也用来作陶纺轮、陶灯、陶乐器、陶葬具等。这为人类定居生活以及农业社会的到来创造了条件。

陶器制作要对原料进行选择和加工。陶土往往还要捣碎，放到水中去淘洗，去除黏土中的杂质、粗颗粒。如果有机会去看现在的陶瓷生产还可以看到这种淘洗泥土的工艺。经过淘洗以后制作的史前陶器，考古学称为"泥质陶"，淘洗较精的陶土制成的陶器叫"细泥陶"。细泥陶质地坚硬，外表光滑，主要用于饮食器、酒器等。

仅仅淘洗还不够，陶器在烘烤时容易因为失去水分而皲裂，所以往往要在陶土中加入一些羼和料，像石英砂、贝壳之类。浙江河姆渡和重庆大溪遗址还发现用炭化的稻壳作羼和料的。考古学往往把这类陶器称为"夹砂陶"。加了羼和料，不但高温焙烧不变形，而且制成的陶器耐火性强，再次受热也不易碎裂，所以往往用作炊具。

陶器的制作方法有捏塑法、泥条盘筑（塑）法、泥片贴筑（塑）法三种。捏塑法主要是制作一些小型陶器，直接用手捏制成型。泥条盘筑法，是将拌制好的黏土搓成泥条，从器物底部从下到上将泥条盘绕、垒筑成型，用泥浆胶合成器；再用手或简单工具将里外修整抹平，或一手在器内持陶垫或卵石顶住器壁，另一只手在器外持陶拍拍打，使器壁均匀结实；若陶拍刻印有花纹，则器表就会形成一种装饰花纹，尔后再入窑烧制。与盘筑法相似的还有圈筑法，就是把泥条一圈一圈垒叠上去，每圈自身首尾相连。

泥片贴筑（塑）法，至今还保存在海南黎族人的制陶工艺中。方法是："先将泥搓成球状，再拍成泥饼修整后为器物底部，再拍出两块厚泥片围筑在底部泥饼之外侧，筑成敞口的筒状坯体，之后用卵石做内垫，用木拍拍打逐步完成器形，最后搓出泥条安装口沿，用蚌壳刮薄内壁修光表面，陶罐即告制作完成。"[①]

根据现代陶艺泥片贴塑法，可以归纳为三种成型工艺：

泥片贴模法，即依赖陶或木制的模具成型，如西藏墨竹工卡帕热、安徽泾县陶窑村等。

泥片镶接法，使用泥板在干燥或半干燥的情况下镶接出各种外形平直的

---

①　陆斌：《传统制陶工艺的前世今生》，《陶瓷科学与艺术》，2011 年第 4 期。

方器或多边的器形，如紫砂方器、方形花盆等。此种制陶（瓷）工艺仅在制陶（瓷）技术相对发达的地区出现，如宜兴和景德镇。

泥片围筑法，单纯用泥片完成各种陶器造型的方法，应用相当广泛，如紫砂壶的成型工艺等，它也是现代陶艺创作中众多艺术家常用的创作手法。

由陶器到彩陶，中间经过了上万年的历程。制陶过程中，人们偶然发现，一些有颜色的陶土烧制以后，陶器会更加美观。于是，就开始有意识地利用天然颜料给陶器上色，彩陶于是就诞生了。距今 8000 年前的大地湾居民，最先掌握了在陶器上烧制彩色花纹的技术，产出了我国迄今为止发现的第一批彩陶。这与美索不达米亚平原北部的哈苏纳遗址产出哈苏纳彩陶的时间很接近。

创八柱九开间的宫殿格局

一般认为，人类的居住是从穴居、半穴居发展到地面建筑。大地湾在距今 8000 年前，就发明了深穴式窝棚建筑，它标志着人类从穴居到半穴居的迈进。大地湾的穴居，比西安半坡遗址、临潼姜寨遗址半地穴居早了 1000 年。地穴为圆形，深近 1 米，穴底径略大，居住面积约 6 平方米，居住面不太平整，地面也无刻意加工。有了这种简陋的房屋建筑，人类就可以避风雨、防寒暑，躲开虫蛇猛兽的伤害。

到了距今 6500～5900 年，方形或长方形的半地穴式建筑在大地湾大量聚集性出现。房屋建筑已有明显改进，不仅数量多而且面积大。大型房屋面积 60～70 平方米，中型居住面积 25～56 平方米，小型居住面积 25 平方米之内。平面布局及建筑结构也有很大发展，出现了套穴式建筑。房址多为圆角方形半地穴式。

又过了 1000 年，纯粹的地面建筑开始出现，均为方形或长方形、吕字型或凸字型。其中一幢由考古学家编号为 F901 的房屋，占地面积达 420 平方米，从建筑格局和象征意蕴，可以把这幢房屋看做我国宫殿建筑的雏形。它的前厅南北两墙，各有八根扶墙柱，把前厅分为八柱九开间。苏秉琦教授认为 F901 奠定了中国宫殿制度的基本格局，此后的 5000 多年，中国所有的宫殿建筑都沿用了"八柱九开间"的规制。张力刚认为 F901 房址是目前国内发现的仰韶文化中规模最大、保存最好、建筑工艺高超的一座原始宫殿式建筑遗迹。大地湾遗址是以 F901 为核心的聚落遗址，是中国史前社会走向文明社会的历史变革的一个缩影。①

更奇特的是，这座宫殿还使用了世界上最早、最原始的水泥。地面表层坚硬平整，色泽光亮，呈深灰色，因施工考究，工艺精湛，使其表面基本处于同一水平线，裂纹极少。② 若仔细观察，光面可见建造时遗留的大量细微摩擦痕，外观极像现代水泥的地坪。科研人员研究表明，这种水泥砂浆地面的强度相当于现在 100 号水泥。

同样让人称奇的是，F901 还发现了我国最早的防潮层建筑材料。在原始水泥地面下铺设了 15～20 厘米厚的人造轻骨料防潮层建筑材料，由砂粒、小石子和非天然材料组成的混合层。混合层中的非天然材料有的呈片状，有的呈棒状，有一层光滑的釉质面，比石子轻，用力可掰断，内多空隙，显然系人工制成，建筑学上称之为"人造轻型建筑骨质材料"。人造轻骨料是近代发展起来的一种新型建筑材料，它空隙大，容量小，保温性和防潮性好，现代高层建筑采用很多。目前，生产的人造轻骨料有黏土陶粒、页岩陶粒、粉煤灰陶粒等十多种。经鉴定，大地湾出土的属于黏土陶粒。大地湾先民在 5000年前就能生产黏土陶粒这种轻骨料，是谁也不敢相信的。专家通过对其进行物理、力学性能的测试，化学全分析，偏光显微镜岩相鉴定，扫描电镜分析，碳 14 年代测定，所得到的研究结论基本上是一致的，证明这种人造轻骨料是在建造住房的同时期烧制的，是大地湾先民把大地湾随处可取的料礓石粉碎后，掺和一定量的红黏土，调水后制成泥浆，再手工搓成棒状、压成片状或做成无定形颗粒，然后在陶窑中烧制而成的。这种人造轻骨料的运用，是古代建筑史上的一项重大发明创造，在建筑史上，只能称为奇迹。③

还有一个令人赞叹的成就是，这座房子发现了中国最原始的消防实例，把我国的消防历史推到了 5000 多年前。室内所有大柱子和扶墙柱均用草拌泥裹柱子的方法进行了包裹，表面再抹以砂礓石末和细泥等调成的灰浆，进行了较好的防火处理。这证明大地湾人已经具备了较高的消防意识。

要营造这样宏伟的建筑，没有高水平的设计师和建筑师是不行的，没有

---

① 张力刚等：《浅议大地湾遗址 F901 的社会功能》，《丝绸之路》，1999 年第 11 期。

② 甘肃省文物工作队：《甘肃秦安大地湾 901 号房址发掘简报》，《文物》，1986 年第 3 期。

③ 汪国富：《中国古代建筑史上的奇迹——走进大地湾 F901 原始宫殿遗址》，《发展月刊》，2012 年 6 月刊。

经验丰富、技术高超的技术工人也是不行的，没有权势者组织众多的劳动力共同营建更是不行的。在没有金属工具的条件下，建造这样宏伟的建筑，反映了当时建筑科学技术水平已达到了相当的高度。它是迄今为止我国新石器时代考古发现中规模最大、保存最好的房屋遗址，它以宏伟的规模、复杂的结构、严谨的设计、精湛的技艺向我们展示了 5000 年前的先民们在主要以石器为工具的条件下所取得的令人惊叹的成就。它摆脱了延续数千年的半地穴建筑，既开创了我国后世房屋土木结构建筑的先河，又是中国宫殿建筑的雏形。这些对研究原始社会史、自然科学史以及探索阶级社会宫殿建筑的起源有着极为重要的意义，并完全可以和埃及的金字塔、玛雅文明的宗教建筑相媲美。

大地湾的精神生产

爬上第三层楼

玉，是火山运动的结晶。旧石器时代，人们用它来制作生活用具。后来随着人们认知能力的进一步发展和磨制技术出现，一些颜色鲜艳、质地坚韧的石头被选出来并制作装饰品或重要器具。距今约 12000 年的辽宁海城仙人洞遗址出土的绿色蛇纹石是迄今所知的我国最早的"玉器"。这种玉石比其他石头更坚硬，成为制作其他石器的工具。另一方面，由于玉石稀少、加工难度大，就成为了少数权力人物才可以拥有的物品。后来逐渐发展成为礼器、祭器，被赋予了某种符号意义或神性。

在天水市西侧，有一个县现在叫武山，出产一种蛇纹石玉料。武山也在渭河边上，沿渭河自西向东顺流而下，可以很方便地到达大地湾。距今 6000 年前，大地湾居民就用这里的玉料制作玉石工具和饰品。工具主要是玉斧、玉凿、玉锛，装饰品则有玉坠、玉佩、玉镯、玉笄等。当然，这些玉制品多为普通玉料制成，甚至部分材料接近石质。

饰品的出现，代表大地湾居民已经开始撇开实用进行独立的审美追求，这是人类精神生活一个了不起的进步。旧石器时代，现代智人出现以前，世界上还没有发现人类使用装饰品。现代智人出现以后，发现的装饰品最早是以色列的斯虎尔（Es Skhul）遗址，两枚海生贝壳显然是被人穿起来佩戴过，时间距今大约 15～13 万年。同样位于以色列的卡夫扎（Qafzeh）遗址也发现了穿孔海生蛤蜊壳串珠，距今约 10 ~ 9 万年。二者都属于黎凡特地区的莫斯特文化。其他如北非摩洛哥有四个遗址出土串珠饰品（距今 8.5 ~ 7 万年），阿尔及利亚有一个遗址发现了穿孔贝壳（距今 9 万年）。而在撒哈拉以南的非洲，出土的 7 万年以前的装饰品主要集中在南非。布隆伯诗（Blombos）洞穴遗址（位于南非西开普敦省南部印度洋近海地区）发现的装饰品达 68 件之多，这些装饰品上的穿孔都带有明显的佩戴痕迹和染色残留。还有临近的 Sibudu 洞穴遗址、Stillbay 文化（主要分布在南非西开普敦沿海地区的河口地带）等处都发现了装饰品。

早期装饰品都是在非洲和西亚发现的，因为那时人类还没有走出非洲或刚刚开始走出非洲，没有走远。而其他地方则没有发现装饰品。

在我国，距今 4 ~ 1 万年的宁夏水洞沟遗址，发现了用鸵鸟蛋皮做成的串珠。水洞沟遗址是一个有 12 地点的遗址群，在 2、7、8、12 地点都采集到了穿孔的鸵鸟蛋皮，年代最早的第 2 地点距今 4.14 ~ 2.03 万年，最晚的第 12 地点距今约 1.1 万年。这些鸵鸟蛋皮都是先钻孔后修型、磨光，串珠钻孔直径和串珠直径的大小固定化。[1]

而山顶洞人的个人装饰品则非常丰富。包括穿孔兽牙、石珠、骨管、海蚶壳、小砾石、青鱼眶上骨，其中穿孔兽牙饰品达 125 件，青鱼眶上骨、穿孔砾石和石珠饰品表面都染有红色颜料。这些饰品的年代范围距今约 2.9 ~ 2.4 万年之间，主要在 2.7 万年。

此外，辽宁海城小孤山遗址出土的饰品分别距今 5.6 ~ 3 万年、3 ~ 2 万年;[2] 泥河湾虎头梁遗址（距今 1 万年）、于家沟遗址（距今 1 万年以前）、马鞍山遗址（距今 1.3 万年），[3] 还有山西省吉县柿子滩遗址（距今 2 ~ 1 万年）、山西朔县峙峪遗址（距今 2.9 ~ 2.7 万年）等都出土了很多个人饰品。

近代著名高僧弘一大师出家以后，他的学生丰子恺写了一篇文章纪念他。丰子恺写道:"我以为人的生活可以分为三层:一是物质生活，二是精神生活，三是灵魂生活。物质生活就是衣食。精神生活就是学术文艺。灵魂生活

① 王春雪、张乐等:《中国旧石器时代晚期鸵鸟蛋皮串珠制作技术的模拟实验研究——以水洞沟遗址发现的鸵鸟蛋皮串珠为例》,《江汉考古》,2011 年第二期。

② 黄慰文、傅仁义:《小孤山——辽宁海城史前东西遗址综合研究》,科学出版社 2009 年版,P147 - 148。

③ 谢飞、李珺、刘连强:《泥河湾旧石器文化》,花山文艺出版社 2006 年版。

就是宗教。'人生'就是这样的三层楼。懒得（或无力）走楼梯的，就住在第一层……抱这样的人生观的人，在世间占大多数。其次，高兴（或有力）走楼梯的，就爬上二层楼去玩玩，或者久居里头。这就是专心学术文艺的人……还有一种人，'人生欲'很强，脚力很大，对二层楼还不满足，就再走楼梯，爬上三层楼去。这就是宗教徒了。他们做人很认真，满足了'物质欲'还不够，满足了'精神欲'还不够，必须探寻人生的究竟。他们以为子孙财产都是身外之物，学术文艺都是暂时的美景，连自己的身体都是虚幻的存在。他们不肯做本能的奴隶，必须追求灵魂的来源，宇宙的根本，这才能满足他们的'人生欲'。"①

从前面的考古资料看，现代智人还没有走出非洲，个人装饰品就已经发展起来了。这说明审美是现代智人的一个共同特点。大地湾玉石饰品的出现，说明大地湾先民的审美心理已经同步发展起来。在这以前，还没有发现用玉石做饰品的先例，这应该是大地湾先民的创造。大地湾的武山玉料制作的器物和饰品中，坠饰品的质料相对是最好的。而且这些饰品都经过了精心的制作，这就是审美，也是艺术。艺术表达的是一种美，当美进入人类的视野的时候，人类的生活才变得进一步的好。因为过去只有物质欲，现在则有了精神欲。人类的生活丰富起来了。

当然玉器并不是大地湾最早的审美对象。大地湾最早、最丰富的艺术是彩陶。玉器出现在 6000 多年前，而彩陶出现在 8000 多年前。而且伴随着彩陶的出现，还诞生了音乐和舞蹈。旧石器时代个人装饰品所代表的的精神生活就大为逊色了。

沉静谦恭的丰收女神

彩陶是大地湾先民物质生产和精神生产的一大杰作，是大地湾先民的一个伟大的创造。

陶器的颜色有时并不是人工刻意为之，而是与陶土成分和烧制温度有关。早期陶器大多是在露天窑中烧制，窑温不够高；如果加上陶土中含有氧化铁，由于开放式陶窑能够使氧化铁充分氧化，这时陶器就会多呈红色。

随着制陶技术的发展，陶窑密封性好，窑温大大升高，同时窑内呈缺氧

---

① 田青：《科学·宗教·艺术——兼谈人类认知世界的三种不同方式》，侯样祥主编：《我的人文观》，江苏人民出版社 2001 年版，P300。

的还原环境，陶器的颜色就呈灰色。还有，燃料不同，陶器的颜色也可能不同。如果灌木燃料水分较重，灌木就不能充分燃烧，陶器就会被烟熏黑，从而使陶器呈黑色或暗灰色；如果燃料水分极少，则会产生红色和褐色的陶器。用地中海或沙漠中带刺的植物做燃料，烧出的器物又极易呈现出浅黄色、粉红色或淡绿色。①

彩陶不是指陶器烧出来的本来的色彩，而是指人们在陶器的陶坯、陶衣（在陶坯外面涂上去的一层特殊的泥浆，让陶器表面细腻、光滑，更容易着色和绘彩）表面，用天然颜料有意绘制而形成的颜色。黑色和棕色用的是磁铁矿和黑锰矿的混合颜料，不同的是棕色陶器锰的含量低于黑彩、铁的含量高于黑彩，可能是在颜料中搀和了红黏土。红彩用的是氧化铁，如赭石。白彩在大地湾时期用的是石英粉末。后百的马家窑类型，白彩的主要成分则为石膏或方解石。

大地湾彩陶的问世，多亏了母系社会那些心灵手巧、思维明锐、对色彩有着独特感受的娘子军。无论制陶工艺、烧窑技术，还是色彩利用，都达到了很高的水平。这里最原始的有三足圜底、三足钵、球腹壶、深腹罐、圜底钵、圈足碗等陶器，主要用于日常生活。它们都是纯手工制作的。在陶轮还没有发明之前，这些陶器主要都是由妇女们来完成。从陶器的色彩搭配、花纹设计等方面看，那时人类的象征思维已经达到了较高的水平；而象征思维是人类语言必不可少的组成部分。②因此可以进一步推测，当时陶器上出现的符号，很可能是人类语言的萌芽。

大地湾处于黄土高原上，黄土下面覆盖着第四纪红土，这些红土因为雨水冲刷，往往暴露在外。其中有的红土，黏性较强，大地湾人就是用这种红土来制作陶器的。

最初的彩陶，纹样简单，以交叉绳纹最为常见。部分钵型器在口沿外，画一圈红色宽带纹，口沿内画一圈红色窄带纹。条带纹三足钵是早期的代表作品。人类只要发明了一样东西，往往就会不断迭代，逐渐发展出更好的作品。手机由2G、3G、4G到5G都是技术的不断迭代的结果。飞行器由木制飞鸟、飞机、火箭、空间站，飞月球、飞火星，到今后飞出太阳系都是迭代。

① 陈淳：《考古学研究入门》，北京大学出版社2009年版，P159－160。
② ［美］迈克尔·加扎尼加：《人类的荣耀》，彭雅伦译，北京联合出版公司2016年版，P9。

所以彩陶后来成为人类一种美的艺术，就是从这里开始的。

　　大地湾的居民不仅仅只是在彩陶的实用功能之上增加了审美功能，让作为日常生活用品的彩陶充满了各种纹饰，体现出一种绘画美、造型美，而且还专门制造了脱离实用功能的纯粹的审美彩陶。在大地湾发现的人头形器口彩陶瓶就是其中的杰作。这种彩陶瓶一共发现了三件，一件已经残损，另外两件都很完整（见图1）。其中一件陶瓶高31.8厘米，口径4.5厘米，底径6.8厘米，泥红陶质地。表面打磨光滑，腹部以上施以浅红色陶衣，瓶口为圆雕人头像，造型细致生动，发式刻画很具体，头左右及后部均为披发，前额垂着一排整齐的短发，鼻呈蒜头形，眼睛、嘴巴都呈空洞，目光深邃。表情沉静而谦恭；口微张，仿佛正在祷告；两耳皆有一小孔，可见当时已经有了耳饰。

图1　大地湾出土的人头型器口彩陶瓶

　　当然，这件彩陶也可能表达了人们对女性的崇拜，或者是用于具有神性的祭祀陶器。有人描述到，当把这件彩陶用于祭祀的时候，很可能就是在圆鼓鼓的瓶中注满水，那些没有生育、或者生育能力差的妇女，可以跪在瓶前祷告，乞求多子多福，祷告结束以后，喝尽瓶里的水，预示自己也可以像这个瓶塑神女一样怀上孩子。那圆鼓鼓的肚子就是怀孕的样子。又或者是人们用来祈祷丰产的丰收女神，让氏族的每个成员都有吃的，都能够吃饱。沉静谦恭、目光深邃表达的是塑像的神性，圆鼓鼓的肚腹则表达的是祭祀的目标。

彩陶的发明也许是偶然的，但当它成为人们有意识的作品以后，就标志着人类思维能力的一大进步。即使最初的石器，哪怕十分简陋，也象征着着人类认知能力的巨大飞跃以及人类心智能力的焕然一新。如今最古老的石器是 2015 年 5 月在肯尼亚发现的，距今 330 万年，这应该是南方古猿的杰作，或者是露西们的创造。而 260 万年前的石器，则是现代智人的直系远祖能人的创造，这已经比露西的作品精美多了。大约 150 万年前，原始工具被更加精细的、由直立人发明的阿舍利工具所取代，同时它也标志着人类心智的一大进步，所以直立人才成为最早走出非洲散布到欧亚大陆的人属物种。彩陶就是在人类心智能力不断发展，技术不断迭代的过程中诞生出来的，所以彩陶背后应该还隐藏着许多人类发展的玄机。

简单甚至原始的大地湾彩陶，从 8000 多年前诞生，逐渐在中国大地上引发了彩陶"蝴蝶效应"。自此以后，经过近 4 千多年的发展，到马家窑时期，彩陶已经成为人类最辉煌的艺术，并逐渐遍布到华北、华南、西南和西部地区。

手握男根的舞者

秦安大地湾的居民还创作了一副地画，地画中的两位男士右手持男根、左手抚头、两腿交叉。人们用祭祀、巫术、生殖崇拜、狩猎、祛灾、男同性恋等多种角度来解释画面的意义，这些解释都能言之成理，不过可以肯定的是，无论怎样解释，两位男士正在进行一种舞蹈无疑，而且这种舞蹈是经过事先编排的，所以他们的动作才这么一致（见图 2）。

图 2 大地湾出土的地画

舞蹈需要音乐的配合，对于远古的居民来说，有明显节奏的音乐显然更适宜。从音乐发展历史来说，最初是从打击乐开始，然后是弦乐，最后才是管乐。大地湾人已经具备了一些音乐知识，他们制作了筒型陶鼓来表达对节奏的喜爱。出土的一面筒型陶鼓，单面蒙皮，直径 20 厘米、高 65 厘米，鼓身直而深，平底，一头开口处有交叉绳纹。刚好可以屈膝而鼓，也可以抱至怀中击奏，类似我国西藏等少数民族地区一端置地、屈膝而鼓的"阿姐鼓"。

陶鼓的出现，表明新石器时代大地湾人已经触及到了音乐的脉搏。为什么鼓在所有乐器中出现的时间较早呢？这是原始宗教的需要。人们在祭祀活动中，为了让自己的声音达于天庭，往往会集体性的、有节奏地喊出某种声音，但这还不够，人们发现打击某种中空的东西，比单纯的打击某种物体，能够发出更大、更雄浑也更深沉的声音，于是就发明了鼓，以更好地致敬神明。当然，军旅征伐、狩猎聚会，鼓都可以起到提振士气、吓到野兽、传递信息的作用。

除了鼓以外，大地湾还出土了陶埙。吴诗池认为这是中国最早的陶埙，把造型艺术和音乐艺术连为了一体。[①]

陶鼓和陶埙的出现，体现了大地湾文明已经达到了较高的水平。这与旧石器时代仅仅有装饰品的年代相比，大地湾的居民显然有了更丰富的精神内容和生活方式。

相距 1000 年的 7 个符号

大地湾出土的距今 7350～8000 年的彩绘符号，其后发展成西安半坡、临潼姜塞的大批刻画符号，应该是中国文字最早的源头。

在大地湾距今 8000 年的二十多件钵形器和部分陶片的内壁上，发现了十余种不同纹样的彩绘符号，这些彩绘符号一类是类似水波状的波形纹，有连续性；另一类是以直线或曲线并列或相交构成的彩绘纹样，无连续性。而在距今 6000 多年的大地湾彩陶钵口沿外部的黑色宽带纹上，也发现了十余种刻画符号，每种刻画符号均单独使用。同样，在西安半坡、临潼姜塞、青海乐都柳湾、甘肃马厂类型陶罐下腹部等也发现了与大地湾所出同一符号的延续使用，与大地湾刻画符号有一定的继承性。这说明这些符号曾经连续使用了 3 千年之久。这些可以视为这一广大地区的氏族居民共同使用的、介于图画与

---

① 吴诗池：《中国原始艺术》，紫禁城出版社 1996 年版。

文字之间的一种记事符号（见图3）。

图3　大地湾一期刻画符号

　　彩陶专家、甘肃彩陶研究会副会长蒋书庆先生在甘肃临夏进行彩陶纪录、整理工作时，发现了一件罕见的绘有七个符号的彩陶壶。壶肚平均被分为7个菱形块，菱形块内分别画有七个大体相似、略有不同的符号。彩陶壶距今约4500年，最神奇的是壶上的7个符号，居然在1000年以后殷商时期的甲骨文中再次出现。也许这并不是随意为之，而是人们当时对生活或者某件大事有目的地纪录。如果这样，说明了彩陶符号后来直接演变成了中国文字。蒋书庆指出，以往的观点认为，中国文字是由彩陶图案和符号共同发展而来的，但把独立的符号提出来作为甲骨文等早期文字的发展根源还缺乏直接证据。这次发现的彩陶壶上的符号和其他一些文物史料共同说明，部分彩陶符号已经具备了文字的要素，有力地印证了甲骨文起源于彩陶符号的说法。大地湾彩绘符号和刻画符号是我国古文字的鼻祖，中间经历了三、四千年的发展演变，逐渐形成了体系相当完备的文字——甲骨文。①

大地湾的社会结构

"陇原第一村"

　　在大地湾，人们发现了距今6500～5900年的村落遗址，被称为"陇原第一村"。村落周围有壕沟环绕，西边是墓葬区，村落中心包括居住区、制陶区、窑址等手工作坊，还有大小不等的房屋数十座。其中一座房屋居于村落中心，其他所有房屋的门都面朝着它，很有可能是部落首领居住的。那时大地湾还是母系氏族公社组织，居住在这座房子中的一定是女性。还有一座近似方形、面积略大于其他房屋的半地穴式建筑，里面有骨锥、石斧、石刀、夹砂红陶罐、陶纺轮、瓶、细泥红陶罐、碗、杯等，还有彩陶罐、陶锉、蚌

　　①　汪国富：《大地湾遗址是我国文字发展的渊源》，《发展月刊》2012年8月。

壳、骨针、骨匕、兽骨等 50 多件器物。估计是氏族公共活动场所，平时作为氏族的一些老人孩子或青年男女的公共住宅，也可作为氏族集会议事和宗教活动空间。这座大房子的周围建了三座半地穴圆形小屋，居住面积 3 平方米左右，没有灶坑，器物也少，很可能是那时对偶婚的男女临时居住的屋子。

这个时期的氏族成员都需要依赖集体才能生存，氏族是由所有成员组成的整体。人们共同劳动，平均分配产品和生活资料，过着没有私有财产、没有剥削的原始共产主义生活。从墓葬看，找不到两人合葬的坟墓，说明人与人之间的情感联系并不多么紧密。"这种十分单纯质朴的氏族制度是一种多么美妙的制度啊！没有军队、宪兵和警察，没有贵族、国王、总督、地方官和法官，没有监狱，没有诉讼，而一切都是有条有理的。"①

当然，大地湾的聚落不是几千年都一直这么简单，它是不断演化的。下面以大地湾遗址距今 6500～5900 年的第二期为重点进行一个简要分析，就可以看出在长达 1400 年的时间里，聚落演化的轨迹，即逐渐从单中心发展为多中心、由早期的中心位置逐步向周围扩展。

第二期的初期，聚落的主体仍坐落在第二级台地上，南部已扩展到三级台地的前缘，整体由壕沟围绕，近似圆形，西部和南部留有出入口。聚落总占地面积至少 20000 平方米。聚落西北部是一个广场，面积近 1000 平方米，广场上发掘出 10 座成人墓葬，应当为公共墓地。还发现了几座散布在遗址区域内的零星墓地。早期发现半地穴式房址 37 座、灶坑 12 座，均以广场为中心，呈扇形由内向外扩展成多层圆圈式分布。除 2 座房子外，其余所有的房门均朝着中心广场而开。

早期 37 座房址有 26 座保存较好，其中大型房址 2 座，面积分别为 69.6 平方米和 58.9 平方米；中型房址 9 座，面积多数在 25～30 平方米之间。只有一座面积达 43 平方米，室内结构和物品有异于其他中型房址。中型房址在聚落中左右相距间隔较大，一般超过 20 米，然后周围围绕几座小型房址。所以估计中型房址应该是家长或者族长、以及未成年子女的共同居室。小型房址 15 座，面积大多在 15～20 平方米之间，最小的只有十多平方米，有的小型房址中出土有少量的生活用具和生产工具。

---

① 恩格斯：《家庭、私有制和国家的起源》，《马克思恩格斯选集》，人民出版社 1972 年版，P92。

这些房址面积大小不同，建筑结构也存在差异，出土遗物也有数量和精美程度的差别，说明房址的使用功能是不相同的。大型房址建于聚落的西北部，门前是墓地和广场。当时建有墙体的半地穴式建筑尚未普及，这些高大的有墙房屋，显示地位非同一般。大型房址里面的灶坑既大且深，室内右侧设有大土床。因此，大型房址可能是供聚落首领居住的，兼作集会或其他公共活动场所。

中期，聚落向西南扩展了 2000 多平方米。这一期发现了房址 73 座、灶坑 14 座，53 座房址保存得较好，其中大型房址 1 座、中型 17 座、小型 35 座。这座大房址依然是规格最高的建筑，四周墙柱都有规整的长方形柱洞，可能是使用精心加工的方木做成的，应当为氏族首领的住宅。中型房址也有两座近 50 平方米的，功能应该与早期的相同。与早期相比不同的是，部分中、小型房址门向不再朝聚落中心，东南部出现了以中型大房子（面积为 50 平方米的）为中心，门朝东北开的一组房屋。西南部也出现了门向西北开的一组房屋，原来的向心式格局开始改变，显示随着人口的增加和矛盾的增多，氏族社会的组织结构发生了变化。

晚期，遗址继续向台地西北部、东南部扩展，扩展面积上千平方米，西北部发现 5 座窑址，他们可能是一处公共窑场。晚期共发现房址 46 座、灶坑 20 座，其中 19 座保存得较好，包括 2 座大型房址、8 座中型房址、9 座小型房址。其中编号为 F709 的大房子，遭火灾被烧毁而废弃。周围的中、小型房址，门向均朝着这两座大型房址。

到了第三期（距今 5900～5500 年），聚落向南延伸至山脚下，整体面积达到 4 万平方米，出现了存在多个相同地位的中心。第四期（距今 5500～4900 年），聚落急剧向山地扩展，面积达到 50 万平方米。在聚落南北中轴线上，发现了 3 座面积均超过 200 平方米的大型建筑。其中编号 F405 的房子位于整个山体居住空间的的中心部位。而大型房址中，以我们在上一节已经介绍过的 F901 最为宏伟壮观，占地面积达 420 平方米。氏族的居住区均匀地分布在聚落各处，并以 F901 为中心，形成了一个众星捧月的独特空间格局。①

可见，大地湾的史前聚落经历了从小到大、从河边阶地到河谷、从河谷到山地、从单中心到多中心、从主中心越来越显著到次中心越来越多的演变

---

① 郎树德：《甘肃秦安县大地湾遗址聚落形态及其演变》，《考古》2003 年第 6 期。

过程。中国历史上的"陇原第一村"通过自身的自组织、自生长、自伸展，一步一步朝着人类文明更高级的阶段演化。

陶祖的出现和专偶制

距今 7800 年到 6500 年，大地湾处于原始氏族公社，系母系氏族社会。按男、女性别自然分工，并在妇女的组织领导下从事以原始农业为主，兼有渔猎、采集、动物驯养和原始手工业等的生产活动。

妇女在当时社会中占有支配地位，是农业生产的组织者和主要承担者，男子也会参与一定程度的劳动。因为在当时的生产力条件下，耕作还是需要较强的劳动力，单靠妇女的力量是远远不够的。同时，农业又是一种季节性的生产活动，从开辟耕地到收获庄稼，要适应农时，错过农时，意味着颗粒无收，大家的生计也会受到影响甚至威胁。在这种情况下，氏族男女成员共同从事农业劳动，就是很自然的事情了。

母系氏族社会维持了 1300 年，到了距今 6500～5900 年，特别是此时间段的末期，大地湾开始向父系氏族社会缓慢迈进。原来用于公共活动的大房址出现了生活用具和生产工具，这标志着公共空间被氏族有权势的人物变成了自己的私有财产。大房子前的中心公共墓区成为男性的领地，而且男性的随葬品比此前的要多，母系社会女性首领的地位受到威胁。

到距今 5900 年至 4900 年，由于人口的不断增加，部落的不断扩大，出现了部落联盟。前面曾经谈到的 F901 "八柱九开间"的格局，由主室、后室和东西侧室组成。主室除中门外，还开有东、西两侧门，中门十分讲究，设有方形门垛，但主室没有通向后室的门道，显示主室和后室有着严格的区别。进正门设一直径 2.7 米的巨大灶台，灶台后有东西对称的外径约 90 厘米的巨大的圆形顶梁柱，稍后于东、西壁各开一侧门，四周有扶墙柱。另外，在主室中还出土了一组造型别具一格的大型器皿，可以看出它是一处专门从事重要聚会、祭祀和举行宗教仪式的场所。

但是这处用于公共议事、祭祀和宗教的场所，既缺乏首领独占的隐秘性，又缺乏强制性暴力机构的证据。因此，聚落首领最多就是这个酋邦的酋长，而且应该是不脱离生产劳动的酋长，可能还是女性，也可能已经变成了男性。因为就在 5500～4900 年期间，大地湾人烧制出了陶祖。一般认为，陶祖是男性原始生殖崇拜的产物，陶祖的出现或许说明大地湾已经开始向父系氏族社会过渡，男权社会逐渐浮出了水面。当然，不能一见到陶祖就说是男性崇拜，甚至说父系氏族社会已经开始萌芽，母系社会的女性窑师们完全可能出于对男根的好奇，而烧制出这玩意儿，甚至恶作剧也不是没有可能。一件陶祖就和父系社会联系起来未免太沉重和严肃。

到了距今4900年到4800年，大地上建起了很多适合一夫一妻居住的小房子，更加文明的专偶制的家庭生活开始了。专偶制家庭夫妻关系很牢固，比起除了一个主要的配偶外，还有许多不确定对象的"伙婚"就文明和进步多了。不过，专偶是相对女性来说，男性可以不专偶，可以占有多个女性；也可以换一个专偶，但女性只能有一个配偶。

不过对于这个问题也要多角度去认识。一是有了适合一夫一妻制的小房子并不必然意味着一夫一妻制；二是把专偶婚定义为以男性为主导的婚姻，并不一定符合世界上形形色色、文化差异很大的氏族部落；三是即使专偶婚是以男性为主导，一夫一妻制也不必然意味着专偶婚。

总之，不能把大地湾时期的陶祖和适合一夫一妻的小房子作为父系氏族开始的证据。这种小房子也很可能是大地湾的母系社会对一夫一妻制的一种试验，甚至仅仅是对男女大节的人性化管理的探索。

历时4300年的村庄

西山坪和师赵村遗址均位于天水附近，遗址内涵丰富、文化序列完整。西山坪在天水以西15公里处的太京乡甸子村葛家新庄一座高约300余米的土山脚下，它是一处宽阔的坪台。这里依山傍水，自然环境优美，非常适合人居。西山坪北面是一条宽阔的河谷，渭河支流耤河由西向东穿流而过。东面山脚下是耤河的支流普岔河，河水由南向北注入耤河。

西山坪遗址共分两期：相当于大地湾文化的遗存称为"西山坪一期"（距今7800～7200年）；相当于北首岭下层类型的遗存称为"西山坪二期"（距今7100年）。西山坪文化充分体现了西北地区新石器时代早期文化的面貌，特别是第一期，不仅与大地湾遗址下层文化相同，而且与宝鸡老官台遗址、陕西临潼白家村遗址下层、渭南北刘遗址相同。说明在良好的气候条件下，早期人类围绕黄土高原的沃土在渭水流域的聚集度相当高。

陶器是体现西山坪物质文化发展水平的重要物证。这里的陶器主要特征有三点，一是以夹砂陶为主，泥贡陶较少；二是陶器颜色只有红褐、灰褐两种；三是器型种类少，主要以日常生活需要的实用器皿为主。

石器通常选择砾石材料，有斧形器、盘状器和铲形器。斧形器是一种用手握住使用的砍伐工具，用途比较多，比如作为农业生产的工具。西山坪遗址还处在刀耕火种时期，当时的人就是用这种石斧，先在树木的下部剥去一圈树皮，让树干因为失去来自根部的水分和养分而死亡，然后再放火烧掉已经枯死的树木，把灰作为肥料，在地面种植粮食作物。由于这种土壤贮水、保水的特性较差，雨水一冲刷，草木灰等营养物质就慢慢流失了，土地也就跟着撂荒。于是，又采用前面的方法，开辟新的种植区域。

盘状器也是手握的，可以用来进行切割；跟斧形器相比，只是盘状器呈圆形状，斧形器呈长方形状而已。铲形器则是在石头的一面开刃，中间收腰，呈"亚"字形状，可以手握直接使用，也可应在没有刃部的一端装上木柄，组合使用。其作用是翻土、掘根、下种等。

这些石器是农业生产的重要工具。西山坪可用的石器种类就是上面这些，可见当时的农业生产还处在很原始的阶段，并不是当地居民的主要生业方式。

除了石器还有骨器，包括骨针、骨锥、骨锯、骨凿。骨锯是用动物的肩胛骨，经过锉磨修整而成的。西山坪遗址出土的完整骨锯，在史前遗址中是少见的。骨凿是用动物肢体的骨头锉磨的，西山坪的骨凿非常精致，表现出骨器制作在当时已经达到了相当高的水平。[1]

骨锥、骨针的是用来缝制衣服的工具，说明七千年前西山坪的远古居民已经掌握了原始的缝纫技术。考古学家和遗传学家曾经得出一个共同结论，即人类大约是在一百七十万年前褪去体毛的。[2] 从那以后，人类把动物皮毛像斗篷一样披在身上，没有可以穿的衣服。遗传学家根据人类体虱和头虱分离的时间，推断人类最初穿上衣服是在七万二千年前，那时现代智人还没有走出非洲。[3] 从人类穿上衣服到西山坪早期，已经过去六万四千多年了，西山坪居民能够缝制衣服，那是不足为怪的。

西山坪遗址位于天水以西的耤河南岸，隔河相望，北岸就是师赵村遗址。在同期文化中两个遗址的内涵非常接近。因为这里距离关中平原不远，与陕

---

① 中国社会科学院考古研究所甘肃工作队：《甘肃省天水市西山坪早期新石器时代遗址发掘简报》，《考古》1988 年 5 月。

② ［美］尼古拉斯·韦德：《黎明之前》，陈华译，电子工业出版社 2015 年版，P23。

③ 同上：P5。

西境内的文化交往比较密切，特别是彩陶的花纹图案和典型器物的特征，基本上看不出来地域差异。西山坪二期、师赵村一期（距今 7300～6900 年）与陕西境内的北首岭下层文化、半坡类型遗址等，文化的同一性特征也很明显。而师赵村的远古居民在这里生活的时间长达 4300 多年，从距今 7300 年一直到距今 3000 年，都留下了他们的遗物和遗迹。跟西山坪不同的就是，师赵村的存在不仅说明当时渭水流域居民的聚集度高，而且生活在这里的历史非常悠久。这种长时间在一个地方的定居，能够有效地发挥文化的棘轮效应，对文化的创造和发展是相当有利的。

伏羲与女娲

大地湾遗址的出现，让人们想起了上古时期三皇的前二位——伏羲、女娲（另一位是神农）。人们认为大地湾遗址就是伏羲部落留下的文化。

《山海经·海内经》记载："西南有巴国，大皞生咸鸟，咸鸟生乘厘，乘厘生后照，后照是始为巴人。"大皞　就是太昊伏羲氏。伏羲的母亲是华胥氏。还在人类钻木取火的历史时期，有一个叫雷泽的地方，出现了一处巨人留下的遗迹。好奇的华胥有一天踩上去行走，没想到一道青虹把她围绕了起来，回家以后居然怀了孕。十二年后在成纪生下了三皇之一的伏羲（晋代王嘉《拾遗记》云："庖牺所都之国，有华胥之洲。神母游其上，有青虹绕神母，久而方灭，即觉有娠，历十二年而生庖牺。"）。据传说，伏羲蛇身人首，为人类创造了许多功绩。后来伏羲生下了咸鸟，咸鸟生下了乘厘，乘厘生下了后照，后照就是巴人的祖先。著名神话学家袁珂先生引《世本·氏姓篇》认为，传说中巴氏族的领袖务相就是伏羲的后人，住在南方的武落钟离山。

华胥氏家在哪里呢？就在四川阆中。明代曹学佺在《蜀中名胜记》："所都国有华胥之渊，乃阆中渝水地也。"渝水是对嘉陵江阆中段的称呼，古代也称阆水（有学者推论，阆中渝水滨的华胥之渊，就是阆中城东南的彭道将池，又称彭池、南池，宋代升为平陆，即今天的七里坝）。

华胥不仅生了伏羲，而且作为远古母系氏族社会时期的首领，还建了华胥国。华胥国在哪里呢？就在现在的成都平原。原址可能就在今天的成都华阳。① 而华胥氏所见的巨人遗迹，其实就是恐龙足印，在成都彭山县发现过恐龙足印化石。雷泽是成都平原附近的地名。远古成都，大禹治水以前本来大遍沼泽，② 雷雨所致，故称雷泽。《山海经·海内东经》中有这样一段描述："雷泽中有雷神，龙身而人头，鼓其腹。在吴西。"（有关华胥受到奇异的感应而受孕生下伏羲的古籍很多，如《帝王世纪》、《太平御览》、《潜夫论·五德志》《纬》卷十一、《河图》、《孝经·钩命诀》、王嘉《拾遗记》等文献，均记载华胥于雷泽履大人迹有娠而生伏羲。）

当然，华胥履恐龙足印而生伏羲，在人类看来这是不可能发生的事。所以，人们认为，是华胥和燧人氏结合而生了伏羲。伏羲就是燧人氏和华胥的儿子。因为新石器时代早期，人类还处在母系社会，人们只知其母而不知其父。

随着华胥族的不断壮大，华胥氏一部分仍然定居在巴蜀地区，一部分则开始向北、然后向东迁徙。向北迁徙估计就是沿岷江或者嘉陵江上溯，在今天的天水落脚和定居下来，生下了伏羲。古人以十二年为一纪，所以后来就把伏羲出生的地方叫做成纪，大约就在现在甘肃天水的秦安县北、静宁县南、通渭县东为中心的葫芦河一带。

华胥受孕 12 年才生伏羲，这十二年其实就是华胥迁徙到天水所用的时间。远古时候交通不便，现在一天可达之地，过去要若干年才能到达是很正常的。

伏羲出生在新石器时代的早期，那他的父母辈应该还在旧石器时代末期。地质学上把从 180 万年前开始的旧石器时代以来历史时期称为"更新世"，而从一万年前新石器时代开始以来的历史时期称为"全新世"，那时人类还处在狩猎采集阶段。从文化生态上来说，更新世和全新世更替的时期，世界气候极不稳定，变化剧烈，狩猎采集者们更多地应对其环境在时间而非空间上的差异，这种应对策略就形成了一种具有高度移动性的"小生境追寻者"，人们快速地在大地上移动，以赶上气候变化的步伐。华胥、燧人氏时期大略就是这种气候。所以关于这个历史时期的传说核心就是燧人氏的钻木取火。寒冷的环境逼迫人们去发明驱寒的办法，自然界的火不

---

① 胡太玉：《破译山海经》，中国言实出版社 2002 年版，P68。
② 王献唐：《炎黄氏族文化考》，齐鲁书社 1985 年版。

是随时都可以取得的，必须发明人工取火的办法。旧石器时代，人们往往采用砸击或锤击法来制造石器工具。有些石头在砸击或锤击过程中会产生火花，这种火花甚至会点燃周围的芳草等易燃物，久而久之，人们就懂得了利用石头来取火。除了这个方法以外，古人类观察到，啄木鸟在啄燧木的时候，往往会溅起火花，甚至引燃周围的易燃物。于是，燧人氏经过多次试验，就发明了人工取火的技术。随着这种技术的广泛普及，人类多了一种与寒冷作斗争的武器，而且夜晚也可以用来驱吓野兽。因此，后人给予了燧人氏很高的地位，称为"火祖"。

华胥和燧人氏向北移动到秦巴山区，这里的气候也并不完全与人类的生存需要相适。从距今 7400～3400 年前，这个区域气候波动明显，暖湿期、干凉期交替，年均气温和降水都比现在高。也就是说，当华胥氏向北移动的过程中，正逢这一区域气候条件不好的时段，虽然秦巴山区和嘉陵江水系都可以给他们提供渔猎和采集的食物，但气候逼迫他们继续移动。

那时人类的移动是没有目标的，误打误撞的华胥部落进入了渭河上游地区，这里的气候条件就变得很适宜人类生存了。距今 8500～6000 年前，这里的气候温暖湿润，年降水量比现在多 150～300 毫米，年均气温比现在高 1℃～2℃。到了距今 6000～5000 年前，气候虽然以干旱为主，年降水量比现在少 20%～30%，但气温则与现在大致相当。而距今 5000～3100 年前，又进入另外一个温暖湿润阶段，只是湿润度有所降低。这里更适合人类居住。

说华胥受孕 12 年才生伏羲，还有一原因，那就是后人为先人杜撰的奇幻祥瑞故事。比如，握衮在穷桑（西海之滨）沿着巨人足迹行走，感而怀孕生帝喾。而帝喾自己的大老婆姜嫄出去春游，"见巨人迹，心怡然说，欲践之，践之而身动如孕者"。这些都是后人为了赋予某个人以神性而杜撰的故事。

伏羲带着神性来到这个世界，加上他父辈燧人氏已经发明了火，开始熟食。伏羲就进一步把这个熟食技术加以推广，所以伏羲又称为"庖牺氏"，就是因为他教人如何把肉菜弄熟了再吃。吃煮熟的食物，人体摄入的能量就大增，人类发展速度也就加快了。茹毛饮血，可能就是若干万年人类的进步都很小的原因之一；而吃熟食，则为人类文化的迭代创造了生物学条件。

与伏羲神话作比较，前面已经提到过的女娲神话似乎更古老一些。抟黄土作人的女娲是创造人类的伟大母亲。《风俗通》云："俗说天地开辟，未有人民，女娲抟黄土作人，剧务，力不暇供，乃引绳于絙泥中，举以为人。故富贵者黄土人也，贫贱凡庸者绠人也"。女娲用黄土造人，以示人质本于土，死后又回归土变成土。女娲是神，她先就应该知道，用绳子直接从水里把泥土拉上来的造人方式是最简单方便的，又是最快的，但她偏偏先要用黄泥来捏一批人，这些捏的黄泥人肯定含水少，而后面从水里拉出来的"水泥人"肯定含水多。人生下来很多时候命运有天壤之别，则可能一些人是女娲亲手捏的黄泥人的后代，而另一些人是绳子拉的水泥人的后代。在秦安大地湾附近的略阳川陇城镇有一"龙泉"，相传女娲就是汲龙泉水抟黄土来造的人，看来水与人的关系的确很大。陇城镇传说，女娲在捏了许多人以后，又捏了一男一女，男的叫阿哥，女的叫鹦儿，女娲让他俩婚配，繁衍后代。

除了"抟土作人"，女娲还有"炼石补天"的神话。《淮南子·览冥训》云："往古之时，四极废，九州裂。天不兼覆，地不周载。火滥炎而不灭，水浩洋而不息。猛兽食颛民，鸷鸟攫老弱。于是女娲炼五色石以补苍天，断鳌足以立四极，杀黑龙以济冀州，积芦灰以止霪水。"女娲认为天下洪水是因为苍天已破，于是采五色石以补苍天。石之灵气，芦的浓烟，滚滚升空。终于霪雨渐停，云散日出，而天下苍生得救。

《水经注》记载："瓦亭水西南出显亲峡，石宕水注之。水出北山，山上有女娲祠（已毁）"。这个祠就是为伏羲之妹女娲所建的祠。[1]

第四节　马家窑文化

马家窑文化是黄河上游新石器时代晚期的文化，主要包括马家窑、半山、马厂三个相互承袭的文化类型（有人还在马家窑前面增加了"石岭下类型"）。以陇西黄土高原为中心，东起渭河上游、西到河西走廊和青海省东北部，北达宁夏自治区南部，南抵四川省北部。分布区内主要河流为黄河及其支流洮河、大夏河、湟水，嘉陵江的支流西汉水和白龙江等。由于这些河流两岸的谷地和台地土壤肥沃，加上水源丰富、交通便利，就成为了古代居民劳动生息的好地方。已发现的马家窑类型遗址达 400 多处，年代距今 5000 ～

---

① 杨利慧：《女娲信仰起源于西北渭水流域的推测》，《北京师范大学学报》（社会科学版），1996 年 6 月。

4700 年。

临近马家窑文化的青海湖，专家门分析得出，距今 8500～3000 年。青海湖地区，是云杉、桦树为主的亚高山针叶林覆盖的湖区。当时最热月气温较今高出 2℃，年降水量增至 500mm 以上，高出今天 200～300mm。[①] 最冷月较今高出 8℃。其实，全新世大暖期各地气候均较今天温暖，季风带来的降水几乎波及中国的全境，植物生长空前繁茂。青藏高原是以森林和高原草原为主的草原景观。这一时期的陇西黄土高原地区，气候较为适宜人类生活，比今天气候环境优越。当中国东部地区彩陶文化衰落的时候，以农业文化为主的马家窑彩陶文化还延续了数百年，与当时这里温暖湿润的气候是密不可分的。

马家窑的生业经济

稷、粟和大麻籽

马家窑时期，在大地湾文化延续了 3000 多年以后，刀耕火种的技术水平已经大大提高，农业已经成为主要的生产部门，并且已相当发达。农业生产工具数量多、质量高，加工也较精细。马家窑文化的半山—马厂类型遗址中出土的农业生产工具有石铲、石刀、石镰、石磨谷器、陶刀、骨铲等，工具多为磨制，如石斧，通体磨光，器形规整，器身较薄，钻有双孔；也有打制的石刀、盘状器、铲形器等。这些工具硬度大都较高，而且刃口锋利。另外，在马厂类型的墓葬中，还发现了细石器和骨梗刀、骨锹等。

工具中最重要的发现不是精致的磨制石器、不是先进的骨器和陶器，而是在甘肃东乡林家遗址发现的用作生产工具的青铜刀，约相当于公元前 3000 年。在稍后的马厂类型遗址也发现了青铜刀。这在其他同类文化中是没有发现过的。尤为重要的是，林家的青铜刀明显是经过冶炼并由两块范浇铸而成的、而不是用天然铜锻打出来的，这表明马家窑时期的远古居民当时已经会炼铜。金属生产工具的出现，无疑预示着新一轮生产力变革的到来。

从农作物来看，在甘肃东乡林家遗址发现了贮存在窖穴陶罐中的稷、粟和大麻籽，稷、粟可能是当时食物的主要来源。稷保存得很好，穗头被捆成

① 张多勇、李云：《从考古发现看马家窑人的生产活动》，《农业考古》，2012 年 12 月。

小把，整整齐齐地放在一起。大麻籽既是一种油料作物，可以食用，还可以做油灯照明，大麻纤维还是很好的纺织原料，说不定马家窑的先民当时可能已经能够用麻来织布了。

马家窑农业最重要的一个发现是小麦。小麦、大麦被公认为是在西亚最先栽培成功的，最早出现时间可追溯到公元前8000年左右。所以，有人认为中国黄河流域的古代小麦应该是由西亚经中亚传入的，最先就是进入甘青一带。但目前还找不出进入的时间和路线。

随着农业的发展，家庭饲养业也兴旺起来。当时饲养的动物有猪、狗、羊、牛、鸡。在青海贵南尕马台遗址出土了很多羊骨制成的骨器，在1立方米的灰土中曾发现有4只羊的个体骨骼。

此外，由于甘青地区动植物资源丰富，狩猎依然是重要的经济来源。

农业、饲养业的发展以及狩猎经济的助力，推动了手工业向专业化方向发展。马家窑类型的手工业已达到较高水平。手工产品无论是在数量还是质量上都是空前的。除了种类较多的生产工具以外，还有制作讲究的生活用具。装饰品的制作和陶器的生产已成为独立的生产形态。装饰品的数量很多，制作精致，质料有陶、骨、石、蚌等。器形有梳、石环、坠饰、颈饰、骨珠、骨笄、镯子等，比起大地湾来，就丰富多了。在青海民和陶洼坡遗址中出土的陶环达3700余个，陶环上还有丰富多彩的花纹。

甘肃东乡林家遗址还出土了狩猎工具，包括骨簇45件，石簇1件，弹丸224件，石矛1件，圆锥形石器4件。青海柳湾也出土了较多的骨簇、石球和陶球，还有鹿、羚羊、河狸、野猪、田鼠等野生动物的骨骼。从狩猎工具和野生动物骨骼看，狩猎在马家窑居民的生产生活中还占有一席之地。不过，马家窑的渔猎工具发现很少，说明渔猎生产的比例很小。

从师赵村到鸳鸯池

马家窑文化从东到西有400多处遗址，这里从东、中、西各选择一个遗址，来观察一下马家窑居民在不同空间的不同生业方式：东边师赵村遗址、中部林家遗址、西边鸳鸯池遗址。

前面介绍师赵村遗址是放在大地湾时期。其实师赵村遗址的文化内涵相当丰富，文化层包含了七期。其中第一、二、三、四期是大地湾文化，而第五、六期则是马家窑文化，第七期已经进入齐家文化时期。

从考古发掘情况看，师赵村遗址马家窑时期的农业工具要远多于畜牧、狩猎采集工具。石器工具中石刀的数量最多。大家都知道，史前石刀是用于收割、刮削的，与农业生产活动关系密切。而在陶制和骨制工具中，农业工具也多于狩猎工具。因此，当时师赵村的先民应当过着以农业为主的生活。

从师赵村的动物骨骼遗存看，发掘得到的猪骨数量达 888 件，占动物骨骼总数的 87%。家猪作为家畜饲养的对象，骨骼数量最多，另外牛和狗也占一定比例。还有野猪、麝、狍、麂、马、鼠、狸、竹鼠、黑熊、龟等 10 种野生动物的骨骼。在大地湾时期的叙述里已经谈到过，养猪业的兴盛，是以定居生活及农业生产发展到一定程度才会出现的。因为只有人在满足了自己的食用以后，才可能给猪食多余食物，比如谷糠、麦麸、长得较老的绿叶蔬菜等。如果食物不充足，人也会吃这些东西。20 世纪 70 年代初，在我还不到 10 岁的时候，我家所在的农业社好几年粮食歉收，不得不经常吃谷糠、麦麸，还连续 10 个月以上都吃那种生长期长达八九个月的牛皮菜。师赵村的先民养这么多猪，说明农业经济是很兴旺的。各种野生动物遗存表明师赵村居民在养猪以外，还会把狩猎动物作为肉食的补充，同时也反映了当地动植物资源的丰富和多样性。

可见，师赵村遗址马家窑文化时期是以农业经济为主，家畜饲养特别是养猪业繁盛，说明狩猎采集经济占有一定份额的生业模式。

相比于东边的师赵村遗址，位于甘肃临夏东乡族自治县的林家遗址处于马家窑文化空间的中部位置。其农业生产工具的数量也多于畜牧、狩猎采集工具，可见这里也是以农业为主的区域。但不同的是，林家遗址出土了较多的石刀骨柄刀、石刃、细石器、骨匕首等，一般认为细石器除了用来加工肉食和割裂毛皮外，还与畜牧业有关。因此，林家遗址的先民已经兼营一定规模的畜牧业。

从动物骨骼看，林家遗址的家畜主要有猪、牛、羊、狗、鸡等，猪仍然是家畜饲养的主要动物。与师赵村不同的是，林家遗址出现了较多的羊骨，骨器也基本上是用羊骨制成的。可见羊已经成为畜牧业中的一种重要动物。从野生动物遗存看，有鹿、羚羊、河狸、野猪、田鼠等 5 种，比师赵村少一半，说明随着家猪饲养和牧羊业的发展，狩猎经济的比例比师赵村有所降低。

总的来看，林家遗址先民仍以农业种植为主，养猪业繁盛。畜牧业发展较快，羊已经成为畜牧的主要对象。而狩猎经济可能仅仅只是作为肉食来源的一种补充。

再看一下西边的鸳鸯池遗址。鸳鸯池墓地位于甘肃河西走廊永昌县东北河西堡附近。这里的农业工具远少于畜牧、狩猎采集工具。相当多的细石器被发现，一些细石叶镶嵌在骨刀柄上，一些细石片用作刮削器。这些细石器及其石刃复合工具，同样与畜牧、狩猎经济密切相关，说明畜牧、狩猎经济在这里的生业方式中占据明显优势。当然，农业也不是没有，遗址就出土了粟粒等农作物残留。但鸳鸯池遗址所在的河西走廊干旱少雨，只有绿洲上可以进行一些农业生产，而草原广阔，更适合畜牧业。可以推测鸳鸯池先民过着一种半农半牧的生活。当然，这种生业方式也可能和距今4500年左右气候开始变化有关，因为到了距今4000年前后年平均气温降低3～4℃，降水大幅减少，进入干冷时期。

以彩陶艺术为核心的精神文化

马家窑彩陶器是马家窑文化的代表，它器型丰富多姿，图案极富变化。它是中华远古先民创造的最灿烂的文化，推动史前彩陶进入了一个发展巅峰，成为世界新石器时代彩陶史上一个独特奇观。它开启了中国文化艺术的许多源头，是解读中国新石器时代晚期社会经济、文化、思想的重要媒介。

马家窑彩陶的类型和艺术精神

前面说过，马家窑文化主要包括马家窑、半山、马厂三个相互承袭的文化类型，马家窑彩陶也分为三大类型，即马家窑类型、半山类型、马厂类型。其发展脉络清晰，类型系列一脉相承，阶段特征明显，个性突出而不失连贯。

马家窑类型陶器不仅复制了仰韶文化的技术，并加以发展，形成了自己独特的风格。陶器以手制为主，采用泥条盘筑的方法，分段做坯，拼成各种用途的器形，再附加耳朵，打磨表面，施加纹饰，然后入窑烧制。这些复杂的工序需要专门的陶工密切合作才能够很好地完成。

从马家窑类型看，陶器有素面陶和彩陶两种。其中彩陶占据很重要的地位，彩绘的水平也很高，其底色以橙黄为主，表面打磨得相当精细，常用单色黑彩，内彩特别发达。大多先是在器坯上描好花纹，入窑烧成。其色调单纯明快，图案与器形相辅相成。由于有深思熟虑的图案定位方法，虽旋动多变，但组织得相当严密。绘画线条多用柔美的弧线，用笔飞动流畅。构思巧妙，绘制技术精湛。

　　而距今约 4500 年的马家窑文化半山类型，陶器则以红陶为主，有少量的灰陶和白陶，彩陶出土最多。有的遗址彩陶占到了全部陶器的 85%，最高达 90%。陶器造型美观，图案艺术风格华丽精美，多以黑红相间的线条勾画出各种图案，纹饰以旋纹、锯齿纹、菱形纹、葫芦纹、网纹为主，花纹一般饰于器物上腹。这一时期出土了一些彩陶精品。器形与马家窑类型有明显的差异，造型美观，丰富多样，壶、钵、罐是半山类型的主要器形，其他较多的有大口双耳鼓腹小底罐和敛口钵等，尤以双耳罐、小口细颈壶为最突出。半山遗址还出现了鸟形壶，后期有所增多。总的来看，半山彩陶是整个马家窑彩陶和中国西部彩陶艺术的顶峰

　　距今约 4000 年的马厂类型，因最早发现于青海省民和县马厂塬而得名。马厂期的陶器种类更加繁多，彩陶图案则趋于简单。跟半山类型差不多的是，陶器都以红陶为主，有少量的灰陶和白陶，但陶质比较粗糙，极少锯齿纹。不同的是，红色陶衣大量出现，也有少量的白色陶衣。纹饰以四大圆圈纹、变体神人纹、波折纹、回形纹、菱格纹和三角纹为主，构图松散。神人纹鸟形壶、四大圆圈纹罐、折带圆点纹壶、方折网纹罐、变体神人纹单耳杯等，造型别致，风格奇特，是马厂类型彩陶中的精品。早期器表打磨较光，晚期只有个别的经过打磨，大部分未经磨光，器表不够美观。器形高瘦，罐颈变矮，口部外撇，其中以小口双耳罐最为突出。

　　纵向看，马家窑类型、半山类型、马厂类型彩陶的演进主要有以下几个趋势。首先，器形逐渐增多。由最衣的盆、钵、碗到后来的罐、壶等。其次，彩陶纹饰由马家窑类型的旋纹、大锯齿纹增多，到半山类型旋纹、锯齿纹消失；由半山类型的蛙纹增多到马厂类型的变体神人纹出现。再次，彩陶图案由繁到简。马家窑时期彩陶的图案布局，构图富丽明快，线条流畅多变，是彩陶发展的辉煌期，而马厂类型彩陶图案逐渐变得简练，彩陶明显表现出衰微的迹象。另一方面，马家窑类型阶段，彩陶保留了若干仰韶文化的基本母题和元素，但发展到半山类型阶段以后，器形、花纹和配色等都摆脱了传统的窠臼，呈现出新的艺术格调，并将这一风格延续到马厂类型阶段末期，并影响到了后来的齐家文化、辛店文化、卡约文化和诺木洪文化。

　　马家窑文化是新石器时代华夏文明晨曦中最绚丽的霞光，马家窑彩陶不仅包含着史前时期众多神秘的社会信息和文化信息，同时还创造了中国画最早的形式。马家窑文化彩陶的绘制已经开始以毛笔作为工具、以线条作为造

形手段、以黑色（同于墨）作为主要基调，创造了绘画表现的许多新形式，奠定了中国画发展的历史基础与以线描为特征的基本形式。

马家窑文化所表现的人面纹、鲵鱼纹、神人纹、蛙肢纹、鸟形纹、人鱼纹及其他植物和天体等多种纹饰，体现了远古先民丰富的想象力，反映了他们在精神层面的探索和追求。

原始先民进行原始彩陶艺术创作时，当然不仅仅只是简单的再现现实，这些彩绘作品飞动的线条、夸张的造型、变形的处理手法，明显的都是在表达一种激越的想象、炽热的情感。现实生活中的人物、某些动物或植物的形象，只不过是寄托彩陶作者个人情感和思想的载体。

彩陶上的舞蹈纹饰既写实又富于诗情画意，带给我们如诗如歌的视觉美感，具有直接的情感表现特征。其次，有规律的点、线、面以及重复的符号或规则的构图，便是将对现实的某些感受通过变形的手段抽象地表达出来。他们赋予了这些外在形式以更深沉的神秘性，或体现一种原始的巫术美。总之，马家窑彩陶以其独特的审美特征反映了原始社会先民对色彩和质地的表现价值的选择，对序列、力度、节奏、均衡、对称和比例的追求与把握，对动与静、简与繁、形与神、意与势等艺术表达规则的独特创造和运用，对自己精神世界挥洒自如、随心所欲、无拘无束的表现。

陶鼓、肥臀和锅庄舞

大地湾人已经开始制作陶鼓，马家窑人延续了对这种乐器的生产。5000年前的马家窑陶鼓，已经由大地湾的素面鼓发展为彩陶烧制的单面鼓。鼓面是利用湿皮革在干燥过程中产生的收缩性来制作的。先把刚剥下的动物皮裁剪下来绷在鼓面上，四周用鹰爪环形耳紧紧固定。皮革在干燥过程中自然收缩，越绷越紧，一个富有弹性的鼓面就形成了。轻轻一敲，鼓声震耳，远近相闻。

1986年，考古学家在甘肃永登县大通河东岸的河桥镇乐山坪一带，发现一批史前新石器时代的出土陶器，其中有7件花纹精美、造型奇特的喇叭形器物。经过反复研究，发现这是此前的考古发掘中没有见过的彩陶鼓。这些彩陶鼓一头大一头小，大头呈喇叭口，小头则呈圆筒状，中间连同的部分为圆柱状，陶鼓表面是红黑两色的网格纹、宽条纹、锯齿纹、旋涡纹等纹饰，透着一股粗犷之气。由喇叭形大头和呈罐口、盘口造型的小头，长形圆筒状的中腔三部分组成，前后贯通。而在靠近喇叭口外沿，则分布着6～12个鹰爪状泥凸，用来固定鼓皮。

1999 年，考古学家在青海民和县发现了一件属于马家窑文化半山—马厂时期的陶鼓。与人们传统意义上的陶鼓即陶框皮面鼓完全不同，属于陶框陶面相结合的陶鼓。鼓形如板鼓，上大下小，而且有底，斜壁上有四个杏核大的椭圆孔。鼓面剖面呈弧形，陶框与陶面之间饰泥塑乳突。鼓面直径23 厘米，底部直径12.5 厘米，陶框高 11 厘米。[①]

跟大地湾文化一样，鼓与舞往往都是伴生的。作为一种形体语言，远古人类的舞蹈只能通过静态的图画保存下来。马家窑人的舞蹈，记录在青海大通、宗日的舞蹈纹饰彩陶，以及甘肃酒泉、武威、会宁出土的舞蹈纹饰彩陶上。这些彩陶距今约5300 年至4000 年，表现形式均为集体舞蹈。舞者的服饰、头饰均不同。人数2、3、5、9、11、13 人不等。在甘肃省大通河下游的一件马家窑舞蹈纹彩陶壶，以黑彩绘出两组舞蹈纹饰于陶壶的肩部，一组 3人，另一组 2 人。没有绘出舞者的双脚和双腿，身形如枣核，酷似身着连衣长裙，携手共舞。每个舞者的头部均为圆形，圆中心点为较大白色圆点，周围还绘了 6 到 7 个不等的小圆点，似头饰，又似面具。舞蹈者体态丰满，动作整齐，活泼热情，周围还用 7 至 8 道同心圆弧线进行装饰，渲染舞蹈的氛围。(见图4)。

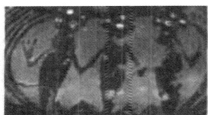

图4　青海大通河出土的马家窑舞蹈纹饰彩陶壶图案

青海省宗日遗址出土的马家窑文化类型的舞蹈纹彩陶盆，造型和大通河的相似，但略小，其内壁上也绘画了两组人物图像。他们的头饰宽大，双臂向斜下方张开，并互相牵连。除了都有一个特别醒目的圆形臀部外，腿部又分为两种造型：一类并腿呈立锥状，一类呈分腿状。24 个人分成两组，一组

① 乔虹：《青海地区史前古乐器综述》，《青海社会科学》，2005 年 3 月。

13 人，另一组 11 人。舞者着裙装，动作质朴。陶盆质地细腻，表面光亮，图案饱满，花纹流畅，比大通出土的舞蹈纹彩陶盆更美观（见图 5）。普列汉诺夫认为："在原始舞蹈中，男女各有自己特殊的舞蹈，男女只有在特殊的场合下方在一起跳舞。"（普列汉诺夫《论艺术》）上述二图中人物造型皆呈女性特征，而青海大通孙家寨彩陶舞蹈纹饰人物形象特征则无疑为男性。

图 5　宗日遗址出土的舞蹈纹饰彩陶盆

也有单人舞。甘肃出土了一件半山类型舞蹈纹彩陶罐，罐两侧各画一人，人物顶天立地，形象奇特；头着饰物、长袍垂地、四肢上扬，似在进行巫术仪式或图腾崇拜活动。人物四周饰满"十"字形纹，整幅图像表现出一种迷幻的氛围，神秘、诡异、庄严而富于动感，充满了宗教气氛。所画人物似乎是巫师形象，他的动作十分夸张，与一般彩陶上的舞蹈动作不同（见图 6）。

图 6　马家窑文化半山类型舞蹈纹彩陶罐

　　马家窑的舞蹈纹饰，生动丰富，造型古拙，是对原始舞蹈形象的真实表现。舞蹈形象生动、活泼、纯朴、率真，气象生机勃勃。李泽厚说，原始歌舞"所代表的，是一种狂热的巫术礼仪活动"、"他们是原始人们特有的区别于物质生产的精神生产即物态化活动。他们既是巫术礼仪，又是原始歌舞。"①对原始先民来说，舞蹈艺术除了感受节奏和身形之美以外，还要通于神灵，达成某种实际和重要目的，祈求降临福祉或消灾弭祸，所以动作夸张往往成为舞蹈艺术的一大特点。同时，舞蹈给人以力量并能调整氏族内部的秩序。世界各地原始部落的舞蹈都兼有强烈的功利目的和明确的宗教祈愿。美洲印第安人跳的"熊舞""野牛舞"，澳洲土人的袋鼠舞，西非部落的猎舞等莫不如此。最具代表性的是澳洲的'科罗波利舞'，它有两种类型的感情表现形式。即模拟再现，例如模拟再现狩猎过程；又有力动表现，即纯舞。②

　　因此，彩陶上的舞蹈纹不仅仅是对先民舞蹈的再现，带有这种舞蹈纹彩陶罐，本身可能就是巫术仪式或图腾崇拜的专用器物。以他们作为祭祀天地、祭祀先祖的媒介，沟通天地阴阳。正如张光直所说"天地之间，或祖灵及神祇与生者之间的沟通，要仰仗巫祝与巫术。而性器和动物牺牲则是天地沟通仪式中必需配备之物，有些器物起到帮助巫觋沟通天地的作用……其纹样有图像的意义。是协助巫觋沟通天地的神人形象"。③神圣的器物、虔诚的舞蹈，一静一动、一灵一人、一虚一实、一阴一阳，器物有了生命，人类有了希望。这就是马家窑舞蹈彩陶纹所体现的原始先民对自然、社会的认识，对天地神灵的敬畏和崇拜。④

　　这些舞蹈让人们联想到现在的锅庄舞。锅庄舞也是一种集体性舞蹈，是多人集体跳舞，人数不限，大家手拉着手、连臂踏歌、翩翩起舞。锅庄舞并排环绕，面向中央，环行而舞。而前面马家窑彩陶盆上的舞蹈，正是一种环形集体舞。锅庄舞在藏语中就意为圆圈歌舞，至今流行于西藏、四川、云南、青海以及甘肃的藏族聚居区。虽然不同藏区的锅庄舞存在诸多差异，但舞蹈的基本动作、姿态和技巧，音乐的基本曲式结构、节奏风格都很相近。⑤

① 李泽厚：《美的历程》，天津社会科学院出版社2001年版，P16。
② 袁禾：《中国舞蹈》，上海外语教育出版社1999年版，P98。
③ 张光直：《美术、神话与祭祀》，刘静等译，北京出版社2016年版，P46。
④ 陈永祥：《马家窑彩陶舞蹈纹饰解读》，《文艺研究》，2008年11月。
⑤ 杨春艳：《锅庄舞的历史渊源及现状》，《兰台世界》，2012年12月。

1973 年，大通上孙家寨出土的五人连臂舞及 20 世纪 90 年代宗日文化出土的舞蹈盆曾引起考古界、史学界、艺术界等的高度关注，为研究我国特别是青海地区史前社会的社会生活、原始乐舞、意识形态等方面提供了生动而形象的资料。

卜骨与石圆圈

从墓葬看，马家窑文化时期的居民在墓葬方向的选定上，也体现出一种灵魂信仰的倾向。当时的先民可能认为，人死后要回到传说中祖先生活的地方去，才可以让灵魂安息。考古学家认为马家窑文化源自中原地区的仰韶文化，所以马家窑文化时期墓葬的方向为东面或东南。而那些凶死者或因不幸遭遇而死者，则采用与正常人不同的葬式，墓葬的方向刚好与多数墓葬方向相反。①

马家窑时期还有将死者的脚趾骨割下放置在随葬陶器内的葬仪，这也显示了某种宗教崇拜。同期，陶塑不仅有人像彩陶罐，还有只塑人体、人面的陶器，许多动物如青蛙、蜥蜴、兽面、鹰、鸟、鸮首和龟等也是陶塑的对象。陶塑画的人像可能是氏族巫师、祭司一类的人物。它们所体现的原始宗教已经与过去有所不同，祭司或巫师的出现，说明原始宗教的信仰更加明晰、明确，相关的仪式活动也更加复杂。②

在武山傅家门遗址，出土了羊、牛、猪的肩胛骨制成占卜之用的卜骨，上面都带有阴刻的符号。距今 5000 ~ 4000 年的师赵村文化遗存处，发现一处用石块围成圆圈的遗迹，石块大小不一，圆圈内放置了陶片和猪骨，很可能是一处祭祀遗迹。在同期青海的宗日遗址发现一处墓葬，口部有一片草木灰，灰中放有兽骨、陶片，显示了一种墓祭仪式。墓葬区还发现 18 个祭祀坑，坑为圆形或椭圆形，填土多含陶片、兽骨、草木灰烬和石块，有的甚至还藏有尚未使用的、作为祭祀的品玉刀和玉璧。卜骨和祭祀遗址表明占卜和祭祀已经成为原始宗教活动，是当时社会生活重要的组成部分。

到了齐家文化时期，这种石圆圈遗迹就更多了，后面我们将详细介绍，这证明马家窑时期这种石圆圈就是宗教信仰的产物。齐家时期的这种石圆圈不过是对马家窑时期的继承。

---

① 晏翔：《从马家窑文化的葬俗谈万物有灵观》，《河北青年管理干部学院学报》，2010 年 5 月。

② 董琦：《甘青地区的史前原始宗教演进探究》，2019 年 12 月（下半月刊）。

陶符的文字功能

大地湾时期的陶器上人们就发现了很多刻画符号，有些符号甚至一直使用，甚至几千年以后的殷商甲骨文中发现有这些符号。马家窑时期这种符号同样在延续使用。

武山县傅家门石岭下类型遗迹中就发现了刻画符号。在一个敛口陶盆的腹上，阴刻了一个"X"形符号。在房子和窖穴内还发现若干件带有阴刻符号的卜骨。一件猪的肩胛骨，阴刻"＝"形符号；一件牛的肩胛骨，阴刻"S"形符号；一件羊的肩胛骨，一面留有灼痕，阴刻"｜"形符号。[1]

马厂类型的墓葬也发现了许多彩绘符号（见图7）。绝大多数画在陶壶的腹下部，或其他器物的底部。这些符号都是在烧制之前，用毛笔之类工具、沾上黑彩画上去的，简单而规整。也有极个别的用红彩。符号形状有的是几何形符号，有的是动物形符号，几何形符号多于动物形符号。一般来说，一件器物画一种符号，画两种符号的器物极少。笔画越简单的几何符号，出现的频率越高，如"十"字形符。在马厂类型文化的发掘中发现，彩陶腹部绘有符号，仅柳湖湾一地就发现有彩绘符号的陶器共 679 件，包括 139 种不同形式的符号，常见的有"1""二""0"等 10 多种。经碳十四测定，年代在公元前 2300～公元前 2000 年之间。[2]

甘肃省永昌县东北河西堡附近鸳鸯池遗址属于马家窑文化马厂类型，也发现了刻画符号。在一个圈底灰陶盘的底部，内外刻划了"＋"">"等符号。而且这些刻划与西安半坡发现的符号相似。[3] 甘肃古浪县裴家营的古浪老城遗址，属于甘肃马家窑文化马厂类型。在出土陶钵上发现口沿下有三处刻划符号。[4]

甘肃省永靖县西河马家湾遗址出土的一个双耳罐上也发现有刻画符号。器表颈部绘有双道黑色平行纹，器内底部绘有黑彩与赭红色相间的圆圈纹，

① 赵信：《甘肃武山傅家门史前文化遗址发掘简报》，《考古》，1995 年 4 月。

② 王彩霞：《从陶器"刻划符号"浅析汉字的起源》，《河北青年管理干部学院学报》，2009 年第 5 期。

③ 甘肃省博物馆文物工作队：《永昌鸳鸯池新石器时代墓地的发掘》，《考古》，1974 年第 5 期。

④ 武威地区博物馆：《甘肃古浪县老城新石器时代遗址试掘简报》，《考古与文物》，1983 年第 3 期。

圈内彩绘"＋"符号，耳上绘有"一"字形黑彩符号；双耳罐口肩部残片的耳上绘有"╳"形符号。①

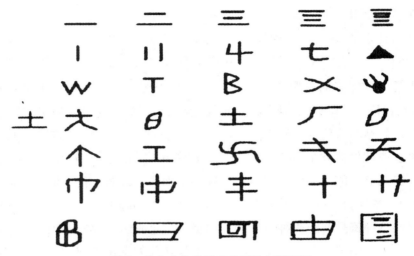

图7　马家窑文化马厂类型的刻划符号

除却考古报告公布的符号外，研究史前符号的尚民杰先生还发现了若干种单个符号。他对出现过两种以上符号的墓葬进行了考察，对符号组合使用的情况进行了整理，发现有的符号不重复出现，即一座墓中往往出现几种不同类型的符号；而有的墓中会重复出现一种或几种符号，出现频率不尽相同。他认为彩陶符号是"制陶工匠们留下的一种不定型的、表示一种临时意义的特殊标记"。②

氏族公社阶段当然还没有真正的文字，但马家窑的原始居民已经使用各种不同形式的简单符号，这些符号都应该代表了某种意义。③

社会：聚落不再向心

如果人头形器口彩陶瓶是大地湾时期母系氏族社会的象征性媒介，陶祖

① 谢端琚：《甘肃永靖马家湾新石器时代遗址的发掘》，《考古》，1975 年第 3 期。
② 尚民杰：《柳湾彩陶符号试析》，《考古与文物》，2000 年第 5 期。
③ 梁岩：《青海柳湾》，《考古》，1986 年第 6 期。

则是对马家窑文化时期氏族社会性质的表达。

马家窑文化的马厂类型时期，已经基本进入父系氏族社会。如果从大地湾仰韶文化晚期，即距今 4900 年的萌芽时期开始计算，到距今 4350 年马厂文化时期，差不多花了五六百年时间，男性才算走到人类社会舞台的中央。

作为父系社会象征的，是马家窑居民烧制了象征男性生殖器官的"陶祖"。文化中的生殖崇拜在世界很多地方都有发现，早期是女阴崇拜，那是在母系社会及以前，后来则出现了男根崇拜，那是在母系社会末期及之后。

父系社会伴随着私有制的发展。马家窑时期，原始社会的公有制开始在动产私有方面率先冲开一个缺口。首先和主要表现在对包括畜群和土地上的收获物的生产资料和劳动产品的私人占有上。从当时遗留至今的墓葬可以看出，随葬物品差别很大，说明死者生前所拥有财富的多寡有别。在青海大通县上孙家寨马家窑时期的墓葬中，随葬品有一件内壁绘有舞蹈花纹的彩陶盆，还有骨纺轮、海贝、穿孔贝壳、骨珠、牛蹄、牛尾骨等。而海贝并不是本地产品，可能是通过与东边部落的贸易得来的。

从家庭情况看，随着私有制的成长和商品交换的出现，男性在社会生产中逐渐取代妇女的主导地位，婚姻家庭形态也由对偶家庭转变为一夫一妻制家庭。前面介绍过大地湾时期的聚落，那种向心式的聚落结构是母系社会的社会生活反映。再以较典型的渭河下游临潼姜寨遗址为例，其村落分为三部分，居住区位于中央，周围有壕沟环绕，村东越过壕沟即是墓地，村西临河岸边是一片不大的窑场。居住区旁屋的布局是比较整齐的，其最大特点是围成圆圈，房门皆朝向中央，中央是一片四千至五千平方米的空地。围绕中央的房子分为五组，每组都有一所大房子，周围有若干中、小型房子。

而父系氏族社会的聚落则不一样，往往是分成若干间的连间式建筑或是单间建筑。位于东乡林家遗址的马家窑类型的房址共有 30 多座，各层房址多是单间小房，各自独立，布局分散，门向极不一致，适合于一家一户居住。说明家庭的个体化正在加强。大部分为半地穴式。房屋的结构形式有两类。一类是单间房屋，数量最多，多为方形，面积在 15～25 平方米，由主室和门道两部分组成。主室多呈方形，迎门正中是灶。室内地面平坦，多用草拌泥涂抹。通常一室可住 3～4 人或 4～5 人。室内有火塘，有整套的生活用具、生产工具，甚至还有粮食储备。每所房子的居住者都属于一个家庭的成员，即为一夫一妻制的个体家庭。每个家庭都是一个独立的生活单位。由于生产力水平的提高，集体生产单位逐渐被个体家庭所取代。每个小家庭都是大家庭的成员，一个大家庭组成一个生产单位。第二种类型为隔间连间建筑。与第一类房子不同的是增加了一个连间。连间屋也有灶，同样是住人的房子。两间屋的主人可能有密切的血缘关系或姻亲关系。

最后看看马家窑文化所反映的社会意识形态。无可怀疑的是，马家窑类型在社会意识形态方面打上了父系氏族社会的烙印。陶祖这种反映男性生殖崇拜的陶器出现了。最初，人类只能根据对生殖过程的直观认识，认为生殖是女性单独的行为，不懂得性爱与生育之间的因果关系，于是崇拜的对象就是女阴。专家们认为，古印度宗教艺术中的莲花，中国陶器常见的鱼纹、蛙纹，都是女阴的象征。后来人们逐渐意识到生殖与男性有关，揭开了生殖的秘密，于是男性生殖崇拜就出现了，父权制也就跟着诞生了。

前面已经介绍过，马家窑文化包括马家窑—半山—马厂三个类型，前后经历了一千余年的发展。对于马家窑文化晚期马厂类型的社会属性问题，一些人认为马厂类型已经确立了父权制；而另一些人则认为马厂类型晚期已是原始社会氏族制解体，进入了文明时代的阶级社会—奴隶制社会。马家窑类型不但出土了反映男性崇拜的陶祖，而且马厂类型还出现了陶塑男性裸体雕像；同时，半山和马厂类型还有不少反映父权制建立的成年男女夫妻合葬墓，少数杀殉的奴隶人牲残肢，人殉人祭现象可能已经出现，当然这并不就意味着跨入了阶级社会的门槛。很可能其他原因也会导致人牲和人殉现象。[①] 最后，马家窑文化的马厂类型已经出现了反映新的生产力的铜器。不过，综合观察马家窑文化的内在联系，它所属的社会性质起初应该是由母权制晚期向父权制过渡阶段，中期逐渐完成了父权制的权力转移，晚期已经基本实现了父权制。

前面讨论过，大地湾时期出土的陶祖反映了在母系氏族社会已经萌芽了对男性的崇拜，父权制正在母权制的胚胎中萌动，但父权制要取代母权制还需要生产力有相当的发展和男性在生产中占据支配地位。因此，马家窑文化的马家窑类型依然还处于母系氏族晚期阶段。而继马家窑类型而兴起的半山和马厂类型，生产力有了更大的进步，农业生产工具种类增多且多为磨制，

---

① 李文芬：《试析马家窑文化马家窑类型的社会性质》，《北京第二外国语学院学报》，1997 年第 2 期。

工具形制规整精细，这些都是需要男性劳动力才能很好地完成的。从半山类型可以发现，男性已经逐渐在生产中占有主要的地位，而妇女逐渐退居次要，但妇女尚未完全被排斥在社会生产过程之外，因此半山类型文化已经进入了父权制早期阶段。

继半山类型被马厂类型取代以后，马厂类型出现了铜器，社会生产力有了新的增长点。相关的文化更加鲜明地显示了父权制的特点。但马厂早期阶段，还残存着反映母系氏族二次葬的习俗，成年男女合葬墓以男性为主、女性屈从的地位并不明显，说明母权制余威未歇，父权制并不是一下就取代了母权制，中间还存在一个力量消长的过程。

到了马厂类型晚期，农业、畜牧、制陶、炼铜等各专业分工加强，男性显得更加重要。剩余产品增多，父系家族不断在生产中增强自己的经济地位，各父系家庭也可能利用多余产品进行原始的物物交换。这种情况一旦出现，必然不断加强私有观念，促成私有制的不断发展。而血缘纽带亦因私有制的发达而遭到破坏，家族原先的公有财富亦通过交换，渐次落入少数家长私人手中，这些家长于是有了奴役妻妾和贫困成员的物质条件，为早期家内奴隶制的出现揭开了序幕。马厂类型晚期的房屋出现了多元套间，屋内普遍挖有窖穴，说明各个小家庭已经有了自己的积蓄。这样一来，家庭必然出现富有和贫困的差别。马厂时期的墓葬有的殉葬陶器多达数十余件，远远超过了个人的实际生活需要，而有的墓葬中只有一、二件随葬品，显得十分卑下。

总的来说，马家窑文化的马家窑类型处于母系氏族社会的晚期，父权制正躁动于体内，进入半山时期父权制终于崭露头角。但母权制尽管日薄西山，依然回光返照，与父权制共存前行。马厂时期则可能是完全的父权制社会了。而青铜器的出现更让父权制的地位无可撼动。马厂遗址的少数大墓中，还发现了用人杀殉的残骸，晚期的马厂类型墓中又发现有成年男女合葬，且男女属于一次葬。可能是父系家长制下妇女为男系家长殉葬。有人认为这揭示了当时已经出现了阶级对立的状况，但或者是一种原始宗教信仰、或者是一种家族信念亦未可知。

马厂类型以后，紧接着进入了齐家文化时期。齐家文化早、中期，父权制逐步发展到鼎盛阶段，晚期父系氏族社会更是上升到顶点，出现了父系氏族社会的最高阶段——部落军事民主制。隐隐约约，已经可以看见文明时代阶级社会驶来的楗杆。①

第五节 齐家文化——转向农牧业

气候重塑文明

中国东西部地区处于不同的季风控制区，东南部主要受东亚季风控制，而青藏高原则主要受印度季风影响。但在齐家文化时期，东亚季风和印度季风均处于季风减弱期，温度和降雨双双下降。气候干冷、森林减少，整体处于气候恶化期。这种气候条件引起资源短缺，原始的狩猎方法远远无法维持越来越多的人口的生存，集体狩猎、重视农业或改变农业结构等方式被迫发展起来。这也导致了社会更加复杂，进而催生了古文明。据吴文祥、刘东生研究，距今 4000 年前后的降温事件，终结了中原周围地区原来的五大新石器文化，加速和促进了中原地区夏朝的建立。②

可以认为，齐家文化兴起至衰落都处于气候较为严酷的干冷期。当人类无法改变环境的时候，如果要繁衍生息下去，就只有改变自己的适应性行为，创造新的适应规则。其中，民族大迁移似乎是一种较为明智的选择。当然，距今 4000 年前后，不仅仅只是中国的气候变冷，全世界大多数地区在中国齐家文化时期都进入气候恶劣期。据许靖华研究，当时北部欧洲气候寒冷潮湿，给曾经的巨石器王国带来了灾难性的影响，人们不得不抛弃家园，带着自己的陶器和战斧，到达俄罗斯南部，随后辗转东南欧、安纳托利亚半岛、波斯、印度甚至到了中国的西北部。而美索布达米亚文明、阿卡德帝国、印度河流域和埃及古文明均在这次全球性的寒冷干旱气候的影响之下崩溃和消失。齐家文化较之前的马家窑文化则开始向东南退缩。四川安宁河地区的大洋堆遗址发现了与甘青地区齐家文化相似的典型陶器，其中的双耳罐和圈足陶器，明显与当地土著文化不同。因此，可以证明齐家文化的一部分向东南迁移了。

一直以来，人类的生存依赖自然环境，气候的变化必然会引起人类生活

① 伍德煦：《略论甘肃仰韶文化的类属和社会性质》，《西北师范大学学报》，1982 年第 2 期。

② 吴文祥、刘东生：《4000aB. P. 前后降温事件与中华文明的诞生》，《第四纪研究》，2001 年第 5 期。

的变化，影响人类的发展。尤其是对史前人类而言，他们主要依靠大自然的恩赐来进行生产活动，气候环境的变化对史前文化的面貌有着决定性的影响，对史前文明兴衰有很大的推动力。以定居农业为特色的、十分繁荣的马家窑文化和齐家早期文化，到了齐家文化中期晚期，农业地位已经严重下降，畜牧业成了主要的生产部门，甘青地区的文化面貌为之一变。当时的气候变化是直接原因。齐家文化所处地区以黄土为主，黄河及其支流的切割，使黄土高原普遍形成了多级阶地，这是史前时期最好的农业用地。即使在齐家文化前期，粟作农业依然很发达，但到了齐家文化晚期，畜牧业显著增加，继之以后的辛店文化、卡约文化和寺洼文化同样是以畜牧业为主要生业方式。畜牧业从农业中分离出来，一部分人成为了专门的牧人，过上游牧生活，历史上的游牧民族于焉形成。

美食华服的舒心岁月

齐家文化早期，定居生活促进了原始农业的发展，比马家窑文化有了长足的进步，农业成为齐家文化的主要经济部门。齐家文化所在的黄河上游、大夏河、洮河、湟水等流域，河流两岸形成了有利于种植作物的梯形坡地和黄土高台。齐家文化早期，尽管这一地区普遍干旱，一年四季降水不均。但由于这里的风沙土质富含大量氮元素，很适合植物生长。保水性又好，再加上黄土坚固，不易松散风化，矿物成分也不易流失，所以这里依然很适合农业生产。即使雨水少，种植耐旱作物粟是没有问题的。因此，依靠粟的种植，齐家先民过着比较富足的生活。

石器依然是齐家先民从事生产活动及日常生活的主要工具。这些工具有磨制石器和细石器两大类。除了少数为打制外，已经普遍采用磨制。当然，不同的遗址，这两类石器所占的比例不完全相同，有的遗址磨制的多，而细石器少；有的则细石器多，而磨制的少。武威皇娘娘台遗址的细石器占比例就非常高，而磨制石器则很少。晚期工具比早期制作精细，器形规整，通体磨光，类型也有所增多。工具的制作工艺也有了很大的改进，器形更加的规整，棱角分明、刃部加宽，刀刃更加锋利，使用效率更高。当时的粟作农业工具主要是石斧、石刀、石铲。齐家时期的石斧有的两侧有肩，方便人们携带和用手握住使用，或者和其他石器或木棒之类的工具组合起来，形成一种复合生产工具来使用。石刀呈椭圆形或长方形，磨光，穿孔。还有用来翻土的石铲，下端刃部为圆形，上端带把，也有的是扁平长方形。他们都是用硬度较高的石头采用磨制方法制作而成的。

粟在收获以后，齐家文化的居民就用石杵和石磨盘进行加工，制成粟米或者粟粉食用。在齐家时期的很多遗址中都可以发现石杵、石磨盘，证明当时的粟谷加工是一种很普遍的工作，也说明随着农业生产技术水平的提高，农作物产量增加，先民已经比较注意对农产品的精细加工。除了作为主要粮食的粟外，齐家先民还种植其他谷物，如小麦、大麦和青稞，还有荞麦、豆子等，同时还种植坚果植物。

骨器的数量和种类也显著增加，质量更高。骨器种类主要有铲、钩、匕、针、镞、锥、锄、叉等。这些骨器有的是结实耐用的劳动工具，也有的是精致的生活用具，细小的骨针和骨钩是用来缝补衣服、打捞鱼类的工具，还有陶器上的一些刻划纹，也是用骨刻刀雕刻出来的。结实的劳动工具例如骨铲、骨凿，人们一般用动物的下颌骨或肩胛骨来制作，刀刃锋利而宽大，能够提高农业生产的效率。骨铲数量较多，是当时使用频率较高的生产工具。另外就是一些骨叉，制作精巧，可能是一种食具，还出土了用牛肩胛骨制作的骨锄以及数量可观的骨制占卜器。

畜牧业是齐家文化的重要经济部门，从出土遗物看，当时的人们很可能养殖了猪、羊、牛、马、驴和狗等家畜，其中主要饲养对象是猪，其次是羊。除了饲养这些动物，他们仍然进行狩猎活动，主要的狩猎工具就是石矛、石制弹丸和骨镞、石镞等，而狩猎的主要对象则为鹿、鼬（黄鼠狼）等动物。

齐家文化时期的先民已经能够织出媲美现代细麻布的衣料。齐家文化遗址出土的缝纫工具多达二百五十多件，包括石纺轮、陶制纺轮和骨针等。显示当时的纺织已经是一项较为普遍的、在家就能完成的手工业。大何庄遗址墓葬的人骨架上发现了清晰的布纹痕迹，布料类似麻织，细致的布痕上麻线交织的密集程度甚至与现代的细麻布相似。这些纺织工具和布纹纹理的密集度，显示出齐家文化时期的纺织技术已经达到很高水平。齐家先民已经可以拥有很时尚的衣着。吃着美食、穿着华服，齐家文化时期，特别是早期的先民，日子过得是很舒适的。

流浪中的彩陶

马家窑文化的居民创造了辉煌的彩陶文化，到了齐家文化时期，制陶业已经成为手工业的核心部门，在经济系统中占据了重要地位。

齐家文化的陶器多以素面陶为主，彩陶数量较少。能够看见的彩陶也主要是红黑陶，以泥质红陶和夹沙红褐陶居多，彩绘的黑色往往多于红色，陶质粗松。彩陶纹饰的主要特点是，以斜线构成的菱形带状纹和两边对称的方格纹为主，另外有一些网纹、绳纹、宽带纹、锥刺纹、篦纹、三角纹、篮纹、堆塑连珠纹等，图案规整、生动。有的涂有白色陶衣或花纹，装饰多在陶器的口、颈、肩、上腹部等处。纹样多以单彩绘成，图案纹样简约疏朗。齐家文化的先民们制作陶器的技术不断进步，手工制作和轮制的水平都大大提高。

轮制技术包括慢轮和快轮。最先出现的是慢轮，慢轮的边缘和中间是一样的厚度，轮子旋转的时候，速度不快，惯性较小；操作的时候用手或者脚趾，拨动轮子转动，适合用来对陶器进行修整和加工，用手捏或者用模制、用泥条盘筑法或者泥片贴筑法制作的陶器都可以用慢轮来打磨、抛光。

推测慢轮在大地湾时期就已经出现了。马家窑时期可能已经有了快轮。快轮的中间轻而薄，边缘重而厚，旋转惯性大，用木棍搅动，转速很快，可以拉坯成型。轮制技术几分钟就可以制成一件陶器，而在纯粹的手工制陶阶段，同样的一件陶器可能要花几天时间，而且做出来的成品还没有轮制的匀称、美观。轮制技术的出现，意味着一种专门的陶器生产工艺诞生了，制陶业成为了一个可以批量和规模化生产的行业。师赵村齐家文化时期的遗址发现三座可以同时使用的窑址，说明制陶业当时的发展已经具备相当的规模。同时，齐家文化时期的陶器器形都很规整，这也应该是拜轮制技术所赐。

受仰韶文化、马家窑文化彩陶的影响，齐家文化的器型以中小型居多。主要分为生产工具和生活用具，有罐、壶、瓶、杯、豆、盘、碗、甑、斝、鬲盆、钵、盉、瓮、陶纺轮、陶拍（垫）、陶球、陶塑等，器形以罐的数量最多，大部分都是棱角显著，颈部发达。双耳大罐、侈口双耳折肩罐、侈口高颈深腹双耳罐、侈口无耳罐（杯）是其典型代表。折肩双耳大器形，最能代表齐家时期陶器的特点。也有造型协调、几何纹饰精美的彩陶和描绘动物图案的彩陶出现。从早中晚期的变化趋势来看是由短颈逐步变为长颈，罐底直径和颈部直径的比例缩小，腹部由鼓腹平底器发展为折腹平底器，有较少数量的三足器和圈足器。彩陶数量也由多变少，出现少量的黑陶和白陶，三足器和圈足器最少。齐家先民还善于用黏土捏制各种人头造型、动物塑像。人头长颈圆颊，双眼仰望；动物有猪、马、羊、狗、鸡等，形体或长或短，灵巧生动。

大地湾文化时期，尤其是早期，因为农业不够发达，定居生活还没有完全成形。陶器以圜底器为主，这方便进入流动宿营地，在圜底陶器下支起石头燃柴炊煮。这以后的几千年里，包括马家窑文化在内，圜底减少，绝大部分陶器都是平底的。到距今4000年前的半山、马厂类型，可以用于贮盛食物的大型平底彩陶数量才多了起来，这是因为农业生产技术已经极大地提高，定居生活成为常态，人们不需要搬着沉重的器物四处游走，贮存食物成为生活的必要手段。但虽然如此，齐家文化的陶器还是发生了明显的变化。首先，作为贮盛用的高领双耳罐和其他陶器的器型变小。单肩耳、双大耳和双肩耳的陶器成为主要器型。彩陶陶质多为细泥，陶器变得轻薄，便于搬动。圜底彩陶器重新出现，均为夹细砂陶，适合在流动生活中用来作为炊器。这反映了齐家文化时期，特别是中后期，农业受到气候的影响，已经远远不及马家窑时期。

齐家圜底器年代在公元前2000～1500年，分布于河西走廊以东的甘青河湟谷地。圜底器的装饰可分为三类。一类为彩陶，纹样主要包括内填网格或平行斜线的三角纹、回形几何纹、波折纹、平行斜线纹、菱形纹，纹样以几何纹样为主。几何纹样的组合形式多样，或连续展开，形成纵横图案带；或相互交叉、重叠，生成新的组合图案。构图方式依据器物的造型，自上而下分层，绘有二方连续的图案带，每层的主题图案不同；横向线条为主的图案带，往往与纵向线条为主的图案带相互穿插。整齐划一的线条，由于布局的安排而富于变化，形成一种规律性和韵律感，具有优美的视觉效果。第二类为素面陶，第三类为颈部饰锥刺纹或器身饰绳纹。

除了几何纹以外，齐家文化彩陶还有少量的人物纹和动物纹。在一件双肩耳彩陶罐上，绘有红彩的人物驯鹿图，主体为一匹长角的鹿，鹿的上方是一排树木，一人双臂抬起，站在鹿前，一手五指张开，向鹿作招引状。鹿背上有一个露出大半身的人物纹，着束腰短裙。还有一个彩陶高领罐，绘红色单彩纹样，主体纹样为大角鹿，鹿下面绘山形纹。还有蜥蜴纹。河西走廊东段出土的一件齐家文化时期彩陶上，绘有变体蜥蜴纹。武威皇娘娘台出土一件圈足彩陶豆，豆内以十字纹为框架，分出四个空间，各填一只变体蜥蜴纹样。连贝纹是齐家文化彩陶较有特色的纹样。甘肃省渭源县一件敞口盘内，绘有呈中心放射状的八组连续贝纹。临洮董家寺的彩陶壶，绘有纵列的连贝纹。青海乐都柳湾发现了随葬的海贝。海贝来自于遥远的海滨，来之不易，应该是齐家人珍爱的物品，画在彩陶上和作为随葬品都蕴含了这种意义。

什么原因促成了齐家文化陶器的这些变化？这和当时黄河、长江流域的洪水灾害有重要关系。距今 4000 年左右，甘青地区发生的洪水和地震灾害造成齐家文化的居民大规模流动。齐家文化的陶工不能在固定场所持续烧制陶器，而烧制彩陶需要有复杂的程序，这应该是齐家文化彩陶中后期数量急剧衰减的重要原因。大规模流动的人们不得不改变农业定居的生活方式，开始半农半牧的生活。

齐家文化以后，甘青地区还出现了卡约文化、辛店文化、寺洼文化等含有彩陶的文化，都属于半农半牧的文化。直到辛店文化后期，姬家川类型和张家咀类型，才发现圜底彩陶罐，表明当时这些地区的人们已经定居下来。

铜器改变世界

冶铜业的出现是齐家文化先民在生产上的一项巨大成就。齐家文化已经进入了青铜时代。1975 年甘肃东乡林家遗址出土的 1 件铜刀可能是我国目前时代最早的青铜器，属锡青铜，单范法铸造。时间为公元前 2900 ~ 前 2740 年间，距今 5000 年左右。同时还出土了最大的一件铜斧，全长 15 厘米，器身厚重，刃部锋利；出土了铜环、铜饰、铜刀、铜锥、铜凿、铜匕和残铜片。

我国迄今年代最早的第一面铜镜也是 1975 年在齐家坪出土的。甘肃临潭磨沟是目前齐家文化中出土早期铜器最多的一个遗址，出土数量 100 件以上，有铜刀、铜管、铜珠、铜斧、桃型铜叶、铜匕、环首铜削、月牙形项式等。青海省大通县黄家寨则出土了铜铃、铜管、铜矛、铜削、铜鸟饰等铜器，黄家寨的铜器中最值得注意的是出现了作为暴力象征的铜矛。西宁沈那遗址还出土了铜矛和铜指环各一件。这些青铜器的出土，说明冶铜技术已经由炼制纯铜发展到了青铜阶段。

齐家铜器种类有刀、斧、匕首、镰、铜镜、铜锥和铜指环等，还有骨柄铜锥之类的复合工具，这是其他文化类型没有的。这些铜器的质地有红铜（纯铜），又有铅青铜和锡青铜。有些是当地冶炼的，也有些是从中亚交换来的。制铜方法有冷锻和冶铸，羊范铸造或简单的合范铸造，属于当时比较先进的青铜冶炼和制造技术。处于一种红铜、青铜和砷铜并存局面，后期，铜合金，即砷铜和青铜的数量和已接近总数的百分之六十，与红铜对比，处于优势地位。当时人们掌握了一定的冶铜技术，并对合金材料有了初步的认识，对不同的器物采用不同的合金材料进行制作。但技术不是特别成熟，所以合金成分不太稳定，表现出铜器制作早期阶段的技术特点。不过，总的来看，齐家文化时期的人们已经逐渐掌握了冶炼青铜的技术，开始冶炼铜合金，进入了青铜时代早期。

齐家文化铜器器型不大、便于携带，以装饰品为大宗。作为贵重原料，铜已开始用来制作高消耗性兵器。大部分铜器制作简单、质朴无饰，个别器物装饰简单的三角纹、联珠纹等几何纹饰。铜器更多地用于人身装饰，而不是生产活动，体现了以铜饰身的发展特点，对后来的卡约文化、辛店文化及诺木洪文化产生了深远的影响。

齐家文化的精神状况

"黄河磬王"

大地湾时期，远古居民就已经对音乐有了一定的认识，但那时的乐器单一。到了马家窑时期，出现了新的器乐，就是陶埙。而齐家文化除了以上乐器以外，还发明了陶响器。目前发掘出来的一个陶响器，体似覆豆，侈口、束腰、覆钵形高圈足。口内向下 1.5 厘米处有一隔断壁面，厚约 0.5 厘米，壁面中央有一个直径 0.3 厘米的散音孔。腰上部有一周凸出的宽带，腰下部有一个直径为 0.5 厘米的散音孔。腰部中空，内置直径约 1 厘米的弹丸 3 枚。高 12.5 厘米、口径 10.2 厘米、底径 13 厘米。此豆形陶响器做工精致，可击节演奏，亦可悬挂于人之腰际，伴随舞蹈动作而击撞、发声。

除了这个豆形陶响器以外，还有鼓形陶响器。细泥红陶，橙红色、圆柱形、直腹，有上、下底，体空，内置弹丸。腹壁中部有对称的 2 个穿孔，直径 0.3 厘米，作散音之用。外壁略束腰，饰以用戳刺的圆圈连成的折线三角纹图案，器底、器面均饰戳刺的联珠式圆圈图案。高 5.2 厘米、直径 6 厘米、壁厚 0.4~0.5 厘米。球形陶响器。一件为细泥红陶、圆球形、厚壁空心、内装砂粒、壁面上有几个小孔。直径 7.4 厘米、孔径 0.6 厘米。另一件也是细泥红陶。圆球形、厚壁空心、直径 5.4 厘米。壁上有大约 30 个小孔，孔径 0.2 厘米。球的一端有直径 1.6 厘米的开口。陶球内原来应该装有砂粒，陶球与空心柄连为一体，若手持陶柄摇动，则球内沙沙作响，颇似现代伴奏乐器沙锤。

除了陶响器以外，还发现了齐家时期的吹奏乐器。主要有陶埙、笛、哨等。化隆县卡约文化墓葬中曾出土一件陶埙，整个器形呈扁圆状，上端有一穿孔，系绳之用。器表经过磨光，制作精细，有四个音孔。同德县宗日文化遗址也发掘出了陶埙，器形规整，细泥红陶，顶端有一个直径为1厘米的圆孔，腹部有两个对称的小孔，平底。腹径4.9厘米，底径1.9厘米，壁厚0.25厘米，高约6.6厘米左右。① 两件陶埙均有吹孔，虽然未作测音实验，估计也应该吹出具有不同频率的乐音。

骨笛，青海地区先后发现有两件。一件出土于柴达木盆地的诺木洪文化，系用兽骨加工而成，横剖面略呈马蹄形，残长8厘米，并凿有直径约0.4厘米的四个小孔，孔距大小不等，分别为1.3厘米、1.3厘米和2.7厘米；另一件是瑞典学者安特生在西宁市朱家寨卡约文化遗址中发现的，残长15.4厘米，有8个圆形穿孔，孔径也是0.4厘米，孔距分两组，第1至5孔（自左而右）为一组孔距为1.1~1.3厘米，第6~8孔为另一组，孔距为0.8~0.9厘米，第5、6两孔的间距为1.9厘米。

由于古代羌人很早就活动于青海地区，羌笛又是羌人最富有特色的乐器。分析认为这两件骨笛应该是古羌人文化的遗物，应该属于羌笛。

另外，河南舞阳贾湖的七音孔骨笛，形制与青海地区发现的两件骨笛基本相同，经专家测音认为已具备四声、五声、六声音阶，也可能是七声齐备，把中国七声音阶的历史提前到8千年前。②

乐都柳湾齐家文化墓地出土了石磬，这件古乐器用黑色粉砂岩加工，制作不甚精细。器形较大，略呈三角形，属犁式磬。2000年，民和县中川曾采集到一件属齐家文化的大石磬，发现者称之为"黄河磬王"。③ 该磬与传统的弓背的犁式磬不同，而与齐家文化的长方形石刀颇为相似。器形呈长方形，长96厘米、宽61厘米、厚4厘米左右，在长边的一侧凿有一孔，系悬挂之用。整件器物制作精美。在齐家文化时期发现如此巨大的石磬实属罕见。

齐家文化青海省内遗址发掘的铜铃属比较特殊的一种。大多数铜铃剖面多呈三角形或梯形，器型较小，其中的鸟形铜铃很特别。湟源县大华中庄征集到一件鸟形铜铃，铃身呈站立状鸟形，鸟喙部较尖，圆眼，颈部直且稍长，

---

① 何钰：《定西地区出土的陶质乐器》，《文物》，2001年第5期。
② 乔虹：《青海地区史前古乐器综述》，《青海社会科学》，2005年第3期。
③ 王仁湘：《宝器重光——黄河磬王发现记》，《文物天地》，2001年第1期。

鸟身浑圆，鸟背上用弧线表示羽毛，铃身有八个橄榄形镂孔，内装一卵石。铃下端圆筒状銎部，剖面呈梯形，安装柄后再进行使用。① 大通县黄家寨齐家文化时期的卡约文化墓地出土过一件鸟形铜铃。② 圆眼、长喙、长颈、有冠，椭圆形圆腹，每侧有三条镂孔，空腹内有一橄榄状铜丸，宽扁尾，长管状足，并有一长方形镂孔。除上述鸟形铜铃外，大通上孙家寨齐家文化遗址还发现两件小铜铃，铃面上均绘有变形蛇纹，其中一条蛇纹，三角形蛇头、圆眼，并绘出脊椎骨，写实性较强。③

青海地区齐家文化时期的古乐器质地和种类多样。新石器时代有陶、石、骨，进入青铜时代出现了青铜乐器。乐器的种类有埙、笛、哨等吹奏乐器以及鼓、磬等打击乐器。功能多样化，史前社会的古乐器往往具有一物多用的特点。例如铜铃，从出土位置看，具有一定的装饰作用，人体装饰铜铃，在跳舞时随着铃声的节奏翩翩起舞，具有实用和装饰的双重功效。而鸟形铜铃和饰蛇纹的铜铃，可能蕴含着更深刻的寓意，包含有原始的宗教思想，表达了古人内心强烈的愿望和情感。这两种动物，都具有非凡的能力，如鸟的飞翔能力很强，蛇则是古代萨满去阴间的另一双眼睛，可以帮助人们完成某种特殊的使命。此外，除少数几件乐器为采集品外，大多出自墓葬中，说明这些乐器可能是墓主人生前曾经使用或掌管过，同时也体现了他们的社会地位。阳山墓地所发现的几件陶鼓，通身不见使用的痕迹，且器壁较薄，所以很有可能是仿制实用器的冥器。

这些出自墓葬的乐器，也很可能表明墓主人的身份绝非一般，因为这些乐器使用的同时，很多时候可能需要配合舞蹈、巫师的仪式、部落首领的祈祷来共同完成。乐器的演奏技术不是人人都可以掌握的；有时你即使能够掌握，但也可能不给你这种权力。阶级出现以后，能够使用乐器的人，都应该是地位较高的部落成员。

原始音乐比较简单，其基本因素是节奏，所以初期的古乐器以打击乐器石磬、陶鼓、铜铃为主，还有一些吹奏乐器如笛、埙、哨等。无论马家窑文

---

① 青海省湟源博物馆等：《青海湟源县大华中庄卡约文化墓地发掘简报》，《考古与文物》，1985 年第 5 期。

② 青海省文物考古研究所等：《青海省大通县黄家寨墓地发掘报告》，《考古》，1994 年第 3 期。

③ 马兰：《青海文物精品图集》，中国文联出版社 1999 年版，P62，P66。

化还是齐家文化，他们的陶鼓、石謦之类，都只能拍击出简单的节奏。到青铜文化的卡约文化和诺木洪文化阶段，才出现了有一定高低关系的多音节。古乐器的种类也向多样化发展，这种趋势正符合音乐由简单到复杂、由低级向高级的发展规律。[1]

玉礼器与石圆圈

齐家文化玉器与红山文化玉器、良渚文化玉器、龙山文化玉器齐名，以器型繁多、挺拔大气、朴素精致、玉色丰富而著称于世。有透闪石、蛇纹石、大理石等各种材质。其中有甘肃马衔山玉、武山鸳鸯玉、祁连岫玉，还有青海玉以及石质较重的大理石、天河石、绿松石、石英、玛瑙石，也有一些新疆和田玉，但数量较少。玉的颜色主要有青色、豆青、黄绿、墨绿、浅绿、豆绿、深绿、灰色、淡黄、黑色和白色等，其中黑色、白色玉最为稀少。出土了一块玉石板，玉板来是用制作玉器的工具，在它的一侧有一道清晰的割痕，说明这批玉石器的产地就在当地，玉器也在此制作生产。

这些玉器按功能可分为礼器类、工具类、装饰类、玩器类几大类型。

礼器类有：琮、璧、璋、圭、璜等。用料考究，多选用玉质温润、玉色纯净单一的透闪石类玉制作而成。来源主要是齐家文化核心范围的甘肃和青海的本地玉石，也有少量来自新疆的和田玉。本地玉大概占七成，和田玉占三成。颜色为墨绿色、青色和豆绿色的玉材，还有陇西出土的鸳鸯玉。

工具类有：铲、刀、镑、斧、凿等，用料较差，多选用本地玉料或石性较重的玉料。兵器类有：斧、刀、矛等，往往选择质性较硬的玉石（如石英）做成。装饰类有：管饰、臂饰、牌饰、坠饰、配饰等，玉料通常较好。玩器类有人、鱼、羊、狗、龟和蚕蛹等动物雕件，还有玉勒子，其中玉勒子可能是齐家先民的独创，[2] 它是可以拿在手里把玩的条形玉器。从形制上看齐家玉器有明显的早中晚期之分。早期玉器器型单一，不甚规整，往往素面无纹，薄厚不均，外缘有明显的突凹、变形。中晚期制作较精细，器型多样，部分玉璋或玉刀等有阴线雕、浅浮雕、圆雕等花纹，有的嵌有绿松石作为装饰，质朴、古拙。

齐家玉器从选材、切割、钻孔、琢磨、抛光已经形成了一套完整成熟的

---

① 乔虹：《青海地区史前古乐器综述》，《青海社会科学》，2005 年第 3 期。

② 叶舒宪：《齐家文化玉器与西部三矿资源区》，《百色学院学报》，2015 年第 5 期。

工艺。当时已经有了很卓越的切割技术。从目前发掘的玉器玉料上观察，当时的切割工具只有二三毫米厚，中晚期玉器的切割线更是深竣、笔直，显示了高超的切割工艺。新疆和田玉硬度为摩氏 6~6.5 度，现代钢锯的硬度为 6 度，现代钢锯尚不能刻划新疆和田玉，但齐家文化时期是使用什么工具来制作玉器的呢？这还是一个待解之谜。[①]

在中国乃至世界史前文化中，齐家文化是最大批量地生产和使用玉礼器的一个文化类型。从距今 4200 年到 3600 年有上下 600 年的历史，在这 600 年的过程中形成了自己的玉礼器体系。在《周礼》"六器"中除了"琥"以外，其他五种璧、琮、璜、圭、璋都已经具备，这也是齐家文化玉器的主要特征。与同期东部史前玉礼器种类相比，目前尚未发现有玉柄形器、玉玦、玉戈和玉璇玑等。[②]

齐家时期的玉礼器，以玉璧数量最多，总数超过 450 件，它是齐家文化玉礼器中的一种重要器物，也是齐家文化的代表。玉璧多素面，有玉质也有石质的，器形都较为庄重典雅。形制上，圆形、椭圆形、方形、圆角方形、圆角三角形、环形、多璜联璧、不规则型等均有。

玉琮也是齐家文化的一种重要礼器。也以素面为主，较少纹饰，有长方体形及矮体形两种，造型大气凝重。

玉器手工业是从石器手工业中分离出来的一个手工业门类。在石器手工业中，所生产出的石器主要是用作生产生活。而玉器手工业形成之后，则着重于提高或改善人们的精神生活，各种精心制作的华美玉礼器已成了人们精神生活的载体，承载着时人笃诚的精神信仰。甚至可以认为，也正是在人们这种笃诚的精神信仰的推动下，才使玉器手工业与石器手工业最终彻底分离。

正因为玉器深入到了人们的精神生活领域，所以齐家玉器在玉器手工业完全形成之后，玉器类别便分化出"礼器"这个特殊的类别。齐家文化玉礼器逐渐在整个社会观念中占据重要地位，成为后世中国文化的一个重要特征。礼器类玉器在用材上与其他类别玉器的明显分化，表明宗教信仰等观念在当时人们心目中的地位很高，这也表明了当时人们的精神文化生活在提高。从已发掘出土的齐家文化玉器来看，其基本特征通常光素无纹，以素为美，其

---

① 李发军、李发勇：《黄河流域的灿烂文化—齐家玉器》，《收藏家》，2018 年第 12 期。

② 叶舒宪：《齐家文化玉器与西部玉矿资源区》，《百色学院学报》，2015 年第 5 期。

造型简单朴拙、粗犷、豪放，做工精琢细磨，方圆中矩，线条流畅。

前面谈到，齐家文化出土了我国迄今为止已知最早的铜镜，距今约4000年，出土时置于墓主人胸前。另有一件铜镜出土于青海省贵南尕马台，出土时位于墓主人胸下。两面铜镜都是锡青铜，第二面镜子使用的是合范铸造技术。还有一件铜镜现藏于国家博物馆。早期的铜镜主要作用可能是用来宗教祭祀。首先，从纹饰来看，临夏铜镜和尕马台铜镜纹饰都是一圈圈纹居中，圆圈外有光芒状的纹饰向外呈放射状。这与马家窑时期陶器上的太阳纹相似，铜镜的纹饰应当就是从马家窑文化的太阳纹饰发展而来，这样的纹饰都是对太阳的崇拜。其次，铜镜的形状都是圆形，如同太阳的形状，并且，出土的时候都位于墓主人的身前，这是一种保佑庇护的作用，这样铜镜成为了太阳神的化身，用避祸避邪。

在齐家文化的遗址中，还发现了多处祭祀后留下的遗迹。永靖大何庄有五处"石圆圈"遗迹，"石圆圈"内未经人工处理的天然扁平砾石整齐排列，没有土路的痕迹。另外，许多墓葬都分布在"石圆圈"的周围，墓葬附近，往往会发现牛、羊等牲畜的骨架和一些卜骨。大何庄遗址的石圆圈内还有4个用砾石摆成的图形。这种格式的墓葬群，与前面铜镜中所表现的一样，他们的主人都是太阳神崇拜部落。永靖秦魏家遗址还有一处祭祀留下的"石圆圈"遗址，由天然的砾石在上面排列而成，一些褚石的粉末在其中几块砾石上留下了痕迹。石圆圈的范围直径达四米。石圆圈南部区域，有99座墓葬，分为6排整齐排列，显然这是一处表现原始宗教信仰的建筑遗址。一处墓葬中还发掘出高领双耳罐，罐内仔细的放置着一件羊卜骨，可以推断墓葬主人生前应该是一名巫师。

大何庄遗址、师赵村齐家文化时期遗存也发现了"石圆圈"遗迹。同时，兽骨仍然是宗教活动中最常见的祭祀用品。皇娘娘台遗址发现了数量极多的牛、猪、羊卜骨，墓葬、窖穴、灰坑中均有，且羊骨最多。大何庄遗址发现卜骨9块，均为羊肩胛骨。大何庄遗址的"石圆圈"遗迹附近也埋有无首的牛、羊骨架，师赵村遗址埋有无首牛骨架一具，西山坪遗址的一处窖穴更是埋有5具较完整的猪骨架。这种以兽骨埋祭的祭祀活动明显是与当时盛行的宗教崇拜有关。

其他遗址中也有不同的宗教表现。喇家遗址中则是发现了一座特殊房址，房址居室面积较大，考究规整，有一个形制规整的灶，室内物品集中放在东壁，东壁涂有均匀的黑色颜料，旁边放有玉璧、玉料和石矛，室内的人骨多达 14 具，种种迹象看来房子应是一处宗教活动场所。

可见，齐家文化时期，宗教活动不但有相当的规模，而且十分严格。齐家文化的各遗址均出土了玉琮、玉璧等玉器，这些作为祭祀品、礼器的出现，标志着氏族制趋于瓦解，文明时代即将到来。沈那遗址中发现的 21 具无葬具墓被认为是建筑祭祀的产物，皇娘娘台遗址出现的用灰坑埋人，灰坑中的死者也是用于祭祀的"人牲"。这些发现是文明起源过程中逐渐形成的阶级对立的反映，此时的原始宗教已经作为一种权力的象征，服务于最高的阶层，并在此后的发展中始终遵循着这一原则。

齐家文化的社会实景

一夫一妻制

武威皇娘娘台，有一处古墓，葬了三人，中间一位是成年男性，仰身直肢，左右两则是成年女性，侧身屈肢，面向男性。随葬品有玉石璧 83 件，小石子 304 颗，其他物件 11 件，其中玉璧全都铺在男性身体的下面和上面。临潭磨沟的一处墓葬，有一女性俯身屈肢葬在墓道上，而墓室内则是成年男女的合葬墓，或者表示墓道内的女性，地位低于墓室内的女性、墓道内的女性可能为妾，墓室内则为妻。可以看出齐家文化时期，已经明显形成了男尊女卑的父系社会，专偶制婚姻、一夫一妻制已经成为婚姻的基本制度。这些墓葬显示，当时已经存在一夫多妻制，并且妻子的地位低于丈夫，妻妾的地位也是不平等的。

在家庭出现以前，远古的人们经历了几种不同的婚姻和家庭形态，对偶家庭是母系社会的家庭形态之一。一个母系氏族的大家庭通常是由许多个对偶制家庭组成的，一个对偶的家庭是由一对关系并不稳定的男女组成。所谓对偶婚家庭是指男女性爱的对象比较固定，当然通常这些固定的性爱对象并不止一个。在母系社会后期，群婚逐渐减少，对偶制的婚姻形式出现，并渐渐向专偶婚姻过渡。专偶制家庭是指女性或男性为某男性或女性所专有的婚姻形式。专偶制最初出现的时候，只有男性才能拥有专偶，一个男子甚至可以同时拥有多个配偶，而女性只能跟随一个丈夫，即专偶仅对女性而言。专偶制家庭是建立在私有制基础上的，男性在家庭中占有统治地位。齐家文化时期成年男女合葬墓的出现，正是当时社会的婚姻形态由对偶制向专偶制转变的表现，说明专偶制是齐家文化先民的主要婚姻形态。

婚姻形态的变化，推动母系氏族发展为父系氏族，由过去男性到女性家，逐渐变为女性到男性家，男性社会地位开始高于女性。为了证明自己的社会地位，男性会尽可能多地占有女性和剩余产品。迁徙合葬墓和青壮年男女分区合葬的现象是母系社会的体现。但在齐家文化时期，已经见不到这样的墓葬了，而是出现了一批成年男女合葬的新型墓葬。这些墓葬中的男性和女性不一定是同时死去的，或者是"杀妻殉葬"，或者是"杀奴殉葬""杀俘殉葬"。这表明妻子或者说女性已经物化，他们成为了男人的私有财产，男人死了以后还要把包括妻妾在内的私有财产带到阴间去继续享用。在齐家文化时期的男女合葬墓中，有二人合葬和三人合葬，埋葬的方式有仰身直肢与侧身屈肢合葬两种形式。仰身直肢者均为男性，侧身屈肢者则为女性。有的还把女性的腿搭在男性的腿部之上，或者把女性的手放置于男性肩膀之上。男性仰面直肢葬，女性侧身屈肢葬，表现了这一时期男性在社会中的主要统治地位，而女性则从属于男性，接受男性的统治，地位低于男性。从墓葬中的随葬品看，女性墓的随葬品往往是石纺轮、串珠，没有石斧、石锛等生产工具；而男性墓中，随葬品则是石斧、石锛、石刀等生产工具。在男女合葬墓中，放在男性胸部的是石锛，而放在女性一边的则是陶纺轮。

金属工具的出现、生产力的提高、畜牧业的发展、社会的大分工以及生产劳动技术的复杂化等，为个体家庭的出现创造了条件。金属工具出现后，过去要十几个人才能完成的劳动，现在只需要几个人就可以完成了，生产就逐渐个体化。锄耕农业和畜牧业开始成为主要生产部门后，男性的劳动就变得举足轻重了，而女性的劳动与男性劳动比较起来则成为了附属品，男性因此逐渐占据了主导地位，父权社会逐步确立起来。

600 件串珠和人殉

我国史前经历了原始人群、母系氏族社会、父系氏族社会三个阶段。在原始社会的晚期，父系社会趋于瓦解，社会发展开始向阶级社会过渡，期间既存在着原始社会的特征，也出现了阶级社会的因素。齐家文化就处在这个时期。当时，父系社会确立，又慢慢消亡，私有制悄悄登场，贫富暗中分化，社会阶层化现象潜滋暗长。父系社会晚期，产品开始有了剩余。剩余产品归谁管理或者占有等问题开始出现，于是私有制开始萌发。

在马家窑文化石岭下类型时期及半山类型早期，社会比较平等，墓地的随葬品较少或者一件随葬品都没有的情况较多。说明当时社会成员间相对比较平等，财富也很平均。到了半山类型晚期至马厂类型，贫富分化开始显现，出现了随葬品十分丰富的大墓，比如柳湾的一座男性二次葬墓，随葬品有彩陶壶等陶器，还有石璧、骨镞和绿松石饰品等，更有数量近600件的串珠。这说明社会成员间的贫富差距已十分明显。齐家文化时期，这种贫富分化就更明显了。齐家时期大墓中的随葬品不仅种类多样，数量也很庞大。墓葬规模和随葬品的质量，已经表现出很大的不同。以代表贫富的猪骨为例，齐家文化时期的墓葬中，出现了大量猪下颌骨随葬现象，多者可达六十余件，而少的则仅有一件。这说明其时贫富分化已十分显著，私有制已经确立。

丧葬活动是社会意识的一种表现方式，是现实社会的一种折射，也是对当时社会生活习惯和社会面貌的反映，体现出古人对待死亡的态度。随葬品能体现当时的社会状况和生产力发展水平，也能体现墓主人的社会身份地位，器物上的生产力附加值越多则越能体现社会成员间的级别差异。生产力附加值多的器物如骨器、玉器、青铜器等，这种随葬品无疑是财富和地位的象征。

齐家文化时期墓葬中出现了人殉现象。齐家坪、皇娘娘台、秦魏家与柳湾等墓地都发现有人殉。人殉者主要有两种：一种是墓主人的亲属，如妻妾等，近亲相殉是人殉制的共同准则；另一种则是战俘。齐家坪发现有13人的合葬墓，居中者为仰身直肢葬，其余的人骨皆围绕居中者的四周而葬，有的侧身葬，有的屈肢葬。居中位置的显然应当是墓主，其余的可能就是殉葬者。青海柳湾的一处墓地，墓主人是一位成年男性，有较好的木棺葬具，仰身直肢葬于木棺内。木棺外葬一成年女性，面向木棺内的主人，一条腿被压在棺下。另一处墓的正中有一独木棺，棺中葬有一中年男性，他的两侧葬有三个仅仅只有头颅骨的男性，一人为青年，另外两人都是儿童，可能是战俘和自己的孩子。还有一座5人合葬墓，墓主人为男性，仰身葬于独木棺内，棺外殉葬者有四人，仅存头颅骨。这些人殉墓葬反映了当时存在阶级压迫、阶级对立，奴隶制社会已经出现了。

早期国家的雏形

早期的国家雏形是在部落间的战争中形成的。随着聚落群中的中心聚落功能强化，以及掌握公共权力的部落首领地位的日益突出，由部落和部落联盟向早期国家的形成进程也已经开始。这一进程中的中心聚落就是原始都邑，部落和部落联盟的首领就是最早的帝王。齐家文化时期的喇家遗址位于青海省民和县官亭镇喇家村，是一处新石器时代的大型聚落遗址。遗址内中心区外围有一条壕沟，沟宽 10 米、深 3 至 4 米。沟环绕成长方形，长 600 米、宽 200 米，其内有成排的半地穴房址，地面、四壁用白灰抹平，圆形灶坑，还出土了陶、石玉料、玉器成品及半成品等。喇家遗址与当时一场突发性自然灾难有关，大量的史前先民在这场灾难中死去，因此保有当时最真实的生活场景。遗址中间有一个广场，面积 20 余平方米，由人工踏踩的硬土面构成。下面有一个埋葬坑，埋葬坑内有陶器、骨器和玉石器等丰富的遗物。此外，还有杀祭坑，内有人骨遗骸，呈俯身放置。硬土面范围内还有了露天灶址，下面也埋葬了奠基的人骨架。可以推测广场曾经是当时进行祭祀活动的场所。而以这个广场为中心的台地，向北的边缘是一排房址，朝西的门道有规律地呈一字型分布。

沈那遗址位于湟水与北川河交汇的第二台地上，具体位置在青海省西宁市城北区小桥大街毛胜寺西。遗址的自然环境很好，生态环境十分优良，四周的山坡上长满了灌木林，以沙棘为主要植物，有靠山形成的天然的屏障，十分符合人类生存居住的标准。它建立在湟水和北川河之间，能提供人们生存所需的水源；大山和长满灌木丛的山地即是一道天然的防御屏障，能够抵挡外敌的进攻。这说明当时的先民已经利用自然环境，并顾及到生活环境的安全和便利。沈那遗址的面积达十多万平方米，其中有大量的齐家文化房屋建筑遗址。仅在沈那遗址的西端就出土半地穴式房址 17 座，有圆形和方形两种，每座房地面积 10 平方米左右。窖穴遍布房址周围，有长方形、圆形、椭圆形和不规则形房址分布在台地四周，中心台地可能是公共祭祀等活动区域，没有房址。

喇家遗址聚落、沈那遗址聚落都可视为早期国家的雏形。它们的出现与铜器关系极大。史前时期，社会上层远距离获得稀缺资源，是其获得和维持特权的方式之一。[①] 稀缺资源不仅包括高级物品的制作，还包括权力表达方式、原始宇宙观、天文历法、丧葬和祭祀礼仪等只有上层社会才能掌握的知识。铜器作为当时非常珍贵的资源，为极少数人所控制，成为权力、财富及地位的象征。贵族通过占用铜器的方式来提高和彰显自己的社会地位，尤其

---

① 李新伟：《中国史前社会上层远距离交流网的形成》，《文物》，2015 年第 4 期。

是那些垄断铜器冶炼技术的贵族，让铜器成为了一种证明权力的工具。他们不仅生前拥有铜器，而且死后还把铜器作为随葬品。① 青海齐家文化铜器大多数出自墓葬，且集中于少数墓葬。随葬铜器墓葬的数量、规模、葬式均不同于普通墓葬，随葬品数量相差悬殊。

而随着铜制礼器的出现，铜具备了宗教祭祀的功能，这就进一步通过意识形态从精神上来控制氏族成员。于是，铜器成为早期国家的推动性力量。

---

① 乔虹：《青海境内齐家文化铜器初探》，《青海师范大学学报》（哲学社会科学版），2018 年第 9 期。

第三章
嘉陵江东源文化

第一节　老官台文化

老官台文化发现与命名

老官台遗址位于今天的陕西省华县县城西南方一个台地上，距今8000～7000年。老官台文化分布在渭水流域和汉水上游地区，早于仰韶文化半坡类型，以三足器和圜底陶器为基本特征。[①]

20世纪50年代，考古人员在发掘半坡遗址时出土了一些零星的前仰韶时期的陶片，出于种种原因，并没有引起足够的重视。1958年，北京大学考古学专业师生在陕西省调查，在华县老官台发现了少许不同于已知文化的陶片。为进一步搞清楚这些陶片的性质，考古队于1959年进行了试掘，出土了编号为H1、H2的两个灰坑，发现了一些特征更明显的陶片。此外，在华县元君庙遗址，考古队又发现了和老官台陶片相同又异于仰韶文化时期的陶器。1960—1961年，陕西省考古研究所在秦岭之南汉水上游的西乡县李家村遗址

---

① 赵宾福：《老官台文化再研究》，《江汉考古》，1992年第2期。

的下层，也发现了圈足钵、三足罐等类似于老官台的遗物。① 考古界专家经过仔细研究一致认为这些文化遗存同仰韶时期文化面貌相异，可能更早，应该是探索仰韶文化前身的新线索。

1970 年以后，早于仰韶文化时期的遗存有了更多的发现。1979～1980年，西安半坡博物馆等试掘了渭南北刘遗址，发现了仰韶文化庙底沟类型叠压在白家村类型遗存之上的地层关系；② 1978—1980 年，甘肃省博物馆对秦安大地湾遗址进行了三次发掘，发现了早于半坡类型的"大地湾遗址一期"；1977—1982 年期间，西安半坡博物馆等对商县紫荆遗址进行发掘，发现了早于仰韶文化的地层叠压关系。

1980 年后，老官台文化相关遗址又有了重大发现。中国社科院考古研究所陆续发掘了临潼白家村遗址、天水师赵村遗址。1987 年，陕西省在第三次文物普查中发现了一些老官台文化遗址。

研究资料显示，老官台文化主要分布在渭水和汉水流域，一共发现 40 多处遗址，一般位于两河交汇的高地或山水相依的台地上，其面积多在 1～2 万平方米内，文化堆积较薄，遗迹零散稀疏，不易被发现，遗物贫乏，在多种文化共存的遗址中居于最下层。

随着老官台遗址、遗物和遗迹的不断发掘，老官台文化引起了学术界的高度重视。张忠培先生在编写《元君庙仰韶墓地》和《华县渭南古代遗址调查与试掘》时正式提出了"老官台文化"的命名，③ 学术界就其命名问题展开了激烈的讨论，并与冀南、豫中发现的磁山、裴李岗文化进行了比较和区别，发现他们各有分布区域，以及不同的标志性器物群。宝鸡北首岭下层遗存作为老官台文化不可缺少的一部分，虽然与仰韶文化有着大致相同的分布区域，但与仰韶文化的面貌却迥然不同，即北首岭以三足器为代表，仰韶文化以平底、尖底器为代表，纹饰与彩陶方面也大相径庭。最后人们认为，把老官台作为一种独立的考古学文化是正确的。

---

① 陕西分院考古研究所：《陕西西乡李家村新石器时代遗址》，《考古》，1961 年第 7期。

② 西安半坡博物馆等：《渭南北刘新石器时代早期遗址调查与试掘报告》，《考古与文物》，1982 年 4 期。

③ 北京大学历史系考古调研室：《元君庙仰韶墓地》，文物出版社 1983 年版。

石矛、骨鱼叉和陶锉

老官台文化与大地湾一期大部分重合，二者的生业方式基本相似。老官台遗址也出土了大量的农业工具，如开荒除草的石铲、石斧，收割作物的石刀、蚌刀，粮食加工使用的石磨盘，砍树的石锛等。对老官台三个不同时期的农具进行统计分析可以发现，种类上基本保持一致，在数量上呈递增状态，这表明农业生产总体处于快速发展态势，且在经济生活中逐渐占据主导地位。

农业生产力强，农副产品自然丰富，这就为畜牧业提供了强有力的物质基础。同属于老官台文化的关桃园遗址也出土的大量的鹿、牛骨骨器等，显示老官台时期的先民们在畜养动物方面已经拥有了丰富的经验。

除农作物种植外，渔猎仍然是老官台时期的先民们获取食物的方式之一。渔猎工具主要有陶网坠、骨鱼叉、骨鱼钩。为了更好地捕鱼，他们独创了一种带双倒刺的骨鱼叉，投掷时具有很强的杀伤力。这说明老官台时期的人们具有一定的渔猎经验，能根据实际需要灵活创造劳动工具。遗址还发掘出了用于狩猎的石矛，石矛是早期智人最主要的狩猎工具，用燧石制作。到了旧石器晚期智人发明了投矛器，最后演变成了弓箭。渭河下游距今大约1万年的沙苑遗址、东北扎赉诺尔遗址、山西峙峪遗址都出土了石箭头，峙峪的箭镞距今28000年左右。可见，老官台的石矛狩猎器可能有着源远流长的历史。

此外，该时期出土的骨针、骨锉等手工业工具比农具数量更多，这反映出老官台时期可能已经有人从农业生产中脱离出来，开始专门从事手工业。比如陶锉这种刮治皮革制作衣物的陶具，起先数量剧增，到后来锐减，最后彻底消失，一方面说明人们生产衣物的原料从动物皮毛过渡到了陶纺，另一方面也说明人们生产衣物的手工业是较为发达的。仅老官台文化零口村遗址出土的陶锉就达到88件，还有69件石锉，形态十分完整，数量上远远超过其他遗址的同类工具，看起来很类似批量生产。这显示出老官台先民在农业生产、采集渔猎之外还有较多的闲余，从事手工业创造的时间也比较多，生活条件已经得到了较大的改善。

陶器和三足器

老官台时期的陶器主要为细砂陶和细泥陶，前者主要用于制作平底罐，后者的陶土比较细腻，被用来制作盆、碗和杯子等。从颜色上看，夹细砂陶只有红色一种，细泥陶有红、黑、白三种颜色，其中红陶最多，黑陶次之，白陶较罕见。陶器的纹饰主要有五类，磨光和刮划纹占多数，还有斜绳纹、刻齿纹、附加堆纹、锥刺纹等。老官台时期的陶器制法全为手制，制坯压力小，烧制火候不高。器型主要有六类：平底罐、敛口盆、假圈足、平底碗、平底瓶和三足器。其造型十分单调，多数形状偏小、器壁较薄。

三足器是新石器时代文化遗存中富有特色的陶器，最早发现于老官台文化前仰韶时期的遗存之中，到新石器晚期流行起来。北到太行山东麓的华北平原南部、南抵长江南岸洞庭湖、西抵陇东高原、东至于海，黄河和长江中下游地区都有这种三足器。这一地区之外目前尚未发现新石器时代早期的三足器。而且基本可以确定老官台乃至整个关中地区是三足器的起源地，其他地区的三足器都应该是从关中地区传播过去的。

三足器有三足罐、三足钵、三足盆等类型，三足罐的分布范围较广、延续时间长，三足钵的数量最多。早期三足器的器足逐渐加高，进入晚期三足钵的器足却突然消失，汉水流域的三足钵演变为扁锥短足。总的来说，从早期到晚期，三足器的三足都在不断减小。

老官台文化的三足器是为解决早期陶窑窑室内温度不均的问题，三足器能在陶器的烧制过程中起支垫作用，改善陶坯受热不均的现象，直接影响到陶器烧制质量的整体提升。随着烧制技术的不断改进，三足器的功能逐渐减弱，到了仰韶时期半坡类型被三足钵、三足罐等代替。在老官台文化中始终不见周边文化常用的陶鼎和支脚，这一独特的炊事习惯客观上导致三足器无法与炊事活动相结合，因此老官台文化所在的地域，在进入仰韶文化早期时就废弃了三足器，凸显出在陶窑结构和烧制技术上不同于其他地区的发展轨迹。

18 件射进少女身体的骨器

墓葬是反映社会发展进程的重要遗迹。老官台文化跟大地湾前仰韶文化和仰韶文化早期处于同一个时期，墓葬数量较少，分布密度不大，公共墓地居多，多为同性合葬或男女老少多人合葬，没有发现夫妻合葬的情况，说明老官台时期人们过着以血缘关系为基础的氏族生活。未发现有可供从事氏族会议、祭祀使用的大房子，也没有发现随葬品等级规模高、数量大或形制较特殊的大墓。各个墓地大致相同，大长方形竖穴土坑墓，四壁规整，随葬品以生活用具为主，多放置于腿部及胸部或身侧。这显示出老官台时期尚未出现阶级分化，部落的政治组织是松散的、临时的，内部成员处于一种平等的状态。

老官台时期可能出现了人祭现象。同属于老官台文化的零口村遗址，距今约7300年的墓葬（考古编号为M21）中，发现一名16岁左右的女性，头骨到盆骨共插入18件骨器，全身超35处严重骨骼损伤，致伤骨叉8件、骨笄8件、骨镞2件。这些骨器多由密质骨头制成，硬度、强度、开裂度等都远大于受伤者的骨骼；这些骨器都小巧精致、刃部多尖锐，与受损骨骼接触面很小，单位面积受力大；这些骨器大多是用弓箭射出来的，具有较大的速度和能量，容易对后者瞬间造成深度损伤。骨骼的损伤没有看见愈合迹象，说明受伤的人很快就要死了。这很可能是某种宗教祭祀活动，采用乱箭射杀活人作为祭祀品。也可能是战争中的牺牲者或俘虏、或者违犯氏族禁忌而被惩罚、或与割体葬仪有关。①

第二节　北首岭文化

北首岭遗址位于宝鸡市金台区渭河北岸支流金陵河西岸。通过与渭河南岸的支流清姜河与嘉陵江上游支流东峪河等相连。北首岭遗址是陕西继西安半坡遗址后，发现的又一处重要的仰韶文化聚落遗址，也是关中平原西部一处重要的新石器时代文化遗址。

北首岭遗址1953年被发现，经中国科学院考古研究所先后7次发掘，发现房屋遗址50座、灰坑75个、陶窑4座、墓葬451座，出土生活用具、生产工具及装饰品等各类文物6000余件。根据考古勘测，遗址中心面积6万平方米，文化层堆积厚达4米以上，分为上、中、下三层。遗址距今为7100～5600年，比半坡遗址早400年。

---

① 陕西省考古研究所：《陕西临潼零口遗址M发掘简报》，《考古与文物》，2005年第3期。

北首岭仰韶文化遗存与关中地区其他仰韶文化遗址有密切的联系，和关中以外的某些仰韶文化遗址也有一定的联系，发掘者把北首岭遗存分为早、中、晚三期。① 关于其晚期的性质，学术界的看法较为一致，属仰韶文化庙底沟类型。对早期遗存也基本形成共识，即它不仅包含老官台文化遗存，还包含了与仰韶文化较为接近的遗存。至于中期，发掘者和部分学者曾不加分别地把它全部归入半坡类型仰韶文化或半坡文化之中；② 而又有学者把其中较早的部分遗存区别出来，称为"北首岭文化"。③

北首岭遗址发掘出的遗物和遗迹，种类多样、内涵丰富，是人们观察和认识原始社会先民劳动、生活和习俗的第一手材料。下面我们就研究成果进行介绍。

北首岭遗址的文化面貌

竹鼠和猕猴

北首岭遗址坐落在渭河北岸的二级台地上，它的西面、北面是地势平坦、层次分明的黄土台塬，南面俯视着由渭河及其支流冲积形成的广阔平原，东面紧邻向南流入渭河的金陵河，遗址高出河床约 30 米。数千年前，在此依山傍水而居的北首岭先民们，大概就是看中了这里是一片理想的农业和渔猎场所。在北首岭遗址中发现了大量野生动物骨骼，经鉴定有马鹿、狗獾、狐、棕熊、野猪、中华竹鼠、猕猴、獐和鱼、鳖等至少 21 个种属的动物。獐今天主要分布在长江中下游地区，栖息在河岸芦苇中。中华竹鼠与竹林伴生，今天也主要生活在南方各省。猕猴是活跃在茂密森林中的动物。他们的出现从侧面反映了当时气候情况。根据科学家对气候变迁的研究，在六七千年以前，现在属于北温带季风性气候范围的渭河流域，气温较现在平均约高 4℃，降水量也比现在充沛，温暖湿润，具有相当于亚热带气候的特点。那时渭河及其支流水量丰富，沿岸的丘陵沼泽地带植被茂盛、灌木丛生。虎、豹、豺狼等

---

① 中国社会科学院考古研究所：《宝鸡北首岭》，文物出版社 1983 年版。

② 严文明：《北首岭史前遗存剖析》，《仰韶文化研究》，文物出版社 1989 年版，P97。另见：赵宾福：《半坡文化研究》，《华夏考古》，1992 年第 2 期。

③ 孙祖初：《中原地区新石器时代中期向晚期的过渡》，《华夏考古》，1997 年第 4 期。

猛兽出没其中，近旁的水域里有鱼、蚌、螺、鳖等水生动物。

北首岭遗址背倚黄土高原，黄土性质疏松、质地均匀，含有多种丰富的矿物质，非常适宜于农耕种植。古籍中曾把北首岭所在雍州黄壤称为上上之壤。由于土地肥沃，土质较为松软，原始先民利用简陋的工具种植农作物也能取得较好的收获。同一时期的原始聚落，一般都建造在这种土地肥沃、地势较高可以避免水患的靠近河流的阶地之上。

北首岭遗址的聚落形制具有相当规模，文化堆积层厚达 4 米，有些地方数层居住遗址叠压在一起，上、中、下三层文化遗存具有明显的连续性。原始先民在这里持久定居长达 1500 年，优越的自然环境是重要原因。

人面鱼纹和东海榧螺

从遗址出土的情况来看，北首岭的先民们以原始农业为主的经济类型已经稳定，在北首岭遗址中出土了炭化的粟粒和相当数量的农业生产工具。这些工具有用于砍伐树木、清理农田的石斧、石铲、骨铲、角锄等耕作工具，还有石刀、陶刀等收割工具，也有用来给粟脱壳的石磨盘、石磨棒和石杵等加工工具。这些与农业开荒、耕耘、收获和粮食加工等环节相对应的系列工具，显得相当专业，说明农业生产在当时已经有了若干年的发展经验，并已经进入到了一个较为成熟的阶段。

石制工具是最重要的一种生产工具。北首岭的先民选用的石材主要是就近的辉绿岩、角岩、玄武岩、花岗岩等。石器大都磨制而成，有的还有钻孔或者有凹槽，以便装置木柄。磨制的石器较为光滑锋利，装上木柄后使用起来更为方便。使用磨制、钻孔和装置木柄的石器复合工具，是北首岭文化时期生产工具的一大特点。北首岭遗址出土的大量打磨得光滑带孔的石铲、石刀、石斧等生产工具，表明了北首岭人在石器制造方面已经有很长的历史和很高的技艺。[①]

狩猎和捕鱼是仅次于原始农业的生产活动，在当时人们的经济生活中占有重要地位。狩猎不仅带来肉食，还供给人们生活中不可缺少的皮毛和用来制成工具的骨、角类材料。骨制工具在当时占有相当的比重。在北首岭遗址发现的狩猎工具主要有角矛、骨镞和石球等。其中作为箭头使用的骨镞制作

---

① 曹歌鸿：《从发掘情况看北首岭遗址的文化面貌》，《宝鸡社会科学》，2020 年第 1 期。

精细，形制有6种之多。有一种箭头做得又圆又钝。这是因为有些动物有非常美丽的羽毛或皮毛，可以用来做装饰品或者保暖的衣物，所以往往在捕猎的时候要保证皮毛完好没有血污。在北首岭遗址可以判断出性别的墓葬中，有骨镞随葬的都是男性，说明狩猎由男子来完成的。北首岭出土了一个船形网纹陶壶（见图8），它是北首岭遗址的一件著名器物，在船形陶壶两侧腹部用黑彩绘了整齐的网纹图案，那应该是说这艘船是渔船，网纹是船上的渔网。如果这样推测没有错的话，说明当时人们已经掌握了驾船撒网捕鱼的技术。出土的石网坠、陶网坠都是捕鱼的辅助工具，用来系在鱼网周围让网沉在水下。

图8　北首岭遗址出土的网纹船型壶

北首岭的先民已经开始饲养家畜。从遗址发现的动物骨骼看，家猪是主要的饲养家畜，此外还有狗、鸡和牛。出土的猪骨关节头绝大部分还未与骨干愈合，说明猪的饲养时间不到一年即被食用。

陶器是原始先民的主要生活器具。北首岭遗址出土了900多件陶器和10余万陶器残片。这些陶器大致可分为鼎、碗、钵、罐、壶、盆、尖底瓶、甑等十五种。就用途上讲，鼎、甑等是炊煮器，碗、钵、盆是饮食器，尖底瓶是酒器，罐、壶是储藏器。当然有些器物也可能有多种用途。今天在日常生活中所使用的基本生活器具，那时都已经齐备了。

在陶器中，陶甑充分展示了北首岭先民的创造力。它的形状类似盆，底部有一个大圆孔，北首岭人用它与陶器盖、陶罐配套使用来蒸食物。先用陶罐装水，再将装有食物的陶甑放置于陶罐之上，盖上陶盖，然后在陶罐底部烧水加热，水烧开后，蒸汽通过甑孔将食物加热蒸熟。这跟今天使用的蒸笼没有什么区别，只是今天使用的蒸笼除了陶质的以外，也用竹子、金属、木料等来制作。

尖底瓶是仰韶文化的典型器物，它小口、短颈、鼓腹、尖底、两侧有耳，外貌奇特，在北首岭遗址出土了数十件。尖底瓶是当时主要的运水工具，兼做储酒和饮酒的器物，后文我们还会专门进行讨论。用尖底瓶打水很方便，尖底更容易插入水中，装满水后，尖底还可分散水对瓶底的压力；打好水以后，因瓶口小，水不易洒出，同时由于水大多集中在中部的鼓腹之中，重心居中，背或抬都更省力，运水效率更高。尖底瓶两侧有耳，系上绳以后，背负、肩挎（小型尖底瓶）、双人抬皆宜，男女老少均可使用。

种类众多的陶器说明当时的先民拥有高超的制陶技术。北首岭先民的制陶方法主要采用手制，捏塑法、泥条盘筑法都有。北首岭遗址还发现了陶拍、陶内模等制陶工具。发掘材料显示，北首岭先民已经会使用模制方法制造大型器物的足部和腹部。模制时先在外面用模子加以规范，然后在里面用泥条盘筑而成，做好后再接到器物上。经观察，北首岭有少数器物的局部经过慢轮整修，如罐、钵等的上半部。经过慢轮整修的陶器很规整，这是手工做不到的。最后再放到陶窑里去烧。北首岭遗址发现的陶窑都由火膛、火道、窑箅和窑室几部分组成。烧陶时，窑内温度一般有800℃～1000℃。陶器主要有夹砂陶和细泥陶。

跟差不多同时期的大地湾的陶器一样，北首岭的许多陶器也都绘有彩色纹饰。彩陶纹饰较为丰富，有人面纹、鱼纹、鸟纹、波折纹、锯齿纹、三角纹、平行条纹、宽带纹等。其中鱼纹图案最为常见。北首岭遗址出土了两件著名的、国宝级的史前艺术珍品，即"人面鱼纹"彩陶和"鸟衔鱼纹壶"。

人面鱼纹彩陶（见图9），头上两条长线交叉成三角形，似头发。嘴巴两边也有像胡须一样的色彩。耳朵两边还各有一条鱼。人们认为这个图形或是图腾崇拜，或是氏族部落举行重大的宗教祭祀活动时，氏族成员把自己装饰起来的形状，或是象征月亮，也就是《山海经》中所说的"人面"和"人面鱼身"的月形象。还有学者认为这是巫师在作法时戴的面具，以显示神圣、庄重和神秘。

图9　北首岭遗址彩陶上的人面鱼纹

　　在一件陶壶肩上，绘画了一幅水鸟衔鱼的图画。作者用简洁的粗线条勾画了一只体形不大的水鸟，叼住了一条鳞鳍齐备的大鱼尾巴，大鱼负痛回首挣扎，水鸟紧衔不放。水鸟的躯身略呈椭圆菱形，两个翅膀盖至尾部，啄长、足短，似鸠。脚趾略呈收拢的蹼掌状，类似鱼鹰。水鸟啄着鱼的尾部，因为鱼大鸟小，鸟似在用力将鱼拉出水面。鱼的形态像今天最常见的棍状黑鱼，基本形态为梯形状兽头、满脸斑纹、嘴方形、双睛圆睁，三角形竖起的腮，背部有斑纹、有鳍刺，腹部作弧线纹、尾作三叉椭圆形。画面生动逼真，极富生活情趣（见图10）。①

图10　北首岭遗址出土的鸟衔鱼纹壶

────────────

① 何小芹：《宝鸡北首岭彩陶艺术初探》，《宝鸡文理学院学报》，2015年第8期。

另外，在北首岭出土的一件尖底器上，有用黑彩画的形似"W""M""山"的多种组合在一起的符号，显然有比较复杂的含义。出土的一件陶罐腹上部绘有四个间距相等的侧置的"E"字形黑彩。一个彩陶片上绘写的符号与临潼姜寨遗址中出土的刻画符号相同，这些陶器上的黑彩刻画符号，被研究者们认为"具有文字的性质"，或许应该认为是汉字的雏形和起源。

纺织也是北首岭先民掌握的一项重要技术。遗址中发现有陶制和石制的纺轮、骨梭和骨针。当时人们应该是用麻的茎杆一类做原料，经热水煮炼加工后，用纺轮捻成麻线，然后利用骨梭来回穿引编织成布，再用骨针将织好的麻布缝制成衣。除了织布以外，北首岭人还用麻绳和藤条编织成鱼网、篮筐和席子。从发现的席纹遗痕分析当时席子的编织方法：一种是一经一纬交替叠压，形成十字纹饰，一种是二经二纬交替叠压，形成人字纹样。编席的方法启发我们去了解当时人们织布的方法。①

北首岭先民不仅制造出各种用途的生产工具、生活用具，还加工制作出各式各样的装饰品来打扮自己。装饰品的材料几乎包括了当时人们能使用的所有材料，有绿松石、白玉石和陶质的，也有骨、角、牙和贝壳类的。装饰品大都造型精巧，制作精致。在一座墓葬的随葬品中发现有642枚骨珠，骨珠为扁平圆形，中间穿孔，其直径为0.4厘米、孔径0.2厘米、厚0.2厘米。制作如此大量、小巧的骨珠相当不容易，推测这些骨珠是用小鸟的腿骨精心磨制而成。还有像古代妇女头上戴的簪子的骨笄，用来将头发挽结后束住，说明当时人已有了束发的习惯。

北首岭遗址还出土了数十枚具有天然光泽的榧螺饰品，榧螺是产于南海或者东海的软体动物，他们出现在西北内陆，是通过交换样式A或C（物物交换）到达的？还是其他途径过来的？而且在北首岭遗址的下层、中层墓葬中都有榧螺饰品出土，说明北首岭的对外交往是长期持续的。当时还是母系氏族社会，或许这些饰品都是通过部落与部落之间的长期"互酬"交换来的，毕竟北首岭的先民在这里生活了1500年，建立这样一个交易通道有足够的时间。张宏彦教授在分析渭水下游老官台文化时，认为老官台文化"素面无纹的C型三足钵也常见于河南的裴李岗文化中，裴李岗文化中也偶见筒形罐。

---

① 曹歌鸿.《从发掘情况看北首岭遗址的文化面貌》，《宝鸡社会科学》，2020年第1期。

可见渭水下游的老官台文化与相邻的裴李岗文化有一定的文化交流关系。"①
裴李岗文化通常又与磁山文化并称为"磁山—裴李岗文化",因为磁山文化与
裴李岗文化同处于一个社会经济形态阶段,相互毗邻,且有共同的分布地域、
共同的器物群,属于同一个文化。磁山文化位于河北省中部和南部,包括磁
山类型和北福地类型两个类型,其中北福地类型向东一直延伸到海边,向西
达于太行山山麓。东海的榧螺很可能通过海边的北福地交流到了裴李岗,再
从裴李岗传播到老官台。老官台文化早于北首岭,前者位于渭河下游,后者
位于渭河中游,可能就是通过这个通道,榧螺又被传到了北首岭。在北首岭
遗址发现一个细颈壶,在目前已发掘的陕晋豫地区前仰韶时期遗存里找不到
它的源头,却在磁山文化、河南长葛石固等有关遗存里找到了这种壶的原初
形态。② 或许这可以证明北首岭文化与太行山东侧和中原的这些文化一直存在
一种交流,而这也正是榧螺传播的路径。至于北首岭遗址为什么会有这么多
榧螺饰品,只有把它当做北首岭遗址母系社会的一种时尚文化来认识。

从更大的范围来说,新石器时代黄河流域地区存在西部的半坡文化/庙底
沟文化和东部的后岗一期文化/大坟口文化两大文化集团,整个新石器时代两
大文化集团之间一直存在文化的传播交流,存在相互渗入、相互融合和斗争。
大约在新石器时代中期庙底沟文化的大举东进,和此前后岗一期及其前身文
化曾经的不断西扩,是否存在因果关系尚无法断定,但之间有着一种交换样
式 A 类的互酬系统应该是不可否认的。而宝鸡北首岭新石器时代出土的榧螺,
则清楚地反映了这两大文化集团之间相互交流的关系。

大房子与陶塑人面像

北首岭遗址的聚落建置已有相当的规模。根据考古探测,整个聚落遗址可
划分为 3 个明显的区域,即中心广场区、住宅区和墓葬区。跟大地湾一样,住
宅区都围绕中心广场而建,且门都朝向中心广场;墓葬区在中心广场的东南方,
与居住区保留有一定的距离。北首岭聚落的中心南北长约 100 米、东西宽 60
米,应当是公共活动场所。50 座房屋围绕中心广场,房屋明显分成两大组,位
于遗址的东西两侧各有一座大房子。两座大房子似乎意味着北首岭聚落内有两
个氏族存在。住宅都是半地穴式,基本是方形和长方形,面积一般在 12~30 平

---

① 张宏彦:《渭水流域老官台文化分期与类型研究》,《考古学报》,2007 年第 2 期。
② 陈雍:《北首岭新石器时代遗存再检讨》,《华夏考古》,1990 年第 10 期。

方米之间。大房子的面积则超过 88 平方米，比大地湾早期的大房子要大。房子是在地面向下挖一个土坑，坑壁就是房子的墙壁，在屋内栽入木柱，上面架着草棚，屋顶高出地面，外形呈方锥体状。房屋门外设有窄长的门道，上面架着草棚。房屋内有灶炕，灶炕的里边掏一小洞或放置一个陶罐，作为保存火种之用。为了防止地下的潮气，先民们还对房屋进行硬化处理，用料礓石浆或草泥土涂抹房屋的地面和墙壁，再用火烤成硬面，使其光滑平整。

　　与有些史前遗址只见物不见人的情况不同，北首岭遗址发掘出大量墓葬，为研究先民们的身体特征和社会性质提供了极具价值的依据。考古学家对墓葬的遗骨进行了研究，证明北首岭先民属于蒙古人种的太平洋支南亚人种系，与中国华南人的体质特征接近，是中华民族的直系祖先。与历史传说相印证，北首岭人在新石器时代晚期大量南迁到今印度支那一带，继而渡海到达今印度尼西亚一带。北首岭先民的身高在 1.62～1.76 米之间，脑容量在 1400 毫升左右，身高、相貌、脑智力水平都与现在的人相差无几。对遗骨的分析表明，先民们的正常寿命通常只有 30～40 岁，北首岭 400 多座墓葬中只发现了一个男性的年龄达到 60 岁。北首岭遗址出土了一件半浮雕式的男性人面雕塑"陶塑人面像"。陶塑人面可看出为男性，面部较宽，宽于头长，脸部丰颐，鼻梁挺直，下颌微圆，眉目须发十分逼真。人们把这个塑像视为北首岭居民当时的面貌标本（见图 11）。①

图 11　北首岭遗址陶塑人面像

---

　　①　曹歌鸿：《从发掘情况看北首岭遗址的文化面貌》，《实验社会科学》，2020 年第 1 期。

北首岭墓葬成群成组，排列有序，组成大面积的公共墓葬区，葬式以仰身直肢葬为主，随葬品通常置于死者的足部或腿旁。在众多的墓葬中，往往有几座墓形成一组的情况，他们之间排列整齐，间隔均匀，墓底距地面深度接近，而从出土地层及器物来判断，年代也大体相同。在当时，墓葬的安排可能不是随意处理的，而应该是有着严格的埋葬制度，更多的可能是与宗教信仰有关。

从北首岭墓葬葬式、人骨和房址等分析，北首岭人的禁忌已经发展到比较成熟的阶段，即成为氏族成员自觉遵守的习俗。跟大地湾墓葬情况一样，北首岭的墓葬中也没有发现夫妻合葬墓，因为当时还是母系社会，尚处于对偶婚阶段，北首岭的每座房屋便是一个母系大家庭，其中又分为几个对偶小家庭。家庭以女性为主，男子实行走婚制，还没有后来的夫妻观念。从随葬品的情况分析，当时社会已存在一定的分工，有的墓随葬有精美的石斧，却没有使用痕迹，可能标志着主人生前是农业生产活动的领导者；有的墓随葬有较多的骨铲原料，可能墓主生前是专门制造骨器的；有的墓随葬有陶器上绘画用的颜料或者随葬陶器特别精美，可能说明墓主生前是专职制造陶器的；有的墓随葬有整束骨镞，可能意味着墓主生前是狩猎能手……

图腾崇拜和灵魂观念

北首岭遗址墓中的死者大多数都是头朝西北，脚向东南。或许意味着认为人死就像太阳下山。墓葬区发现有陶钵盛着的鸡和鱼，应该是用来祭祀死者的。这些从侧面反映了当时的灵魂观念和原始的宗教意识。

有学者通过对北首岭文化遗存的考察，认为北首岭的宗教文化主要表现在图腾崇拜、祖先崇拜和鬼魂信仰三方面。"鸟衔鱼纹"图中的水鸟，被认为是北首岭母系氏族的先民们图腾崇拜的对象。屈肢葬式的寓意说明北首岭存在祖先崇拜（对女祖的崇拜）的观念。墓葬葬俗，如瓮棺葬、二次葬、猎头葬、割体葬等，说明北首岭时期宗教文化中有鬼魂观念的存在。另有学者通过"北首岭时代的彩陶祭品""北首岭人的灵魂观念""北首岭人的祭祀"三个方面的研究，认为北首岭聚落出土的诸多陶器在当时是宗教祭品，聚落已有明确的灵魂观念，曾经举行过多次祭奠仪式。

北首岭遗址与炎帝、神农

根据北首岭遗址发掘出来的材料，研究者普遍认为，北首岭文化与姜炎文化具有一脉相承的关系。北首岭、福临堡等遗址文化是以炎帝为首的姜炎族创造的文化，其遗址为姜炎族或其祖先或其支裔族的遗址。当然，也有人认为这是神农氏的遗存。

"炎帝遗存"说认为，北首岭文化与炎帝文化同时或相继出现在宝鸡地区；在相对年代上北首岭考古文化与传说中的炎帝同时；北首岭考古文化与传说中的炎帝活动空间类似。另一个更为直接的证据是，北首岭彩绘人面像三角形头饰与所传炎帝椎形五联冠有着惊人的相似。还有学者通过对北首岭遗存的研究后认为：北首岭早期类型是仰韶文化的源头。关中西部庞大的仰韶文化聚落群是互有关联的。而北首岭是该聚落群的政治、军事、祭祀中心，出现了男性的宗教、军事领袖。联系关中西部广泛流传的炎帝传说，北首岭仰韶文化中期以下相当于炎帝时代，炎帝可能就是该聚落的英雄。

"炎帝母族及支裔族遗存"说认为，经考证在七八千年前，关中西部的宝鸡地区有名称的氏族部落是"有蟜氏"。北首岭下层距今为7100年。若把有蟜氏的年代、业绩及传说与北首岭文化遗存相比附和结合，北首岭聚落遗址下层文化的主人或先民应是有蟜氏族及后裔支族。当时为母系氏族的繁荣时期，实行的是族外对偶婚，男方要嫁到女方。居于今甘肃天水一带的有熊氏之子"少典""嫁"于宝鸡，与有蟜氏之女"妊姒"（安登、女登）通婚，而在姜水之畔"生"下炎帝。所以宝鸡为第一代炎帝。从考古文化看，距北首岭不远的另一处仰韶文化遗址福临堡，其延续年代距今6800~4800年，按炎帝的"生"年计算（距今约5500年），福临堡遗址晚期的文化主人为炎帝氏族，其早、中期为有蟜氏支族的文化遗存。

"神农氏遗存"说则认为，这种观点将神农氏与炎帝分为前后两人。认为神农氏、炎帝文化在考古学文化上的发展演变序列为：甘肃秦安大地湾一期文化、宝鸡北首岭下层文化、宝鸡北首岭中上层文化（半坡类型）为神农氏文化（即仰韶文化）；而庙底沟二期文化中西部类型、双庵类型文化为炎帝文化（即龙山文化）。[①]

---

① 霍彦儒：《宝鸡北首岭仰韶文化学术研讨会综述》，《宝鸡文理学院学报》（人文社会科学版），1997年第2期。

第四章
嘉陵江上游史前文化

嘉陵江上游是指广元市昭化镇以上的区域，由白龙江流域、西汉水流域和东源至广元昭化的嘉陵江干流组成。该区域北靠秦岭、东依汉王山，东南为米仓山，西南接岷山，山高谷深，属于秦岭侵蚀山地，在一些河谷的台地或阶地上，分布着人类文化的遗存。从陕西凤县新石器时期遗存调查材料看，嘉陵江上游流域普遍分布着仰韶文化遗存，在仰韶晚期和龙山时期，则普遍分布着马家窑文化遗存。进入夏商周三代时期，西北部地区生活的主要是西戎族群。他们当时创造了灿烂丰富的文化，影响了嘉陵江上游流域的文化面貌。

第一节　西汉水流域文化

西汉水是嘉陵江西源右岸支流，古名犀牛江，河长 289 千米。西汉水流域西北高、东南低。上游北面与渭河水系相邻，间有黄土丘陵，海拔 1750～2000 米；中游流域内山峰海拔 2000～2500 米，下游流域山势逐渐降低。西汉水有南北两源，南源发源于甘肃天水县大门镇之寨子山，海拔 1920 米，俗称南河；北源为正源，发源于甘肃省天水市平南乡万寿山，于天水镇前与南源南河汇合后始称西汉水，在陕西省略阳县徐家坝两河口汇入嘉陵江。

西汉水流域文化概况

西汉水流域有着丰富的史前文化。1958 年甘肃省博物馆对西汉水流域进行了考古调查，发现仰韶文化遗址 17 处、齐家文化遗址 12 处、周代遗址 14 处。2002 年，甘肃省文物考古研究所和礼县博物馆又进行了历时 45 天的调查，发现仰韶至齐家文化遗址 16 处；同年 3 月更多单位和专家组成的团队对西汉水上游干流及其支流漾水河、红河、燕河、永坪河流域进行了全面勘查，共调查仰韶时代文化遗址 61 处，龙山时代文化遗址 51 处，商周时期遗址 47 处。[①]

考古资料显示，还在大地湾一期（距今 8000~7300 年）的几百年里，西汉水流域就开始栽培作物"黍"，并成功实现了向农作物的过渡。西汉水上游的西和县长道乡宁家庄新石器时代早期文化遗址，与大地湾一期文化属同一类型，在这里发现了黍、粟和油菜等旱作农作物及猪、狗、羊和鸡等家禽家畜，表明当时这里的远古居民已经过上了定居或半定居的农耕生活。

仰韶文化半坡时期（距今 6700~5600 年），这里的生业方式主要还是以黍和粟为代表的旱作农业。庙底沟期（距今 5700~5500 年）和仰韶晚期（距今 5500~5000 年），西汉水流域的农业进入繁荣阶段，粟已经取代了黍，成为主要农作物，还出现了稻米这一新的农作物品种。居住的房屋往往为白灰地面，白灰厚度达 0.6 米。房屋有多种结构的柱基。还建有用于公共集会的大型建筑。窖穴为竖颈袋形。这些表明当时人口增加，生产力及生产技术已大大提高。齐家文化时期，可能受气候影响，西汉水流域的农业发展水平略有下降，其后这里出现的寺洼文化，以畜牧经济为主。到东周时期，西汉水流域的农业又发展起来，发现了小麦、大麦等作物类型，农业品种出现多元化的趋势。

下面选择一些重要遗址进行介绍。

黑土崖遗址：位于礼县盐官镇牛川村西汉水与红河交汇的台地上。遗址面积约 15 万平方米，文化层厚度为 1.5~3 米。发现有灰层、灰坑和灰沟。陶器有泥质陶、夹砂红陶和彩陶。红陶素面或饰绳纹，纹样有垂幛纹、变形

---

① 　早期秦文化联合考古队：《西汉水上游新石器时代遗址调查简报》，《考古与文物》，2004 年第 6 期。

鱼纹等。器形有罐、折腹盆、陶锉、器座、钵、尖底瓶等。文化内涵包括了仰韶文化史家类型、庙底沟类型和西王村类型。还发现了大地湾一期文化的陶片。

塞家坪遗址：位于礼县永坪乡的塞家坪永坪河东岸的山前黄土台地上。遗址面积约24万平方米，文化层厚度为2~6米。同样发现了灰层、灰坑和陶窑等。陶器有泥质陶、夹砂红陶、红褐陶，还有彩陶片，素面或饰有篮纹、绳纹、线纹、附加堆纹、弧线纹、垂幛纹等，器形有厚唇罐、重唇口尖底瓶、敛口钵、平沿罐、鬲、陶拍等。史前文化有仰韶文化庙底沟类型、西王村类型、马家窑文化和齐家文化。

王坪遗址：位于天水市天水乡庙坪山王坪的山前黄土台地上。面积40余万平方米，文化层厚度为1.2~2米。台地断面上暴露有灰坑、灰层、骨头、红烧土等。陶片以泥质、夹砂红陶、红褐陶及彩陶为主，有少量齐家文化陶片。陶片饰篮纹、绳纹、弧线三角纹。器形可见尖底瓶、折腹盆、夹粗砂红陶瓮等，石器有石镰、石斧。史前文化以仰韶文化庙底沟类型和西王村类型为主，齐家文化不多。

高寺头遗址：位于礼县石桥乡高寺头村。遗址面积约10万平米，文化层厚度为1.5~6米。发现的陶片有灰陶、夹砂红陶和泥质红陶，并有一定数量的彩陶。陶片素面或饰绳纹、弧线三角纹、平行线纹，器形有高领罐、钵、宽沿盆、尖底瓶、器座底部等，还发现了石斧、石纺轮。史前文化以仰韶文化庙底沟类型、西王村类型和寺洼文化为主。

石沟坪遗址：位于礼县石桥乡西汉水东岸的台地上，文化层厚度为3~4米。发现有灰坑、陶窑。陶器为泥质陶、夹砂红陶，还采集到灰陶片、彩陶片，陶片素面或饰绳纹、附加堆纹、黑彩带纹和黑彩弧线纹。器形有盆、罐、钵、壶、豆等。文化内涵以庙底沟、仰韶晚期、马家窑、常山下层以及周代文化为主。

西汉水上游地区分布着大面积的黄土地貌。黄土抗侵蚀能力极差，极其容易遭雨水与河流的侵蚀，较长时间以后，就形成了一些山前侵蚀台地和河岸沉积台地。由于流域干流、支流交叉，台地、山地错落，聚落众多，这里可以发现仰韶时期两个级别的聚落，第一级别的面积在10万平方米以上，有王坪、黑土崖、高寺头、石沟坪、塞家坪、唐河口、西峪坪；第二级别的面积在10万平方米以下，如沙沟口、庄子上等。第一级别的遗址往往堆积丰富，文化序列完整，仰韶时期各个阶段的遗存都有发现，在当时很可能扮演了中心聚落的角色。

但是，到了龙山时期，便难再寻第一级别的遗址。第二级别的遗址面积多在 5 万平方米以下，规模过小。遗址的层次结构与仰韶时期比发生了很大转变。作为龙山时期以前第一级别的遗址，比如王坪、高寺头、黑十崖、西峪坪，几乎没有发现龙山时期的陶片；即便有所发现，也远远不能和仰韶时期丰富的遗存相比拟。说明龙山时期这些遗址或者已经被废弃，或者不再具有以前那么重要的地位，中心聚落已经发生了转移。以王坪遗址为例，该遗址面积 40 余万平方米，但文化层厚度仅为 1.2~2 米。文化面貌为仰韶文化庙底沟类型和西王村类型，还有少量的齐家文化，说明仰韶文化时期这里十分发达，后来可能因为雨水侵蚀太厉害或者其他方面的原因，先民们搬离了这里，所以没有马家窑文化遗存。到了龙山文化时期，气候干凉，雨水较少，或者其他因素，先民又选择在这里生活，形成了新的聚落，遗址中才发现了少量齐家文化遗存，但比仰韶文化遗存的规模要小得多。仰韶晚期的遗址有57 处，到龙山文化早期缩减到 23 处。总之，龙山文化时期这里找不到中心聚落，遗址数量锐减、规模变小，文化的发达程度远不如仰韶时期。这说明西汉水流域在仰韶文化和龙山文化时期之间有文化发展上的间断和转折。

西汉水流域有完整的史前文化序列。在礼县盐官镇黑土崖遗址采集到大地湾一期文化和半坡类型的陶片，礼县城关镇西山遗址发掘出了半坡类型的细颈蒜头瓶残片。关中史家类型在礼县八九个地方都有发现，主要器形包括直口钵、叠唇盆、夹砂弦纹罐、葫芦形口的尖底瓶或平底瓶等，以泥质红陶为主，特征与大地湾仰韶早期遗存性质相同。总的来看，渭水流域的史前文化类型这里都有分布，聚集了从大地湾一期和半坡早期、史家、庙底沟、福临堡二期、半坡晚期到龙山文化阶段的常山下层文化和齐家文化。他们构成的西汉水上游文化序列，极大地丰富了甘肃东部史前文化的考古学资料。

典型遗址地段：西汉水上游

西汉水流域的史前文化集中在西汉水上游区域。从前面的概况也可以看出，西汉水上游的史前文化以仰韶文化和龙山文化为主，仰韶时期文化发展在西汉水上游地区前后连续性很强，不仅表现为文化特点的承袭，遗址数量的逐步增加还表现在：早期 8 处、中期 21 处、晚期 57 处。下面的介绍以仰韶文化为主。

礼县、西河的仰韶文化遗址

西汉水上游仰韶文化早期遗存，主要是大地湾二期文化遗存，都分布在礼县、西河县。主要有黑土崖遗址、王坪遗址、礼县城关镇雷神庙遗址、草坝乡唐河口遗址、草坝乡杨湾遗址、石桥乡上碾渠遗址、永坪乡蹇家坪遗址、永兴乡爷池山坪遗址等 8 处遗址。这些遗址都发现了大地湾二期遗存，属于仰韶文化早期。陶器以泥质红陶为主，主要器形有直口钵、夹砂弦纹罐、葫芦形口的尖底瓶或平底瓶等，纹饰以条纹、弦纹和三角折线纹为主。这些遗址的文化都与前面所介绍的大地湾文化相似，只是没有大地湾遗址一二期那样完整、系统的文化。

仰韶中期遗存分布在上游礼县、西河县的 21 个地方，比仰韶早期的范围还大。包括盘头山遗址、王坪遗址、盐官镇遗址、沙沟口西遗址、黑土崖遗址、太山庙遗址、左家磨东遗址、宁家庄遗址、高寺头遗址、蹇家坪遗址、爷池山坪遗址等。陶器主要为泥质红陶和夹砂红陶，还有一定比例的橙黄色陶。器形有重唇口尖底瓶、敛口钵、叠唇缸、卷沿圆唇的浅腹盆、铁轨状口沿深腹罐、斜折沿或平沿的曲腹彩绘盆、陶锉等。深腹罐的口沿内侧有一道凹槽，外侧有一周凸棱。盆口沿和腹部多绘红底黑彩，多弧线三角、回旋勾连纹及圆点纹，线条轻巧流畅。他们和大地湾仰韶中期遗存、扶风案板第一期文化以及河南陕县庙底沟类型的年代相当，内涵接近或相同。从地理位置的远近而言，与大地湾仰韶中期遗存有更多的共性。

仰韶文化半坡类型、庙底沟类型两支文化都从东向西传播，并先后到达甘肃东部。一般认为关中西部是庙底沟二期文化分布的边缘，但礼县石桥乡石坝村石坝 1 号遗址，发现了饰附加堆纹的夹砂灰陶罐（属于庙底沟类型二期，距今 4900~4800 年），说明庙底沟文化的影响范围比过去更大。

当然，庙底沟类型在西进中并没有完全取代半坡类型，而是与后者融合共存，比如在属于半坡类型的扶风案板第一期遗存中，既有重唇口尖底瓶，又有葫芦形口平底瓶。在甘肃东部，半坡类型的因素似乎更为顽固地延续下去，不仅有葫芦形口尖底瓶，还有长期沿用的鱼纹，只不过鱼纹经历了从写实到写意的系列变化。事实上，在大地湾仰韶中期遗存中，鱼纹占有相当大的比例，"而变体鱼纹在中期的彩陶花纹中占的比例是略多的，其他如相对半圆纹、变体鱼和鸟相结合的图案花纹都是具有特色的"。①

仰韶晚期文化遗存在西汉水流域的分布范围非常大，遗址数量之多，超过以前任何一个时期。仅仅礼县就有天水乡盘头山等 57 处，占遗址总数的 58%。陶器以泥质橙黄色陶为主，夹砂红陶或红褐陶所占比例也很大，还有一些泥质灰陶。主要器形有平唇口或喇叭形口的尖底瓶、宽折沿浅腹盆、大口深腹夹砂罐、敛口浅腹钵、平沿缸、陶杯、厚唇缸等。深腹罐多侈口斜折沿，尖底瓶底呈直角或钝角。纹布以粗绳纹数量最多，另有不少的附加堆纹，有些陶器上有白色陶衣。以黑彩为主，也有少量的白彩，是在绳纹之上直接描画而成。彩绘图案有并行线纹、圆点纹、波曲纹、垂幛纹、圆圈网格纹、鸟首纹等。他们和大地湾仰韶晚期遗存、扶风案板第二期文化、仰韶文化"西王村"类型年代相当，内涵相同或者接近。

仰韶晚期文化的繁荣应当得力于当时生产力的提高和人口的增加，这一阶段出现了白灰面房屋、多种结构的柱础、大型建筑以及竖颈袋形窖穴，他们都代表着新的生产技术。

大地湾仰韶晚期遗存橙黄色陶约占泥质陶陶色的三分之一，西汉水流域橙黄色陶也占了很大的比例。此外，在尖底瓶绳纹上施白彩的做法也是天水和西汉水流域史前文化遗存的共同特点。这些现象说明西汉水仰韶晚期遗存和大地湾的性质相同，属于同一个文化类型，都是由甘肃东部仰韶中期文化直接发展过来的。

西汉水流域仰韶时期遗址分布的密集程度和遗存的丰富程度，都远远超过了当地龙山时期及其以后时期。而整个史前时期，陇山两侧以及东方关中地区的众多考古学文化不断地进入西汉水流域，可能与这里出产食盐等自然资源有关。②

食盐与西礼盆地的征战

进入龙山文化时期，西汉水龙山文化早期遗存主要有两类：一类是常山下层文化，另一类是案板三期文化。常山下层文化的遗址发现不多，采集到的标本也不够丰富，陶器主要为泥质橙红色、砖红色或橙黄色，还有一些泥

---

① 甘肃省博物馆文物工作队：《甘肃秦安大地湾遗址 1978 至 1982 年发掘的主要收获》，《文物》，1983 年第 11 期。

② 早期秦文化联合考古队：《西汉水上游新石器时代遗址调查简报》，《考古与文物》，2004 年第 6 期。

质灰陶。泥质陶火候高，陶质硬。有侈口束颈广圆肩鼓腹小平底瓮、敞口斜腹平底盆、侈口宽颈垂腹的单耳或双耳罐、夹砂深腹罐等。广圆肩瓮，形体硕大，可能用于储物；陶质有泥质红陶，也有泥质灰陶；颈部饰凹弦纹，肩、腹部饰有以凹弦纹为间隔的细绳纹，肩部有桥形双耳。这里带耳器发达，还发掘出双耳罐和三耳罐，耳与口沿齐平，与齐家文化的双大耳罐形态非常接近；罐上饰红彩，颈部有并行线纹。陶盆敞口宽平沿，沿下饰横行或竖行篮纹。流行篮纹、紧密的绳纹和附加堆纹。

常山下层文化是分布在泾河上游镇原县的一种考古学文化，分布密集，尤其集中在庆阳、平凉地区，以橙黄色陶为主，红陶次之，灰陶少见。常山下层文化的起源地纬度高、海拔高、降水少，进入龙山降温期后，常山下层文化南移进入陇西，并传播到西汉水流域。在西汉水支流的红河河谷及盐官镇附近分布较多。红河号称"小秦川"，在古代是西汉水联系渭河河谷的重要通道。诸葛亮六出祁山，就是循此道北上天水的。而盐官镇就位于红河注入西汉水的河口处。西汉水流域的常山下层文化显然是通过红河逐渐传过来的。

除了常山下层文化以外，这里还有案板三期文化遗存。案板遗址位于陕西省关中西部地区渭河的支流漳河与美阳河交汇处的河旁台地上，西距扶风县城约四公里，是以关中西部地区为中心分布的龙山文化早期遗存。案板三期文化遗存的特征最明显的表现在陶器上。以夹砂灰陶为大宗，其次为泥质灰陶，再次为夹砂灰褐陶。筒形罐、双耳罐、双耳壶、单耳罐皆夹砂或泥质。深腹夹砂罐是其典型器物。在岐山王家嘴、宝鸡福临堡和大地湾遗址仰韶文化晚期遗存中，都可以看到相似的器型。陶器纹饰以绳纹和附加堆纹为多。筒形罐口沿外侈、方唇，唇沿往往压印成锯齿状，沿下颈部饰多道附加堆纹。这些都属于典型的案板三期文化特征，显然是从关中西部直接迁徙而来的。这里发现的多件广圆肩灰陶罐，可能就是受案板三期文化影响的产物。

案板三期文化分布的关中西部与常山下层分布的甘肃东部地域相连，且同属泾渭流域。两者的分布区域一东一西。陶器的器形差别不大，但陶色一灰一红，属于两种不同的考古学文化。常山下层文化和案板三期文化竞相角逐于西汉水上游地区，这一现象发人深思。常山下层文化距今约5000年，距西礼盆地500多公里。案板遗址三期距今约4600年，距西礼盆地300多公里。礼县当时的自然环境略好于常山下层遗址，而劣于案板遗址所在地。这些生活得好好的远古居民为何要逆流而上（从甘肃镇原到礼县当时最好的路线可能是沿渭水的支流泾河顺路而下，在溯渭河而上；如果翻越陇山，直接翻越不可能，因为陇山东坡陡峭，需要绕道清水河谷，然后再南下。这个路程就更远），进入西礼盆地呢？学者们推断，这是因为礼县盐官镇生产优质食盐而引起的。关中不产盐，西礼盆地是陇山以西重要的食盐供应地。各种史前文化都曾经会聚于斯，商周时期各种势力在这里竞相角逐，秦文化亦在此兴起，都极有可能与对食盐资源的争夺有莫大的关系。

相当于龙山晚期至夏代的是齐家文化，这里共有36处遗址。陶器主要有泥质砖红色陶、夹砂红褐色或灰褐色陶，还有少量的夹砂灰陶。器形有高领折肩罐、侈口罐、鬲口沿、高领双耳罐、带耳小罐、单耳罐、鬲足、斝等，折肩罐的肩、腹分界有明显的折棱，肩部素面，腹部饰竖篮纹。斝耳宽大，其上或贴纵向泥条，或有并排的楔形戳印纹、异身饰绳纹和粗篮纹。单耳罐侈口方唇，宽耳的上端接于口沿下的颈部，肩饰竖向绳纹。侈口罐带花边口沿，颈下饰粗绳纹。带耳小罐器壁薄，或者是纯正的夹砂灰陶，上饰绳纹；或者是夹砂灰褐陶，上有交错痕迹较深的划线纹。足为圆柱状，外饰交错绳纹。从带耳器发达、多平底器等特征看，西汉水流域的齐家文化应该主要继承了本地的常山下层文化。

第二节　白龙江流域史前文化

白龙江流域史前遗址不少，但经过充分发掘和研究并不多，尚存在很多缺环和不足。例如，目前还没有发现流域是否存在相当于大地湾一期的前仰韶文化。按理，这里距离秦安大地湾并不遥远，最近的距离就200多公里，而大地湾一期时间也有500多年，其影响没有到达白龙江流域似乎不太可能。目前关于白龙江流域文化遗存的材料相当单薄，很难对其文化面貌有一个全面的了解。同时，甘南高原的新石器时代的文化面貌也不详，半山——马厂类型这一阶段的新石器时代文化在白龙江流域的状况也有待进一步研究和解决。

白龙江流域环境及史前遗址概况

白龙江是嘉陵江最大的支流，源自甘南藏族自治州碌曲县的郎木寺纳摩大峡谷，自源头流过约 500 米，即与支流桑溪河交汇。然后流经迭部、舟曲、武都、文县，在四川昭化的碧口水库汇入嘉陵江。所过之地为陇南秦岭山地，山体高大，峡谷幽深，平均海拔在 1000 米以上。北峪河为白龙江的第二大支流，经过武都县城西面与其汇合。白龙江属于长江水系，与秦岭、淮河等同为我国的重要地理分界线。流域内地势为西北高、东南低，其上游的甘南高原主要位于迭部、舟曲县境内，海拔 2000～4000 米，全年无霜期为 2～4 个月；下游的秦岭谷地主要在武都、文县境内，属凉亚热带温润季风气候，全年无霜期达 8 个月左右，年平均降水量在 500 毫米以上，是甘肃省降水最多的地区。地质时期几次造山运动在白龙江流域隆起了高峻的秦岭，谷岭相对高差达 1000～2000 米，沉留了巨厚的易碎岩石，加上雨水相对集中，造成泥石流活动十分频繁。而长期的泥石流活动，形成了河岸的许多台地。尤其是两河交汇处，黄土台地往往都发育较好。这些台地面积一般比较大，地面平缓，台地边缘距河面的相对高度为 5～10 米，台地中部为 20～40 米，不易受洪水威胁，是先民理想的聚居地，因此分布着不少先秦时期的文化遗址。

1974 年 4 月，白龙江流域进行了第一次考古调查，发现了一些分别属于仰韶、马家窑、齐家和寺洼等考古学文化的遗存。[①] 1987～1988 年，再次进行了考古普查，对这一地区的古文化面貌有了更进一步的认识。1995 年春，对流域内武都县境内的古文化遗存进行了重点复查，并选择白龙江支流北峪河流域的大李家坪遗址进行为期两个月的发掘，获得了一批较为丰富的实物资料。

从考古资料看，白龙江流域的台地遗址主要属于仰韶文化与马家窑文化。大李家坪遗址发掘出石器工具 118 件，石刀 59 件，占了一半；其次为石球 14 件、磨石 6 件、石斧 4 件、石锛 2 件、石纺轮 3 件。另外，还有骨铲 1 件、骨锥 4 件、陶刀 1 件、陶纺轮 29 件。石刀主要用于采集和收割粮食，石球用于狩猎，石锛和骨铲用于种植，石、陶纺轮用于纺织。此外，在动物骨骼初步鉴定报告中，未成年猪的数量最多，均为家养，鹿的数量次之，还有少量的熊及龟甲腹片、钻孔蚌壳。可见，当时居民的经济方式是采集、渔猎、种植、养殖各占有一定的比例。到大李家坪第三期，种植、养殖的比重逐渐加大。

---

① 长江流域规划办公室考古队甘肃分队：《白龙江流域考古调查简报》，《文物资料丛刊》（第 2 辑），文物出版社 1978 年版。

典型遗址：大李家坪遗址

白龙江流域最典型的史前遗址是大李家坪遗址。遗址位于武都县马街乡白龙江支流北峪河南岸二级黄土台地上，自东向西由庙坪、安坪、张坪等三个小台地组成。遗址海拔约 2200 米，总面积达 15 万平方米。台地北临北峪河、南依中梁山，地势南高北低，呈缓坡状。

从发掘的地层来看，大李家坪遗址文化层厚为 1 ~ 4 米，呈不连续分布，常常是耕土层下即为新石器时代文化堆积。从平面分布来看，表现为距河岸越近则文化时代越早、越远则时代越晚的特点，依次为仰韶文化庙底沟类型、马家窑文化与寺洼文化。这说明在早期，人类聚落在距水源较近的台缘地带，随着河流不断地切割台缘，人类不断地后退。

大李家坪遗址出土了大量陶、石、骨器等遗物，其中以生活用品类陶器为主，典型器物有钵、盆、双琴盆、小口尖底瓶、泥质缸、瓮、侈口夹砂罐等。根据地层叠压关系，以及陶系、纹饰的变化和典型陶器的形制差别，发掘者将大李家坪遗址的文化遗存分为三期六段。

第一期文化遗存的时代及性质相当于仰韶文化半坡期的中、晚段。

第二期文化遗存分早、晚两段，时代及性质与大地湾四期晚段或者石岭下类型晚期阶段基本相当。第一、二期遗存之间明显存在缺环，但在该遗址第二、三期文化遗存的个别地层单位中，出土有极少量的卷沿彩陶盆、直口深腹钵、凹凸唇夹砂罐的口沿及彩陶盆的腹片，与大地湾三期遗存中卷沿盆、凹凸唇罐等的花纹及形制均接近，推测应属仰韶文化庙底沟期。

第三期文化遗存分为早、中、晚三段，在遗址中分布最广，堆积最厚，包含物也最丰富。此期的时代接近于马家窑文化之马家窑类型，但专家们认为，其文化属性似应为仰韶文化晚期晚段的一个地方类型。

大李家坪遗址的生业方式、精神文化和社会景观，与渭水上游的大地湾文化和临近的马家窑文化对应的阶段相类似，不再重复叙述。

白龙江新石器时代文化的特色[①]

张强禄先生以大李家坪遗址的分期作为标尺，对白龙江流域已发现的新石器时代文化遗存作过一次较为全面的比较，以下就其要点进行介绍。

寺背坪遗址位于武都县东约 30 公里处的马街乡寺背村。历次调查的采集品主要是陶器，其中有口沿饰细条黑彩的敛口钵、环形口尖底瓶、侈口卷沿曲腹盆，此类标本所代表的文化遗存称为"寺背坪 A 类遗存"。在大李家坪遗址中没有发现与该类遗存相当的地层单位，只在大李家坪个别晚期地层中，出土有少量属于该段遗存的陶片，其中侈口卷沿曲腹盆、彩陶盆腹片等与寺背坪遗址的同类器物相近，而在大李家坪遗址中则没有发现环形口尖底瓶，但从渭河流域尖底瓶的口沿存在"杯形口—葫芦形口—环形口—退化重唇喇叭口—平唇喇叭口"这一演化轨迹来看，寺背坪遗址的时代应在大李家坪二期遗存之前。寺背坪遗址的陶器标本中，还有内唇微起凸棱的敛口钵、退化重唇敛口尖底瓶等，称为"寺背坪 B 类遗存"。其中，敛口钵与大李家坪二期遗存中的敛口钵形制相近；至于尖底瓶，从大李家坪遗址中同类器物的演化轨迹来看，敛口、重唇应为早期特点。因此，寺背坪 B 类遗存与大李家坪二期遗存同属一个发展阶段。

任家坪遗址位于武都县柏林乡渠道村北峪河南岸，文化内涵以仰韶文化和寺洼文化为主。采集到的仰韶文化陶器同寺背坪遗址一样，可分为两类。"任家坪 A 类遗存"包括侈口卷沿曲腹盆、环形口尖底瓶、叠唇敛口瓮等，特征与寺背坪 A 类遗存如出一辙，时代也接近，相当于大李家坪第一、二期遗存的中间阶段。"任家坪 B 类遗存"陶器标本有方唇敛口瓮、喇叭口平底瓶、退化重唇尖底瓶等，器形与大李家坪二期遗存的同类器物近似，估计发展阶段也应相同。

后村东坪遗址位于武都县两水镇后村东北，地处沟坝河与白龙江交汇处的黄土台地上，其文化内涵主要属仰韶文化和寺洼文化。其仰韶文化遗存可分为三类。"东坪 A 类遗存"，以橙黄色卷沿曲腹彩陶盆为主，与大李家坪二期遗存早段的曲腹盆接近，陶色和彩陶图案则与大李家坪二期遗存晚段的同

① 张强禄：《白龙江流域新石器时代文化谱系的初步研究》，《考古》，2005 年第 2 期。

类器物相似；小口尖底瓶与大李家坪二期遗存晚段的尖底瓶几乎完全相同。故其时代应同于大李家坪二期遗存。采集品中众多的卷沿或折沿敛口曲腹彩陶盆、侈口束颈彩陶罐等，称为"东坪 B 类遗存"，他们的形制与大李家坪三期遗存的同类器近似，彩陶图案也相差无几，时代当与大李家坪三期遗存早、中段最为接近。而采集到的四钮双耳彩陶罐、侈口单耳罐等，所代表的文化遗存被称为"东坪 C 类遗存"，后者如除去单耳，则几乎与大李家坪三期晚段遗存的侈口素面罐形制完全相同。

烟墩沟遗址位于武都县西北约15公里处的两水镇烟墩沟村清水江与白龙江交汇处。采集得到的卷沿曲腹彩陶盆、敛口曲腹钵、彩陶盆腹片、饰划线纹的砖红陶尖底瓶腹片等，与寺背坪 A 类遗存的同类器相似，推测同为大李家坪二期中间阶段的遗存。

大沟门遗址位于武都县东南约10公里处的汉王镇麻池乡大沟门村。采集到的陶器有折沿弧腹盆、敛口曲腹钵等，与大李家坪三期遗存早、中段的同类器物风格一致，应属同一时段。

催古磨遗址位于迭部县电朵寺东南约40公里处的腊子乡催古磨村。此地共征集到 4 件完整陶器，有双耳彩陶罐、袋形垂腹单耳罐、鼓腹单耳罐等，彩陶均为黑彩。

掌坪遗址位于舟曲县东北约30公里处的丰迭乡城外村。征集到的器物较多，包括高领双耳罐、鼓腹彩陶罐、鼓腹单耳罐、单耳彩绘罐、高足三联杯、彩陶杯、单耳彩陶瓶、彩陶瓶、彩陶钵等。

以上可见，大李家坪遗址的文化分期在白龙江流域特别是白龙江下游地区具有代表性。因而，以大李家坪遗址的分期为标尺，可以把白龙江流域新石器时代的考古学文化划分为四期七段。

第一期以大李家坪一期遗存为代表，同类遗存目前发现较少。典型陶器有口沿多饰宽带纹黑彩的直口深腹圆底钵及弦纹口沿夹砂罐等。

第二期以烟墩沟遗址为代表，同类遗存包括寺背坪 A 类遗存、任家坪 A 类遗存，以及大李家坪遗址侈口卷沿盆、凹凸唇夹砂罐、彩陶盆腹片等所代表的遗存。典型陶器有敛口深腹彩陶钵、卷沿曲腹彩陶盆、凹凸唇夹砂罐、环形口尖底瓶等。

第三期分早、晚两段，分别以大李家坪二期遗存早、晚段为代表，同类遗存包括寺背坪 B 类遗存、任家坪 B 类遗存、东坪 A 类遗存等。典型陶器有敛口钵、卷沿或平折沿的曲腹彩陶盆、侈口夹砂罐、退化重唇敛口尖底瓶等。

第四期分早、中、晚三段，分别以大李家坪三期遗存的早、中、晚段为代表，同类遗存包括东坪 B 类和 C 类遗存、大沟门遗址等。典型陶器有敞口钵、折沿下垂的曲腹盆、喇叭形口退化重唇尖底瓶、侈口夹砂罐、侈口束颈彩陶罐等。白龙江上游的催古磨遗址和掌坪遗址也属于这个阶段，但文化面貌呈现出很强的地方特色，与大李家坪三期遗存差别明显；其文化内涵已发生变异，发展成不同序列的考古学文化。

以上四期文化遗存，大致可以代表白龙江流域从新石器时代中、晚期至铜石并用时代的四个文化发展阶段。

白龙江流域的新石器时代文化前面三期与渭河上游、西汉水流域的同时代文化差别不大。第一期都属于仰韶文化半坡类型；第二期都属于仰韶文化庙底沟期；第三期仍然大同小异，可以归入到以大地湾四期遗存为代表的仰韶文化，或者说石岭下类型。

但到了第四期阶段，甘肃地区的新石器时代文化发生了分化。东部以泾渭区为中心，通过常山下层文化发展为东部齐家文化；中西部以河湟区为中心，通过马家窑文化发展为西部齐家文化；在白龙江下游的秦岭谷地，发展成以大李家坪三期遗存为代表的具有强烈地方特点和马家窑类型文化因素的仰韶文化晚期类型；而白龙江上游的甘南高原则分化为马家窑类型。其后的文化面貌尚不清楚。西汉水流域此阶段的文化序列也不是很清楚，但可能更接近于渭河上游地区。这种分化肯定是在大地湾四期上层，即大李家坪二期晚段就已经开始，到了大李家坪三期时逐渐明朗化。

在出现上述分化时，白龙江下游流域地处泾渭区与河湟区的分界地带，文化面貌呈现出多样性。除了略占主体的大地湾四期仰韶文化晚期因素和一些马家窑类型因素外，还具有较多由自身发展而来的地方性特征。如陶系和纹饰、施纹风格等都独具特色。彩陶的比例既多于大地湾四期，又远远低于典型马家窑类型遗存。陶器中不见三足器，少见假圈足器；尖底器却占一定比例，且以退化重唇口的泥质灰陶尖底瓶为主。在泾渭区和河湟区不多见典型陶器中泥质橙黄陶的素面敞口钵、大口壶、侈口深腹夹砂罐、卷沿或折沿的灰陶盆、泥质灰陶的敛口钵、宽折沿夹砂缸等，具有有别于其他文化遗存的典型器类。石器以打制为主，制作粗糙，选料不精，以两侧带缺口的长方形打制石刀为主，钻孔技术不发达。这些都表明，这一阶段白龙江下游流域的新石器时代文化与渭河上游的仰韶文化晚期遗存有一定差别，已足以将其定义为仰韶文化晚期的一个地方类型。

白龙江上游的甘南高原出现了以催古磨遗址和掌坪遗址为代表的马家窑类型遗存，与白龙江下游秦岭谷地的同时期遗存相比，文化面貌差异较大，也不见泾渭区的文化因素。带耳器较多，瓶、壶、罐多呈垂腹或鼓腹，高足三联杯、单耳垂腹袋形罐为其他地区所不见，彩陶中的横排三角纹、弯曲度很大的水波纹、下腹多施垂帐纹的图案也颇具特色，这与典型的马家窑类型也不尽相同，或可视为马家窑类型的一个"小区"。

第三节 嘉陵江上游干流的史前文化

嘉陵江上游干流史前文化概况

嘉陵江上游的陕西凤县分布着众多的河谷台地，发现了 11 处新石器时代遗址。代表性的遗址有太山庙遗址、五里坪遗址、桑园村遗址、八里坪遗址 4 处。这些遗址都处在嘉陵江沿岸的台地上，地势平坦，距河面一般较高（八里坪高出 40 米），又背靠山，水患威胁小。这些遗址受台地空间的局限，面积不大，但文化层较厚，说明聚落延续时间长。分布范围都不超过五公里，比较集中，应该形成了聚落群。从遗址面积和时代来看，桑园村遗址可能是中心聚落。

不过，凤县的这些嘉陵江上游的台地遗址，目前只有考古调查材料，采集了一些陶片，没有采集到石器（只有桑园村东有一件扁平石斧），因而对其文化面貌很难作出具体的描述。河谷台地遗址一般在水流平缓处，鱼类等水产资源丰富。背靠山林，适于采集和狩猎。虽然遗址面积不大，但也有可供耕种的小片土地。所以这里居民的生业方式，推测应当是采集、渔猎为主，种植业为补充。

沿凤县以下，嘉陵江进入甘肃徽成盆地。目前尚不见有关这个盆地史前文化的任何资料。嘉陵江从徽县冲出甘肃、复回陕西，进入略阳境内，在汉中盆地奔流。汉中盆地史前遗址较多，著名的有盆地西边的南郑区龙岗寺遗址，东边的西乡县李家村遗址、何家湾遗址和汉阴县的阮家坝遗址。而紫阳县的马家营遗址和白马石遗址已经进入安康盆地，但所有这些遗址人们通常都算作汉水流域的史前遗址。

汉水上游毗邻嘉陵江上游，两者都同时流过汉中盆地，因此汉中盆地的文化遗址距离嘉陵江流域较近的也可以作为嘉陵江上游的文化遗址来研究。所以这里选择了西乡的李家村遗址来叙述。尽管它比龙岗寺遗址距离嘉陵江更远，但它属于前面叙述过的老官台文化李家村类型，更有可能是老官台文化经过嘉陵江水系而不是汉水进入的汉中盆地；而另一方面，考古界把龙岗寺遗址也归入了老官台文化李家村类型。同类性质的文化遗址还有西乡何家湾、二里桥、汉阴阮家坝、洋县土地庙、南郑龙岗寺、李家河、安康郭家湾、花园、旬阳李家坝、岚皋肖家坝等处；而何家湾遗址与李家村遗址相距只有6公里，很多遗物所体现的文化都可以与李家村文化相互补充。

典型遗址：李家村文化

1960 年至 1961 年，陕西省考古研究所汉水考古队，对西乡县李家村遗址进行了两次发掘，命名为"李家村文化"。李家村文化遗存主要分布在汉水上游地区，有一套具有明显特征的器物群，年代距今约 7000 年左右，地方色彩浓厚。

西乡县位于陕西省南部，大巴山北麓，西南与四川接壤。其中部地势平坦，四面环山，构成了一个东西长约 10 公里、南北宽 5 公里的小盆地。盆地中央牧马河由西流向东，与从镇巴南来的泾洋河汇合后流入汉江。遗址位于牧马河南岸第一台地，高出河床 2～3 米，东距西乡县城约 1.5 公里。遗址现存面积 26000 平方米，因河水冲刷，断崖暴露出 1～2 米厚的文化层。

三足钵和圈足碗

李家村为汉水上游发现的一处比较重要的遗址，经过较大规模的发掘，获得了一批面貌新颖的文化遗物。最有代表性的陶器是三足钵和圈足碗。[①] 类

---

① 陕西分院考古研究所：《陕西西乡李家村新石器时代遗址》，《考古》，1961 年 7 期。另见：陕西省社会科学院考古研究所汉水队：《陕西西乡李家村新石器时代遗址一九六一年发掘简报》，《考古》，1962 年 6 期。

似的遗存先后在西乡何家湾、① 那县下孟村也有发现。②

陶器皆为手制，胎壁均匀。以泥质内黑外红陶为最多，夹砂灰白（褐）陶次之，夹砂红陶、泥质黑陶和泥质灰陶较少。纹饰有线纹、绳纹、锥刺纹和布纹等，也有素面磨光的。主要器形有圈足碗、三足器和平底钵三种，其中圈足碗占现存陶器的58%左右。此外，还有陶球。

平底钵。皆泥质，绝大多数内涂黑衣，外作红色，纯灰、黑色的极少，纯红色的仅1件。器壁外表均饰线纹或细绳纹；灰陶、黑陶质的则均磨光，素面无饰。有圈足的，均为另外粘接上去的。独特之处在于，发现了一件布纹红陶片，这种陶片不见于陕西汉水流域新石器时代遗址，但在相距6公里的何家湾遗址发现有相同的陶片。

三足器。陶质有粗砂和夹砂两种。前者器形都较粗大厚重，颜色多作灰白色，夹粗砂的略成红色。器形多为直筒杯状。最小的似杯状，下端一般小于口部，平底，底下粘接三足。器壁和足皆饰竖绳纹，器形粗大纹饰也较粗。这类陶片也见于何家湾遗址。

圈足碗。均为泥质内黑外红陶质，表面施以线纹。应该是采用倒扣覆烧技术，器外氧化呈红色，器内还原呈黑色，形成一种独特的烧制技术。

还有一些陶器，如双耳罐。泥质灰陶，从器形、陶质和纹饰看，可能时间较晚。凹底器，有泥质红陶和夹砂红陶两种。表面均素面磨光，有的在肩部饰一道锥刺杖；器形为敛口、侈唇、鼓腹，底内凹。杯，均不能复原，泥质红陶的皆平底，夹砂灰白陶的皆为三足；饰绳纹，器形与三足器相同。

除陶器外就是石器。有打制、琢制和磨制三种。打制石器一般经细琢，然后再磨，有的还留有琢痕。有敲砸器、刮削器、石刀和带肩石斧。磨制石器有锤、凿、斧、铲等。除穿孔石器曾见于陕西境内的汉水上游冉家坝仰韶遗址外，石铲、带肩石斧以前都未曾发现过。

李家村文化有自己的特点，它与白家村遗址一类的文化距离很远，陶质陶色及器表装饰都有本质区别。两者在器类上虽然有相似之处，但不能混为一谈，如圈足碗和三足罐的整体造型都不一样。另外，李家村文化典型器平底钵在白家村文化中无一发现，似乎表明二者在年代上亦存在相当的差距。

---

① 魏京武：《汉江上游新石器时代文化初探》，《中国考古学会第二次年会论文集》，文物出版社1980年版。

② 陕西考古所泾水队：《陕西邠县下孟村遗址发掘简报》，《考古》，1960年第1期。

李家村遗存起初被认为与长江流域新石器文化的关系较为密切，时代上相当于江汉地区的屈家岭文化。[①] 在对遗址进行第二次发掘后，人们的看法又有了改变，认为它与渭河流域的仰韶文化有极密切的关系。[②] 这样，李家村遗存就被归入到了"前仰韶文化"之列。

臻于至境的骨雕艺术

李家村文化的雕塑艺术已发展到较高的水平。1980 年在西乡何家湾遗址，共出土雕塑艺术品七件。其中有骨雕人头像、骨管线雕三面人面像、石龟各一件，陶塑鸟头、猪头各两件。骨雕人头像是我国目前发现最早的一件骨雕艺术品，是用兽类肢骨的一部分雕刻而成。雕刻前，先将骨管磨成人头的形状，再用坚硬的带尖刃的工具雕刻，眼睛炯炯有神，是反复多次刻画而成的，眉间相互连接，鼻子最为形象。头像写实性较强，风格显得古朴粗犷。

骨管线雕三面人面像是在一个圆柱状骨管的三个面上，雕刻着三个人面像。其大小基本相同，然而三者面部表现了喜、怒、哀三种不同的表情。其中哀面像的眉和鼻子连接呈"T"形，整个面部表情作悲哀伤感状。怒面像双目呲牙。喜面像两眼似弯月，表情欢喜开心。早在六千多年以前的先民用极其原始的雕刻工具，在仅有 4 厘米高的骨管上成功表现出这三种情感，不能不令人赞叹。从审美的角度来看，这种艺术品是需要相当的艺术修养或天分才能刻画出来，哀的人面眉眼呈"T"形，喜怒的人面鼻子非常高大，上粗下细，像倒置的杏鲍菇，但鼻孔翻转，像猪鼻子；喜怒的鼻子、发型都一样，应该是表示大怒、大喜。三个人的牙齿都做了不同的造型，以配合不同的情感。这完全是深谙艺术之道的创作，是一件韵味十足、臻于至境的艺术珍品（见图 12）。

石龟是采用扁形鹅卵石刻划成龟形，虽然简单粗糙，但形象照样很逼真。陶塑鸟头和猪头皆为器盖的把钮，泥质红陶，造形生动。后来龙岗寺遗址，又发现了一件陶塑人面细颈壶，一件陶塑兽形尖底瓶，一件陶塑兽形细颈壶和一件船形陶壶。[③]

---

①　陕西分院考古研究所：《陕西西乡李家村新石器时代遗址》，《考古》，1961 年 7 期。

②　陕西省社会科学院考古研究所汉水队：《陕西西乡李家村新石器时代遗址一九六一年发掘简报》，《考古》，1962 年第 6 期。

③　何周德、李润泉：《陕西史前雕塑艺术概述》，《文博》，1990 年第 8 期。

图 12　李家村出土的骨管线雕人面图

　　这些雕塑艺术品，反映了汉水上游原始人类的精神文化生活，而他们所达到的水平是当时所能见到的艺术作品难以企及的。有人认为李家村文化是汉水上游古代文明的发祥地之一，这是有一定道理的。

第五章
嘉陵江中下游史前文化

　　嘉陵江中下游流域是指广元以下的川中盆地和川东岭谷，主要由涪江流域、渠江流域和嘉陵江干流流域组成。该区域北靠岷山和大巴山，东接华蓥山，西为丘陵，与成都平原相连。

　　嘉陵江中下游流域河流众多，是紧密联系周边的重要通道。渠江从川北、川东山地流出，向北可达陕南汉水流域。渠江流域的擂鼓寨、月亮岩、罗家坝等文化遗存可见到三峡文化的影响；涪江流经川西平原与川中丘陵，是巴蜀交往的天然通道。南充报本寺、淄佛寺、阆中蓝家坝等文化遗址有三星堆文化和成都十二桥文化的影响。

　　大约距今六七千年，四川盆地广元中子铺区域受到李家村文化的影响，可视为仰韶文化的影响区。在距今四五千年的新石器时代晚期，渠江流域与嘉陵江干流中下游的文化遗存明显受到三峡地区文化的影响，可视为三峡文化区。而涪江流域的边堆山遗址则与成都平原宝墩文化面貌接近，可视为宝墩文化区。后世巴、蜀文化的地理分野由此初见端倪。新石器时代晚期，四川盆地的考古学文化主要为三星堆文化和十二桥文化，其分布范围远达陕南和鄂西地区。从南部报本寺、南充淄佛寺及阆中蓝家坝的文化遗存来看，嘉陵江干流的中下游流域当在巴蜀文化分布空间之内。[①]

　　下面我们先来看看嘉陵江中下游干流的史前文化。

---

　　① 赵炳清、伍小琴：《先秦时期嘉陵江流域文化空间的演变》，《西华师范大学学报》，2014 年第 06 期。

第一节　嘉陵江中下游干流史前文化

自广元以下，河谷逐渐开阔，地形从深丘渐变为浅丘，与涪江、渠江中下游一起构成川中盆地。嘉陵江中下游地区多为低山丘陵。中游地区河曲发育良好，河道逐渐开阔，水面宽 70 ~ 400 米，地势平缓，沿岸有多级阶地，局部与低山、浅丘连接，形成较广阔的缓丘平坝。这些平坝台地上，史前遗址分布较多。合川以后进入下游，因渠江、涪江二支流汇入，水量巨增。切开川东平行岭谷，在华蓥山形成牛鼻峡、温汤峡和观音峡三个峡谷，山岭夹峙，江面逼窄，悬崖高耸，幽深奇秀，称为"嘉陵江小三峡"，又叫"巴峡""东阳峡"。杜甫"即从巴峡穿巫峡，便下襄阳向洛阳"中的"巴峡"就是指此。

嘉陵江中下游地区属于亚热带湿润季风气候，雨量充沛，夏季多暴雨，河网密布，水量充足，水系发达，支流众多，呈树枝状分布。全新世以来，两岸充满了类型各异、丰富多样的动植物资源，为人类的发展创造了优渥的环境，也为远古居民选择生存方式提供了多种可能。

按照地理学科对嘉陵江上中下游的划分节点，广元目前的新石器时代遗址都在嘉陵江上游范围内，但由于广元处在四川盆地北部边缘，从实际的地理空间单元出发，广元目前的新石器时代遗址都划入嘉陵江中下游来讨论。这是要特别加以说明的。

把广元新石器时代遗址纳入中下游以后，我们就按照嘉陵江中游广元段、嘉陵江中游南充段和嘉陵江下游的空间顺序来讨论。

嘉陵江中游广元段新石器时代遗址

广元段新石器时代遗址概况

嘉陵江中游广元段的新石器时代遗址主要有广元张家坡遗址、鲁家坟遗址、邓家坪遗址和中子铺遗址4大遗址。其中中子铺遗址是四川盆地发现最早的新石器时代遗址。

张家坡遗址位于广元市西山东南坡地上。西山海拔550米，高出嘉陵江河床约 70 米，遗址所在相对高度为 30 ~ 55 米，距今 6000 ~ 5500 年。

遗址以山梁为屏障，面对嘉陵江与南河的交界处，形成面水依山的居住特点，既靠近水源，又不易受到水患的影响，地理位置十分优越。遗址面积约为 1 万平方米，聚落规模不大，延续时间不长，先民们还处于流动迁徙状态。

张家坡新石器时代遗址出土了一些石器和陶片。石器保存完整，有近 70 件，石质以石灰岩居多，石材取自山前嘉陵江河滩的砾石。石器普遍小型化，种类比较齐全，有斧、锛、刀、凿等，绝大多数形制规整、打磨光滑，刃部较锋利。器形包括斧、刻刀、锛、长方形刀，钮、链、凿、杆和砍砸器等，斧和锛居多。陶器为夹砂陶和泥质陶，陶色以灰褐色为主。纹饰有附加堆纹、绳纹、刻划纹等，绳纹最多。陶器火候较低，分轮制和手制。器形有钵、罐等，口沿有直口、敛口、喇叭口等，器底以平底为主，偶见圈足。

鲁家坟遗址位于广元市，距张家坡（包括下文的邓家坪遗址）仅 3 公里左右，采集遗物绝大部分是陶片，文化面貌与张家坡基本一致。

广元邓家坪遗址。距今 5500 ~ 5100 年（下层）。可分为两层，下层遗存以泥质灰陶等细泥陶居多，有少量的黑皮陶和个别泥质红陶；上层以夹砂灰褐陶为主，总体共性较强。纹饰以绳纹和附加堆纹最多见，器物口沿和唇部流行饰为绳纹或波浪纹。器形有深腹罐、碗、钵、鼓腹罐、器盖等。石器有锛、凿、斧、铲、刀，此外有不少小石片和少量细石器。遗址下层可能与中子铺下层遗存具有时间或者文化上的某种连续性。

典型遗址：中子铺遗址

中子铺遗址位于四川广元市中子铺场镇的营盘梁小山丘上。距陕西宁强县界仅 10 余公里，嘉陵江的一条小支流潜溪河从宁强蜿蜒而来。前后两次考古发掘共揭露遗址面积 1100 余平方米，采集和出土了 1 万余件标本。遗址绝大部分地层堆积浅，地层扰乱严重。细石器遗物多见于表层，石料就地取材，主要为黑色燧石。石器标本中以石片、石叶和石碎屑最多，其次为石核。发掘者认为遗址是一处细石器制造场，多座灰坑和灶坑皆开口于生土层，保留了遗址的原生状态。石器采用间接方法打片、压片和直接打击剥片制作；长石叶数量最多，器形有刮削器、尖状器和雕刻器等。石核类型较齐全，以锲形、锥形、漏斗状为主。带刃小石片数量多。

在遗址的灰坑和灶坑中，细石器标本与夹砂绳纹红褐陶片共生，这些红褐陶片火候很低、质地较软，表面风化，纹饰只见绳纹。另外发现了柱状小实足陶器。陶片整体特征比较原始，属于新石器时代早期。扰乱地层中出土了磨制石器和数量不多的陶片。磨制石器有斧、锛、凿、穿孔刀、磨石、磨盘和磨棒等；陶片以夹砂陶为主，有夹粗砂的红褐陶，表面风化较为严重，也有夹细砂的灰褐陶和少量火候较低的泥质红陶。器表流行饰绳纹，个别饰指甲印状的连续戳印纹和划纹，附加堆纹多见饰于灰褐陶。口沿多以绳纹或齿状、绞索状花边装饰。器形有罐、碗、圈足器，平底器占多数。

通过对比，中子铺遗址包含两期文化遗存，以细石器、红褐夹砂陶为代表的这组遗物为新石器时代较早的文化遗存，鉴于其文化个性，王仁湘先生建议命名为"中子铺文化"。而灰褐陶和磨制石器一类的遗存石器略晚。

在中子铺遗址早期遗存中还发现了三足器形，与陕南李家村等地出土的前仰韶时期的小三足器形制比较接近。遗址发掘者经过年代检测，认为中子铺细石器遗存的年代距今 7000~6000 年，时代大致与前仰韶时期相近，属于新石器时代中期偏早阶段。

嘉陵江中游南充段新石器时代遗址

南充段遗址概况

嘉陵江中游南充段新石器时代遗址较多，目前发掘的有 10 多处，遗址的规模普遍不大，文化层不厚。但整体上可以看出嘉陵江中游的文化面貌。

苏家坝遗址。苏家坝遗址位于广安市武胜县烈面镇沿江村，遗址地处吉安河汇入嘉陵江的河口附近大致呈东西向分布的南岸二级台地上，地势较为平坦，西部略高，年代为公元前 1740~前 1620 年。苏家坝遗址面积较大。包括五期六段。各期之间尤其是一至三期之间尚存在较大的年代缺环，尤以缺少以尖底器为代表的十二桥文化时期遗存最为引人注目。另外第三期遗存以圜底器和平底器为主，不见三足器，与同时期四川盆地的相关发现差异明显。苏家坝遗址对于巴文化源流的探索具有一定的价值。

苏家坝遗址的灰沟很特别。坑壁、坑底及整体形状较为规整，应是有意为之。陶器层层叠叠，数量多，包括较多完整器。陶器堆放有一定规律，有大量灰烬及燃烧痕迹，出土较多的有占卜甲等。发掘者认为，这个灰沟应该不是弃置生活垃圾的普通灰沟，而与祭祀活动有关。

　　元宝土遗址。位于南充市顺庆区渔溪乡猫儿溪村4组的嘉陵江右岸山坡顶上。遗址北、东、南三面被沟坎环绕，西部为民居和乡村公路。面积约3000平方米。遗址地表采集有较多的打制石片和1件磨制石器。经勘探和铲刮剖面，并未发现文化层的堆积，亦未采集到陶片，结合地形推测可能是一处石器加工场。采集到石斧1件、白色硅质石灰岩、体呈长方形，弧刃，刃部磨制，体两侧可见打砸的疤痕。石片4件、体均呈椭圆形，剥片痕迹明显，一面保持自然砾石面，下部可见打击的疤痕，另一面可见剥片痕迹，打击点、放射线明显。砍砸器1件、体呈不规则长方形，一面保持剥片后的疤痕，另一面剥片痕迹明显，打击点、放射线明显，下端可见砍砸的痕迹。

　　铁钱坝遗址。位于南充市高坪区龙门镇龙门13村5组的嘉陵江左岸二级台地上。遗址东为南充至龙门镇的公路，西为嘉陵江。面积约10万平方米。地层堆积北部较厚，南部较薄，距地表深180～150厘米。遗址采集的遗物均为陶器，从陶器来看，可明显分为三个主要时期，即新石器时代晚期、商周时期和汉代。新石器时代的陶片较少，主要是夹砂红褐陶或褐陶，纹饰主要包括绳纹、线纹、刻划纹等，器型主要为罐；商周时期的陶片主要为夹细砂黄褐陶、夹细砂灰褐陶、泥质黑皮陶等，纹饰较少，主要是绳纹，器型主要有罐、釜、钵、圈足等。

　　淄佛寺遗址。位于嘉陵区文峰镇。采集器物主要是陶器，还有少量石器和骨器。陶器采集陶片较多，但均细小，主要为夹细砂灰褐陶、夹砂褐陶、泥质黑皮陶。纹饰极少，主要为绳纹。器型主要为平底器和圈足器，包括小平底罐、敛口罐、盘、高柄豆、豆柄等。

　　蔡家壕遗址。位于嘉陵区河西镇。采集器物主要是陶器和石器。采集陶片较多，主要为夹细砂褐陶、夹细砂灰褐陶、泥质黑皮陶等。纹饰较少，主要包括绳纹、凹弦纹、瓦棱纹等。器型主要为平底器和圈足器，主要包括小平底罐、壶、盘、卷沿罐、钵、高柄豆、豆柄等。

　　羊口村遗址。位于嘉陵区李渡镇。采集器物主要是陶器，还有1件石器。陶器数量较多，以夹砂红褐陶为主，还有夹砂灰褐、黑褐陶，泥质陶较少，主要是黑皮陶、黄褐陶等。纹饰较少，包括绳纹、弦纹等。器型主要是平底器，包括喇叭口罐、盘口罐、钵、盆、敛口罐等。

　　何家大竹林遗址。采集陶片碎小，以夹细砂红褐陶为主，器表饰竖向细绳纹，器型主要为罐。在南充市嘉陵区土门镇的姚家坡，亦采集到2块夹砂红褐陶陶片，器表饰交错细绳纹，推测此地亦有早期遗存，后因改田改土破坏。

南部涌泉坝遗址。目前只见有 7 件器物的线图，器形多为侈口罐类器和矮圈足器。南部报本寺遗址在调查中仅采集到陶片，公布 4 件陶片图。南充淄佛寺遗址发表有 9 件陶器线图，其中有一件缸（或为釜）为花边口沿。

线坝遗址。位于蓬安县睦坝乡线坝村 4 组，处于嘉陵江右岸的一级阶地上。遗址北有一小溪，东靠嘉陵江，西、南面靠山，面积约 40 万平方米。该遗址涵盖新石器时代和汉代，现仅介绍遗址的新石器时代文化遗存。通过对线坝遗址中部进行铲刮剖面，发现其堆积明显，出土器物具有典型的新石器时代的特征，但分布面积不大。可能因嘉陵江长期冲刷，垮塌严重。该区域陶器以夹砂红褐陶为主，还有少量夹砂灰褐陶、黑褐陶等，泥质陶数量极少，主要是泥质红陶、黑陶。纹饰较多，包括绳纹、附加堆纹、梳刷纹、线纹、凹弦纹等。器型均为平底器，包括卷沿罐、折沿罐、钵等。

目前学界对各遗址的具体年代尚存争议。

典型遗址：灵山遗址

灵山遗址地处嘉陵江北岸与东河交汇处，属阆中市文成镇梁山村。位于四川阆中市老城东北约 5 千米盘龙山支脉灵山山顶和山腰平地上，山顶海拔高度约 537 米，遗址所在的山腰位置距山顶约 40 米，为新石器时代晚期遗存，距今在 5000 ~ 4500 年前后。出土遗物主要为陶器、石器，还发现一片动物骨骼。另有不同类型的灰坑、灶等。

灵山遗址最重要的发现是其中的"燎祭遗迹"。遗迹位于山顶中部，略呈圆形，保留着明显的活动面，与上层能自然剥离。除南部和中部被后来（清代和现代）的文化遗留打断以外，北部、东南部和西南部分别都保留了 1 个火烧面。整个活动面东西长约 6.25 米、南北宽约 5.75 米。

北部火烧面，平面呈椭圆形，烧面直径 1.05 ~ 1.2 米，残存木炭灰烬。东南部火烧面，平面呈不规则圆形，为红烧硬结面，烧面直径 1.15 ~ 1.25 米，残存木炭灰烬。西南部火烧面，平面呈不规则扁圆形，烧面长径 1.3 米、短径 0.2 ~ 0.6 米，残存木炭灰烬。

陶器的陶质有夹砂和泥质两类。陶质大致经历了从早到晚、夹砂陶数量从多到少，再由少到多和泥质陶数量从无到有、从少到多又由多到少的变化过程。夹砂陶多羼和石英颗粒。根据羼和石英颗粒的大小，可分为夹粗砂与夹细砂两种。陶色主要有红、黑、灰、褐、灰褐、黄褐等，大多陶色不匀，纹饰多绳纹、附加堆纹、戳印纹、划纹、弦纹、乳钉、镂孔、贴塑等，还有由前述 2 种以上组成的复合纹。绳纹由细向粗变化，多交错拍印成方格形或菱形。在附加堆纹上也多按压绳纹。戳印纹有线、点、圈 3 种形态。划纹可分线形与波浪形。弦纹可分为凹、凸 2 种。陶器火候一般，早期火候较低，制法多轮制或手制轮修，部分手制，高领瓮多口领、腹、底分制后套接。器类以瓮、罐为主，盆、钵、器盖次之，缸、纺轮较少，盘、豆极少，瓮出土数量较多，缸出土数量少。

石器为打制和磨制两种，石料全部来自江边的砾石。石器种类主要为砍砸器、刮削器、扁条形器及碎石片。磨制石器主要有斧、锛、凿、杵、刀、矛、穿口礼器、石球及砾石等。

灵山遗址是嘉陵江干流中游首次发掘的新石器时代晚期遗存。它是嘉陵江干流目前为止发现的地层堆积最厚、层次最多的新石器时代晚期遗址，为我们了解和研究该地区新石器时代晚期的考古学文化面貌和时空框架提供了确切的实物资料，为研究四川盆地以及盆地周边如陕甘青、峡江地区等新石器时代晚期考古学文化的东、西交流与南北融合提供了新的实物资料。观察出土的陶石器和器物组合与形态特征，具有比较明显的地域特色，可能是新的考古学文化或类型。从周边地区已经公布的同时期考古发现材料看，个别器物与重庆忠县哨棚嘴、重庆北碚大土遗址特征相同，年代大体相当。盘口罐和罐类器物沿下和腹部多施附加堆纹与重庆忠县中坝遗址、川西平原地区宝墩遗址同类器特征相同；器物唇部施绳切纹或戳印纹的数量比较少，与其他遗址出土的唇部呈锯齿或波浪形唇差别明显。

灵山遗址位于山顶的燎祭遗迹丰富了新石器时代考古学文化研究的内涵。

嘉陵江下游新石器时代遗址

概况

两万多年前，嘉陵江下游就有了铜梁西郭张二塘这样的旧石器时代遗址，说明人类来这里生息繁衍的历史是很漫长的。但除了铜梁西郭张二塘遗址，还没有发现和发掘出什么大型的遗址和重要的文物。

合川河嘴屋基遗址。遗址文化堆积平均厚度达 3.6 米左右，出土遗物非

常丰富。器物分为两组，A组陶器，为新石器时代，绝对年代距今约5600～
5300年，陶质以泥质青灰陶、灰褐陶为主，夹砂灰褐陶次之，另有少量泥质
磨光黑皮陶。纹饰主要有细绳纹、箍带纹、附加堆纹、菱格纹、交错绳纹等，
流行在口唇进行花边装饰。陶器制作工艺基本为轮制。器型有平底器、圈足
器和尖圜底器等，包括鼓腹罐、深腹罐、盘口罐、圈足豆等。少量陶片饰有
太阳纹，和哨棚嘴一期晚段纹饰相似，属于玉溪坪文化早段颇有特色的纹样。
戳印太阳纹、细菱格纹与附加堆纹组成的复合纹饰陶片，以及小口高领壶、
泥质卷沿鼓腹罐、镂孔圈足豆等器物与峡江地区丰都玉溪坪遗址、忠县哨棚
嘴遗址第一期晚段，以及川北地区的茂县营盘山遗址、重庆江津王爷庙、江
津鼎锅浩等遗址均有相同或相似器形。而夹砂折沿深腹罐、泥质卷沿鼓腹罐
等器物在万州涪溪口哨棚嘴遗址也有发现，总体特征与玉溪坪文化及相继的
哨棚嘴文化一脉相成。河嘴屋基遗址第一期整体上可归入玉溪上层文化，约
为玉溪上层文化晚期。

合川猴清庙遗址。遗存年代距今5000～4600年，属于玉溪坪偏晚阶段的
文化遗存。新石器时代文化堆积分布范围很小，仅出土少量陶器。陶质以夹
砂陶为主，泥质陶次之。陶色以黑褐、灰褐最多。陶片一半以上有纹饰，种
类较多，以弦断绳纹为主，部分器物口沿做成花边形。一般为泥条盘筑，手
工制作，兼有轮制。器形多折沿器，器底均为平底。可归入玉溪坪文化和石
地坝文化，与峡江地区是同一个文化系统。

合川老菜园遗址。遗址的绝对年代为距今5000～4500年。出土遗物为陶
器和少量石器、石片等。陶器以夹砂陶居多，夹砂陶以红褐、灰褐陶为主。
烧制火候低，胎体结构差，皆为手制，主要采用泥条盘筑。器物纹饰主要有
附加堆纹、菱格纹、戳印纹等，纹饰一般从口沿下饰至器底，口沿流行花边
装饰。泥质陶胎质细腻，烧制温度较高，普遍使用打磨技术，主要纹饰为瓦
棱纹。器类以平底器为主，有罐、缸、钵、盘、纺轮等。石器均以砾石为料，
加工方法有打制、磨制两种。器形有斧、刮削器。石斧的石质细腻，磨制精
细。刮削器均有使用痕迹。石器整体较小。地层中包含有较多的红烧土块，
一面平直光滑，一面保留有棍痕，推测与当时的建筑有关。与哨棚嘴三期文
化面貌接近。

合川牛黄坝遗址。距今约4500年。新石器时期遗物主要为陶器。以夹砂
红褐陶为主，泥质陶数量较少；器物流行在口唇进行花边装饰，器表多饰附

加堆纹、菱格纹，另有戳印纹、弦纹、瓦棱纹、划纹等；以泥条盘筑为主，经慢轮修整。泥质陶普遍使用打磨技术。器类主要有罐、钵、壶、缸、盆、纺轮等，流行平底器，圜底器和圈足器较少。文化特征与哨棚嘴遗址三期相近。

牛黄坝遗址最重要的发现是新石器时期的窑炉。窑炉平面呈"马蹄形"，通长160厘米、宽100～143厘米、残深40～50厘米、壁厚0.4～0.5厘米。窑壁外有一层厚0.5～1厘米的热辐射形成的红褐色土层。窑炉残存火膛和排烟孔，火膛平面呈圆角长方形，窑壁因用火受热程度不一形成内外两层，内层为0.1～0.2厘米厚的深灰色硬面，外层为厚0.3～0.4厘米的热辐射形成的烧土面，火膛底部较平，壁面残留有明显的棍状加工痕迹，深灰色硬面上残留有炭屑。排烟孔位于火膛后部，有东西两个，平面近椭圆形，壁面呈带状，平底。窑内为松软的灰褐色粉砂土，包含物丰富，多为夹砂陶和泥质陶片。遗物主要为陶器。陶质以夹砂红褐陶为主，少量泥质陶。窑炉的发现在渝西地区尚属首次，填补了该地区这一时期考古学文化的空白。窑炉形制与三峡地区同时期陶窑差异较大，丰富了重庆地区新石器时期陶窑的种类，对了解渝西地区新石器时期的窑炉形制、烧制工艺等很有价值。

牛黄坝遗址发现的早期文化遗物，对了解嘉陵江中下游新石器时期的文化面貌和建立嘉陵江中下游新石器时期的文化序列具有重要意义，同时为进一步探讨峡江地区和四川盆地间的文化交流提供了新的信息。

典型遗址：沙梁子、大土和蔬菜排遗址

合川县沙溪乡沙梁子遗址。从河岸台地断壁、河漫滩、周边冲沟等地采集石器24件，陶片107片。石器有农耕用的石耜、石锄、石斧、石锛、砍砸器等；渔猎用具有石球、网坠、石矛等。沙梁子遗址从新石器时代晚期至延续商周时期。从工具的类型和数量看，当时当地居民的生业方式是以种植为主，渔猎为辅。

沙梁子遗址的石器均为打制石器，包括砍砸器、刮削器、耜、斧等，多为农具，仅刮削器可能跟狩猎有关，说明沙梁子先民们过着以农业为主，渔猎为辅的生活。器物组合为罐、盆、尖底盏、尖底杯、平底器等。罐有高领罐、喇叭口罐、深腹罐等，部分有浅小花边口，尖底盏有敛口、敞口两种，尖底杯成圆锥状，这些器物在四川、重庆等地常有发现，如成都十二桥遗址、新繁水观音遗址、云阳李家坝遗址、忠县哨棚嘴遗址等，均为商周时期器物。

不过其中的折沿罐、平底器、黑皮陶等少量遗物可能早到商代以前。

沙梁子遗址晚期遗迹和遗物发现较多，其中陶网坠数量和类别多，延续时间长，说明渔猎生产在当地经济中的地位较高。

通过对沙梁子古城出土动物骨骼的鉴定和分析，可知城址居民的肉食结构中家养动物的比例要远大于野生动物，说明该地居民的肉食来源主要依靠家养动物，但同时也通过狩猎获取野猪等。该遗址中带有人工痕迹的骨骼极少，仅占总量的0.5%，这在一定程度上说明当时人们对于动物骨骼的再利用并不充分或并不需要利用动物骨骼。通过分析遗址中野生动物的栖息环境，得知当时沙梁子古城周围植被较好，有大片树林、草原，且周围存在大面积水域，为人类的生产活动提供了必要的动植物资源。多个文化层均包含了丰富的遗物如陶制品、石制品、铜制品、铁制品以及动物骨骼等遗物，可以推断沙梁子古城是一个被长期连续居住利用的城址。

北碚大土遗址。绝对年代距今约4800年。仅见少许夹砂碎陶片和石器。大多数陶器均为夹砂陶，泥质陶数量稀少。陶器表面颜色多不纯正，以褐色为主。纹饰主要为斜向交错滚印绳纹，盛行复合纹饰，以菱格、绳纹、弦纹的组合较多，素面极少。以手制为主，多为泥条盘筑。口部、腹部和底部分别成型，然后再套接。器形有折沿鼓腹罐、内折沿钵、折沿斜腹罐、折沿筒腹罐、壶和平底器等，均为平底器。折沿腹罐的口沿多呈绳索状或锯齿状花边。

嘉陵江下游过去很少发现新石器时代遗址。大土遗址等新石器时代遗址的发现，对于认识嘉陵江下游地区乃至重庆地区新石器时代的文化面貌很有价值。大土遗址修复了一件折沿筒腹罐，与哨棚嘴遗址第二期早段的一件基本相同。哨棚嘴遗址二期早段的1件完整的"花边口折沿瘦腹罐"与大土遗址的该件器物的器形、底纹、花边、分段装饰特征等都十分接近。此外，大土遗址饰瓦棱纹的内折沿钵，在哨棚嘴遗址二期早段也有较多出土。总体上，北碚大土遗址新石器遗存与哨棚嘴遗址第二期早段的年代较接近。但大土遗址与哨棚嘴遗址第二期早段也存在一定的区别。大土遗址陶器的弦纹较发达，哨棚嘴遗址二期却盛行箍带纹，反倒是其第一期晚段的弦纹较多。而哨棚嘴遗址第一期的陶器器形又与大土遗址有着明显的差异，特别是不见带瓦棱纹的内折沿钵。应该说，大土遗址新石器时代遗存的年代应稍早于哨棚嘴遗址第二期早段。

从陶器器物组合、器物形态、制作工艺等看，大土遗址新石器时代的文化遗存性质属于典型的玉溪坪文化。就目前的考古发现看，包括大土遗址在内的玉溪坪文化遗存之间表现出密不可分的文化联系，如器物多手制、慢轮修整；口唇部流行花边，器表盛行滚印绳纹形成的菱格纹或斜绳纹，这两种纹饰常和箍带纹、戳印纹、弦纹结合构成复合纹；器物分段成型，然后再驳接为一体……嘉陵江中游地区，如广元张家坡遗址、通江擂鼓寨遗址、宣汉罗家坝遗址等，其新石器时代的器物也普遍存在上述特征。玉溪坪文化遗存可能从峡江地区向西北传播，三峡地区和嘉陵江中游地区史前文化交往密切，处在下游和上游结合地带的大土遗址，显然具有很重要的意义。

菜蔬排遗址。菜蔬排遗址已经进入到了商周时期，为公元前 1100～前1000 年。遗存出土器物大多较破碎，其中的溜肩罐、耸肩罐时代特征较明显，同类器物在涪陵镇安遗址也有出土，二者时间和空间接近，很多器形相同或相似。菜蔬排遗址商周遗存还与丰都信号台遗址的商周器物接近。其"溜肩罐"在信号台遗址中较为常见，器形相似度较高。而菜蔬排遗址的母口式尖底盏在涪陵石沱遗址、丰都玉溪坪遗址、忠县邓家沱遗址等都有出土。该类陶器由小口、深腹逐渐向大口、浅腹变化，菜蔬排遗址的尖底盏属于较早的形式。另外，菜蔬排遗址、镇安遗址、信号台遗址的器物群还有一些共同特征，如均不见或极少见坦腹敞口（敛口）尖底盏、尖底杯等。圜底器虽然有一定数量，但比例极低。陶器纹饰多素面……还有，菜蔬排遗址的喇叭口灯形器与成都十二桥遗址的一件灯形器非常接近，看来成都平原的十二桥文化与重庆地区的文化之间应该有着频繁交流。

菜蔬排遗址的商周遗存陶器以小平底器、尖底器和少量圜底器为主要特征，陶器以素面为主，与四川盆地内的商代晚期至西周时期考古遗存是一致的。白九江等曾经将这一时期的鄂西峡江地区、重庆地区、成都平原、陕南汉中盆地和安康盆地为中心的四大地理单元，划分为一个大的文化圈"十二桥文化圈"，在"十二桥文化圈"下，又分布着以四大地域为中心的四个亚文化，分别是以成都平原为中心的十二桥文化"十二桥类型"，以重庆为中心的"石地坝文化"，以长江三峡东段和清江流域为主的鄂西"路家河文化"，以汉中盆地和安康盆地为中心的"宝山文化"（或称"白马石类型"）。菜蔬排遗址处于嘉陵江下游地区，一是遗址内有船形杯，船形杯目前仅见于重庆三峡地区和邻近地区，地域和时代符征明显，演变序列清楚，属于石地坝文化的典型器。二是遗址内有数量较多的豆口尖底盏，该类陶器不见于成都平原，目前仅见于重庆三峡地区，其中丰都玉溪遗址出土数量最多。三是遗址内有少量花边口罐陶器，花边风格的器物到了石地坝文化晚期、瓦渣地文化等阶段后，非常盛行，其装饰风格在重庆三峡地区有非常悠久的传统。因此，可以划入"石地坝文化"的范畴。

菜蔬排遗址对于研究嘉陵江下游地区与重庆三峡地区的文化交流，探究嘉陵江中游地区同时期文化属性具有重要的参考价值。

第二节 涪江流域、渠江流域新石器时代文化

涪江和渠江是嘉陵江中下游两条最大的支流。涪江从川西北高原奔流而下，再横贯四川盆地，从西北向东南汇入嘉陵江；渠江从川东北大巴山深处滚滚而出，沿盆地东北和东部边缘流入嘉陵江。前者沟通了川西高原、成都平原、川东地区和长江三峡，后者沟通了汉水流域、大巴山山区和三峡地区。二者成为巴蜀文化以及巴蜀文化与长江上中游文化交流、融合的重要通道。

下面按涪江流域、渠江流域的空间顺序介绍两大支流的史前文化。

涪江流域史前文化

嘉陵江干流自广元以下，河谷逐渐开阔，地形从深丘过渡到浅丘，发育出河曲、阶地和冲沟，与涪江、渠江构成川中盆地。涪江是嘉陵江中游右岸最大支流，发源于四川松潘境内的岷山雪宝顶北麓，由川西北高山区向东南进入四川盆地丘陵区，至重庆合川汇入嘉陵江。

涪江流域的史前文化主要有江油大水洞遗址和绵阳边堆山遗址。

大水洞遗址

大水洞新石器时代遗址位于江油市西北的大康镇旱丰村九组吴家后山山腰上，海拔 1505 米。江油市地处四川盆地西北边缘，县境轮廓呈东北－西南走向的条形。西北部系山地，属东北－西南走向的龙门山－大巴山台缘褶断带。山高坡陡，谷窄沟深，侵蚀强烈，地貌类型以低中山和低山为主。海拔 800～1500 米，境内地表水系属长江支流嘉陵江水系，气候属北亚热带湿润季

风气候，年平均气温 16℃。西北部属湿润山地自然景观，自然植被保存较好。气候、土壤、植被均有明显的垂直分带现象。自然植被的地理分区属盆地边缘中山植被地区的龙门山植被小区。自然植被多为耐寒种属阔叶林，如山毛榉科的曼青、色石栎，樟科的川桂、油樟、桢楠、小果润楠等，呈带状分布。动物种群属亚热带川西高原高山草原森林动物群，代表动物主要为松鼠、鼯鼠、猕猴以及鹰、隼等。

大水洞遗址是一个石灰岩溶洞，洞内地势平缓，顶部平坦，东壁下有水源，靠近水源东西宽约 10 米的区域是人们的生活区，生活区东北侧是工具制作区。从地层堆积来看，第 1 层为黄褐色粉砂土层，第 2 层为黄褐色粉砂质黏土层，这两层是洞内流水携带泥沙长期淤积形成的。第 3 层为新石器时代文化层，厚不足 0.22 米，第 3 层以下为生土层。该洞穴聚落的规模不大，延续时间不长，可能是十来个个体的暂时栖息地。

2005 年 4 月，国家文物局批准发掘大水洞遗址。四川省文物考古研究院会同绵阳市博物馆、江油市文物管理所等单位对大水洞新石器时代遗址进行了发掘。发掘面积共计 200 平方米。清理出 2 处用火遗迹，发现陶片、石器、石坯、砺石、骨器、蚌饰等遗物。陶色有灰陶、黄褐陶、磨光黑皮陶、红褐陶等 4 种；其中以灰陶为主。陶片火候较高，陶质有夹细砂、夹粗砂、泥质 3 种，夹细砂陶片数量最多。纹饰有拍印绳纹、擦抹凹楞纹、压印纹、戳印纹 4 种，占总数的 41.2%。纹饰以各种绳纹组合而成的图案为主，占总数的 70.6%。擦抹凹楞纹占总数的 21.5%。压印纹占总数的 8%，戳印纹占总数的 0.01%。陶器为轮制，采用泥条盘筑法。可辨器形有壶、罐 2 种。可分平底、假圈足底。石器 20 件。石质多为硬度较大的石灰岩，砾石极少，均为通体磨光的磨制石器。器类包括石斧、石锛、石凿等。另有骨刀、骨锥、骨凿，有蚌饰 1 件。

大水洞遗址第 3 层所出土遗物与绵阳边堆山遗址早期文化的遗物相比较，时代要偏早一些。估计该遗址距今约 5000 年左右。据发掘情况分析，当时人类活动大致可以分为 2 个区域。生活区在距洞口 26～36 米之间靠近东侧洞壁、东西宽 10 米的范围内。人们利用洞顶垮塌大石之间的空隙生火取暖、熟食，所以在该范围内有灰烬堆积。灰烬堆积最厚处可达 0.6 米。工具制作区紧靠生活区的东北侧，面积 50 余平方米。该范围内出土的石坯、砺石较多。大水洞遗址所出的陶片，无论是陶质、陶色，还是纹饰、器形，都与茂县沙乌都遗存、茂县下关子遗址、绵阳市边堆山遗址、新津宝墩遗址所出的陶片相类似。以上遗址反映出一条始自茂县，东向经岷山断层谷顺涪江支流土门河、通口河，再沿涪江而下，经绵阳进入成都平原的古文化传播路线。这条路线成为历史时期的重要交通通道。唐代称为"松岭关道（威蕃栅道）"、宋代称为"陇东道（石泉军路）"、明代称为"茂州小东路"，直至今日北（川）茂（县）公路仍沿该古道而建。所以大水洞遗址对于研究古羌人进入成都平原的路线以及古蜀文明的形成，具有十分重要的作用。

边堆山遗址

边堆山遗址位于绵阳市市中区新皂乡姜家湾，海拔 553 米。山北较为陡峭，涪江支流安昌江自山北脚下流过。山南是较为平缓的坡地，遗址就在山南半山腰的缓坡地带上，距山顶约 20 米。这样的选址显然是受到了地形的影响，与一般面水依山的坡地聚落有着显著的区别。由于山北陡峭，没有利于形成聚落的条件，再加上气候暖湿，雨水较多，因此人类选择了远离水源、向阳而居的背水居山模式。

边堆山新石器时代遗址是四川盆地内较早的原始人类文化遗存。它的文化堆积层清楚、内涵丰富，年代比距今约四千年的广汉三星堆早期文化早数百年到上千年。专家们初步认为，边堆山原始遗存可能与三星堆早期文化存在某种渊源关系。它的发掘，对于研究四川盆地文明的起源和原始文化的面貌，具有重要意义。

据初步勘察，边堆山遗址面积约 1 万平方米，文化堆积层厚 1.5～2.5 米，可分为五层。第一层为耕土层，第二层为扰土层，第三层至第五层为新石器文化层。陶、石等标本大多出自第三层，第四、五层文化遗物逐步减少。

边堆山遗址出土陶片约 2.5 万片，泥质灰陶占 35.4%，泥质红陶占 14.5%，夹砂灰褐陶占 23.86%，夹砂红褐陶占 22.54%，泥质红或灰胎磨光黑衣陶占 3.61%，夹砂和泥质陶系大约各占一半，分别为 46.4% 和 53.6%。若论陶色，则以灰陶为多，占 59.35%。夹砂陶一般分夹细砂和夹较粗的石英砂两种。夹粗石英砂陶富有特色，系将卵石砸碎后，掺入陶土中烧制而成。这种夹粗石英砂陶片较厚，胎厚在 0.6 至 1.4 厘米之间。个别夹砂陶有内红外黑或内黑外红的现象。泥质灰陶和红陶呈色稳定，胎壁比较薄，壁厚 0.3～0.7 厘米，成温较高。

陶器器型只有平底器和圈足器两种，以平底器为大宗，约占 89%，圈足器约占11%。平底器有壶、盆等，罐分大口小平底罐和深腹罐两种，壶分宽沿粗颈鼓腹平底壶和细颈斜肩平底壶两种，圈足器有浅圈足豆和器盖两种。纺轮11件，可分三型，A型似鼓，两头小中间大；B型束腰，中间小两头大；C型似圆柱形。

陶片中有纹饰者占23.2%。陶器纹饰比较丰富，计有纹饰20余种，包括弦纹、绳纹、附加堆纹、锥刺纹等。陶器纹饰可分单一和复合纹饰两种。单一纹饰只有一种纹饰，如交错绳纹或单向绳纹等；复合纹饰则由两种或两种以上纹饰组合而成，如附加堆纹和交错绳纹组合。

口沿唇部纹饰非常复杂，有的唇捏成波浪形，并在其内戳印指甲纹，有的唇直接打上单向或交错绳纹，由于唇部装饰的技法有细微差异，造成口沿唇部千姿百态，几乎找不到完全相同的纹饰。

出土石器有打制、磨制以及打磨结合三种工艺。石器均采用邻近安昌河的卵石加工而成，残断品较多，系加工或使用中损坏。也有使用残损后，再进行加工的石器。磨制石器体型较小，一般先经打制，再施磨制，故有的石器打制面和磨制面共存。磨制石器有斧、钺、凿、链、矛、刀、铲、镰和砺石。斧有梯形、长条形和舌形三种；钺有梯形和长条形两种，又有直刃和弧刃之别；凿有圭形、鸭嘴形、弧刃、长方形、钺形、斧形和舌形七种；链分有翼、三棱形和心形三种；铲穿孔。打制石器有尖状器、砍砸器、刮削器、楔形器、柱形器和斧形器等。

关于边堆山遗存的年代，已公布了两种C14年代测定数据。一组数据是距今4080±250和3960±250年，树轮校正为4505±270年；另一组是3690±255和3590±255年，树轮校正为4020±260年。C14数据可能略为偏晚。专家认为，边堆山遗存"相当于中原地区龙山文化早期阶段，或者还要更早，并较之四川境内业已发现的其他属于当地土著文化系统（大溪文化除外）的新石器时代文化遗址在具体年代上大略偏早"[1]。

渠江流域

渠江有东西二源，西源巴河发源于米仓山南麓，东源州河发源于大巴山

---

① 中国社科院考古所四川队：《四川绵阳市边堆山新石时代遗存调查简报》，《考古》，1990年第04期。

西南麓，两河在渠县三汇镇汇合后称为"渠江"，至重庆合川汇入嘉陵江，是嘉陵江左岸最大支流。渠江上游地区，由于山体陡峻，河流落差大，沉积作用不明显，不易形成河谷阶地。只是因风雨侵蚀，而在山麓前形成了一些面积不大的平缓坡地。在这些坡地上发现了一些先秦时期的文化遗址，其共同特点都是位于半山腰的缓坡地带。渠江中下游地区，地势缓平，河流落差小，沿岸有多级阶地，局部地与低山、浅丘连接，形成了较为广阔的缓丘平坝。先秦时期的文化遗址多分布在平坝上的临河地带，距水源较近。利于遗址地通过河流进行频繁的接触和文化交流，从而形成了文化面貌比较一致的民族文化空间。

坡地型遗址在渠江支流通江流域的新石器时代遗址上表现得尤为突出。2002 年，四川省文物考古研究院在通江流域发现了 6 处新石器时代遗址，其共同选址特点是居住在离水源较远且向阳的半山腰缓坡地带，遗址面积不大，文化堆积不厚。

渠江流域目前发现和发掘的遗址主要是通江擂鼓寨、巴中月亮岩、宣汉罗家坝等遗址。其中以宣汉罗家坝遗址发掘最丰富，影响最大。

通江擂鼓寨遗址

擂鼓寨遗址位于通江县东南约 20 公里的春载乡擂鼓寨村，海拔高度约 740 米。这里地处川东北米仓山的东段南麓，属低中山区。通（江）—达（州）公路从擂鼓寨北面自西向东经过，附近有长江水系的通江河及其支流自东向西南流过。

擂鼓寨孤峰独出，呈三角形，三面都是悬崖。遗址地处擂鼓寨西北和南面悬崖下的缓坡地上，分为北区和南区。北区南北长约 50 米，东西宽约 10 米，面积约 500 平方米；南区东西长约 60 米，南北宽约 10 米，面积约 600 平方米。遗址地表为耕地。

遗址文化层深 3 米，共分 9 层，共出土石器、陶器等 20685 件（片），其中石器及石器半成品 812 件，陶器 19873 件（片）。先秦时期的地层为 5 ~ 9 层，根据地层的叠压关系和各地层中的典型器物组合，报告把遗址划分为三段：第 9 层为第 1 段，第 8 层为第 2 段，第 7 层为第 3 段。其中，第 1 段的陶器器类最多，是该遗址的主要遗存，素面陶器数量约占总数的 54%，此段堆积为遗址的早期，也是擂鼓寨遗址的繁荣期。第 2 段为遗址晚期的前段，大部分的陶器器型发生变化，但也沿用第 1 段器物的器型，素面陶数量达 71%

以上。第 3 段的器类及器型都有减少，为遗址晚期的后段。三段在文化面貌上一脉相承，连续发展，却又有所变化，当属同一考古学文化。

出土陶片破碎过甚，难以复原，完整器只有陶纺轮和石器。陶器以夹砂陶为主，也有泥质陶。从报告中的附表可知，夹砂陶在第 8、9 层所占比例分别为 79.81% 和 76.89%。陶色以灰黑陶为主，也有橙黄陶、褐陶，偶见磨光陶和黑皮陶。除了素面陶大量流行，第 1 段纹饰相对发达，多见两种以上的复合纹饰，纹饰较丰富，主要有划纹、绳纹、方格纹、波浪纹、附加堆纹、戳印纹、凹凸弦纹、篦点纹及镂孔等，陶器口沿流行做成锯齿状或波浪形花边。第 2 段以后素面陶器增至 71% 以上，纹饰种类则多由第 1 段延续下来。流行将器物口沿做成锯齿状或波浪状花边口。常见器形有鼓肩罐、斜折沿鼓腹罐、喇叭口壶、折沿盆、盘、碗、敛口瓮、器盖、直腹杯、纺轮等，器底以平底为主，少见圈足、圜底和凹底，不见三足器和豆类。制法多为手制加慢轮修整，多数火候不高。

石器以磨制石器居多，器形主要有斧、锛、凿、镞、矛、石球、盘状器、磨石等。打制石器主要为有肩石锄、有肩石斧、砍砸器、刮削器和尖状器。出土的 4 件细石器均为刮削器。第 9 层的碳十四检测数据为距今 4995±159 年（树轮校正后）。故擂鼓寨遗址早段的绝对年代为距今 5000～4800 年，属新石器时代中晚期。学界认为当在新石器时代范围内，其绝对年代或许相当于中原地区的龙山文化早期阶段。从绝对年代上比较，擂鼓寨文化遗址应略早于三星堆一期文化，而与绵阳边堆山遗址大致相当。以第 7、8 层遗存为代表的晚段时代应更晚。

擂鼓寨遗址具有典型的土著文化特征，与在通江境内发现的近十处同时期文化遗址一样分布位置非常独特，是离河道、水源较远的山顶缓坡或较高的台地，这与其他地方的文化遗址有着明显的区别。这一文化现象及其内涵形成了一支独立的文化谱系，所代表的是一种具有浓厚地方特色的原始文化类型，它的发现、发掘填补了四川龙山文化谱系和类型上的空白。[1]

巴中月亮岩遗址

遗址位于巴中县（今巴州区）渔溪区酒店镇三村三组，东距巴中县城

[1] 雷雨、陈德安：《巴中月亮岩和通江擂鼓寨遗址调查简报》，《四川文物》，1991 年第 12 期。

（今巴中市区）约 35 公里，西距酒店镇约 150 米。所谓月亮岩，即一高出周围地面约 40 米的孤峰，海拔约 750 米。顶部较为平坦，四面均为陡壁，遗址即位于月亮岩南壁脚下一长约 50 米、宽约 10 米之缓坡地上（现为农耕地）。缓坡地往南又是坡度较大的梯田。遗址以南，低于月亮岩约 300 米处有一小溪由西向东流过。月亮岩四周均为山地，文化堆积厚约 10 厘米，黑褐色沙黏土，质松软，含较多红烧土粒，陶片较多；在缓坡地表亦采集到一些陶片，遗址现场未发现石器，但据当地农民反映他们曾在缓坡地拾到若干石斧与石镰。在月亮岩顶部未发现任何同时代的遗物。

采集的陶片陶质分为砂质和泥质两大类，以夹砂陶居多且均为夹细砂；泥质陶器胎厚薄均匀，火候极高，似硬陶；陶色有褐、黑、红、灰几种，以褐陶和黑陶为主，黑陶仅见于夹砂陶，灰陶仅见于泥质陶；大多数陶片表面饰有纹饰，纹饰种类计有划纹、凹旋纹、兰纹、绳纹、网格纹、附加堆纹、戳印纹等，以划纹数量最多；陶片多碎小，能辨器形者不多。陶器多为宽沿器，口沿唇面流行锯齿纹和波状纹，呈花边状，底部仅见平底一种。

月亮岩遗址与通江擂鼓寨遗址陶器的一般特征都相同，纹饰较为发达，纹饰陶片至少占采集陶片总数的 50% 以上。器形以宽沿器最具特色。因此，上述两遗址在时代和文化内涵上是相当接近的，当属同一文化系统。同时，巴中与通江同属川北山区，两遗址所处具体地理环境又十分接近，故这类遗址应同属山地文化类型。

另外，上述两遗址所处具体地理环境与文化面貌与绵阳边堆山遗址接近，如遗址均座落于山腰的缓坡地带，陶器均以夹砂陶为主，红褐陶较多，纹饰较为发达，陶器口沿唇面流行锯齿状或波状花纹。而这种口沿唇面纹饰在峡江地区的一些遗址也多有发现，可能它们之间存在双向的交流和传播。[①]

宣汉罗家坝遗址

宣汉罗家坝遗址位于川东北地区，地处秦、楚、巴、蜀文化交界处，是一处大型古代巴人文化遗址。遗址位于渠江支流中河与后河交汇形成的一级台地上。三面环水，一面靠山，明显是一个冲积平地。遗址面积为 50 万平方米，被现代冲沟分为罗家坝和张家坝两个单元，属于原生文化堆积遗址。在

---

① 雷雨、陈德安：《巴中月亮岩和通江擂鼓寨遗址调查简报》，《四川文物》，1991 年第 12 期。

地层的文化堆积上，缺乏新石器时代晚期以前的地层，说明远古先民可能是在龙山时代迁来的。虽然遗址距河边约 10～50 米，相对高度也仅 3～4 米，但当时先民们并没有受到洪水的危害，可能是由于罗家坝地处渠江上中游地区，河流径流量小，河床比较固定，而当时地面植被覆盖又好，没有水土流失的现象。优越的地理条件，使得此处一直有人类生存，聚落发展稳定。因为遗址的地层关系十分清楚，从新石器时代晚期至商周、春秋战国、西汉都有明确的文化堆积。发现的遗物主要为陶器及少量石器，有 3 座灰坑和 1 处石堆遗迹。陶器质地以夹砂为主，少量泥质陶。夹砂又可分为细砂和粗砂。陶色以红褐陶为主。绝大多数有纹饰，以细绳纹为主，绳纹和附加堆纹组合最为常见，部分陶片还见太阳纹，流行对口沿进行花边装饰。制作大部分为手制（多采用泥条盘筑），基本不见轮制。器形主要为平底器，有少量圈足器。陶罐数量较多，主要为折沿罐、喇叭口罐、直口罐。新石器时代遗存距今 5300～4500 年。

考古人员曾经在罗家坝遗址发现了一座被疑为巴国王陵的豪华墓葬，这一重大发现引起了考古界和历史界的震动。如果这个墓葬就是考古专家数十年来苦苦寻找的巴人王陵，则将是半个世纪以来巴人考古史上最为重大的发现。在这座距今 2500 年的豪华墓葬中，出土了大批兵器、祭祀品、生产生活工具及三具巴人骨骸。中国考古专家多年来在三峡库区的发掘，正是希望找到这样一座巴人王陵，进而找到更多能破解巴人之谜的遗迹。

发掘清理的 32 座墓葬均为长方形竖穴土坑墓。其中最大的 1 座长 4.6 米、宽 1.04 米。从保存有人骨的墓葬观察，葬式绝大多数为仰身直肢葬，只有极少量的屈肢葬。尸骨头向南或西南。引人注目的是，在 32 座墓葬中有几座墓葬的人骨上可以明确看出被铜兵器所伤的现象：如箭镞嵌入股骨内、铜钺砍进髋骨内、铜剑插入身体等。有的尸骨肢体不全，或骨骼位置异常。种种迹象表明，这些墓葬的墓主人是战死沙场的战士。而发掘出来的 4 座空墓则是预先为死难者挖好却未曾用的墓穴。

1999 年对罗家坝遗址进行首次发掘，清理墓葬 6 座、灰坑 19 个、房址 1 座，出土青铜器、陶器、玉石器等 100 余件，包括一柄巴人的标志性兵器——柳叶剑。这次试掘惊艳世人，首次发现了有明确地层关系的"周—商—夏—新时器晚期"文化层垒压，让人首次对川东春秋战国巴人墓葬的葬制、葬俗和器物组合有了清晰了解。2000 年，该遗址考古发掘被评为"1999 年四川省十大文物工作成果。"2001 年 6 月，罗家坝遗址被列为国家重点文物保护单位。

2003 年 3～7 月，罗家坝遗址再次发掘，清理墓葬 33 座、灰坑 31 个，出土青铜器、陶器、骨器、铁器、玉石器等随葬品 600 余件。两次发掘陶片标本 3000 余件。专家鉴定，这些文物涵盖新石器至夏、商、西周、春秋、战国、秦、西汉、东汉时期，历史年代久远，文化积淀深厚。特别是疑为巴国王侯墓的 33 号大墓，出土的大型青铜礼器、巴式青铜兵器、彩色陶器和巴人印章等，具有显著的巴人文化和土著文化特征，填补了巴文化研究空白。①

2015 年再次进行了发掘，发现渔猎经济在罗家坝遗址的生业模式中占据了重要地位。农作物有稻、粟、黍，但总量偏少。②

由于建设三峡电站，峡江地区的不少巴文化遗址已经淹没，罗家坝遗址显得特别重要。其面积达 60 多万平方米，两次发掘仅 400 平方米，随着今后进一步发掘，将为史学界研究巴文化与蜀文化、楚文化、中原文化的相互交融提供重要资料。

---

① 四川省文物考古研究院等：《宣汉罗家坝》，文物出版社 2015 年版。
② 四川文物考古研究院等：《宣汉罗家坝遗址 2015 年度考古发掘报告》，《四川文物》，2018 年 4 期。

第三部分

嘉陵江流域文化的交互

第六章

嘉陵江上游文化交互

先秦时期嘉陵江流域文化遗存的不同的地理分布，正是嘉陵江流域文化空间形成的基础。同时，从文化地理区位来看，嘉陵江流域地处汉水流域、渭水流域、洮河流域、三峡地区和成都平原之间，自古就有河流、道路与周边地区相通。这种地缘上的优势，导致在先秦时期，嘉陵江流域的文化不断受到周边地区文化的辐射和影响，从而使得文化性质与空间发生演变，形成新的文化空间。

文化交互既有内部交互，也有外部交互。远古时期的内部交互主要是在氏族内部，地理空间的局限性较大。外部交互包括远古居民及氏族和自然的交互、氏族和异地氏族之间的交互。

按照本书的观点，文化交互的质量取决于文化的多样性和文化交互的频率和规模，因此文化外部交互需要在更广阔的空间来观察。所以，本部分把嘉陵江流域分为嘉陵江上游文化交互区和嘉陵江中下游文化交互区来阐述。

第一节　相关理论的延伸

前面谈到柄谷行人从经济入手讨论社会构成体和人类历史发展。而这四种交换样式本质上都是人与人之间的交换。对于人与自然之间的交换，柄谷行人似乎没有给予足够的关注。地理环境不同的自然空间会塑造不同的文化性格，而不同文化性格反过来又会对环境形成反作用，并进而作用于经济结构。因此，相似的经济结构可能隐藏着不同的价值观念。

其次，交换应该是异质事物的易主，而交往则是各方结成某种关系；无论交换还是交往，都是双方一种主动的、有意识的行为。人与自然的交往最初肯定是无意识的，属于本能的行为。这种情况下，不能视为人与自然的交往。即使人类后来与自然打交道有了自己明确的意识，但自然本身可能没有意识，所以仍不能视为交往。

此外，人与自然之间、人与人之间的关系不能仅仅简单地用这种"交往"来概括。比如人们共同劳动就不是交往而是协作。因此，我们用"交互"来认识人与自然、人与人、人与社会、人与自我的相互关系和相互作用。

复杂适应系统的 7 个基本点

我们还是按照前面提出的复杂适应系统的理论来解释人类行为。

任何复杂适应系统都有 7 个基本点，包括 4 个通用特性和 3 个机制。4 个通用特性是"聚集""非线性""流"和"多样性"；3 个机制是"标识""内部模型"和"积木"。

聚集，指个体与个体之间通过相互作用，形成聚集体。这里的个体不是孤立静止的，而是处在关系之中的活的元素，或者说处在运动中的元素。聚集就是通过这种相互作用，形成一个有自己内在结构和功能的"生命体"。这样的聚集体就会如同个体般运动。

非线性，是指个体之间的相互作用，完全遵循非线性关系，主体之间相互作用的结果无法用线性的数学工具，如算术、微积分、代数拓扑学等来计算和预测。

流，任何 CAS 系统都存在［节点、连接者、资源］这样的组合。一般来说，节点就是指适应性主体；而连接者则表明主体之间相互作用的途径或方式。通过连接者，资源在节点主体之间流动。在复杂适应系统中，"流"因时而异；节点主体和连接者也会因为适应或不适应而出现或消失。

多样性，由于每个主体都有自己的生态位，以致形成了丰富多样的生态位，进而造成了主体的差异性；而且由于复杂适应系统始终处于不断变化的动态之中，主体就会不断开辟出新的生态位，产生可以被其他主体利用的新的相互作用的空间，促使多样性进一步增加。随着新的生态位被不断地开辟出来，主体就会不断地分化和扩大，系统也就会越来越复杂。

标识，指引主体聚集、帮助主体选择聚集体的要素。标识的意义在于，它是主体为了聚集和边界生成而普遍存在的一个机制。

内部模型，指 CAS 系统实现预知和预测的内部机制。即主体根据过去经验而形成的应对当前情况的固定规则。有效的内部模型能推断出主体的环境，并主动地确定主体的行为，对未来结果进行有效预知；否则就是无效的内部模型。进化过程支持有效模型，剔除无效模型。

但是，外部世界是恒新的，主体不可能经历所有的情况，何况新的情况会带来什么后果，主体都无法一一确知。因此，面对恒新的环境，主体该怎么办呢？霍兰于是提出了"积木"的概念。积木，就是指内部模型的一些模块。用尖木棒可以翻地，木棒是比行为模型中的一个积木。但是当碰上土质坚硬的泥土时，木棒就不奏效了。用石块可以翻地，石块是一个积木。再次遇到坚硬的土壤时，用木棒捆上石头，就可以翻地了，这相当于把前面的两个积木组合起来应对新的情况。使用积木生成新的内部模型是复杂适应系统应付恒新环境的一个普遍特征。

把 7 个基本点综合起来阐述，可以表述为：主体通过标识聚集起来，然后产生非线性作用；非线性作用的动力来自主体之间资源交换（流）；在非线性和流的作用下，生成了主体的多样性及动态模式；多样性主体又根据内部模型对环境做出反应。但是因为环境的恒新性，这种内部模型就必须根据过去经验，利用已经存在的积木来生成新的应对模型。在这个过程中，主体通过学习和不断适应，推动整个系统的功能结构不断发生变化和跃迁。

除了这 7 个基本点之外，复杂适应系统还有惊人的协调性和持存性，且没有一个中央指挥系统；此外，复杂适应系统都存在"杠杆支点"：在支点处，一个微小的输入便会引起巨大的、可预期的、直接的变化。比如，在体内注入很少的抗原（如青蒿素），就足以刺激免疫系统产生足够的抗体，从而免于染上这种疾病。

复杂适应系统适应性主体的特征

适应性主体就是指具有适应能力，能够通过不断学习、积累经验，并在与环境的交互之中不断成长和进化的个体。在复杂适应系统中，任何特定的适应性主体所处环境的主要部分，都由其他适应性主体组成；任何主体在适应上所做的努力就是要去适应别的适应性主体。这个特征正是复杂适应系统生成复杂动态模式的主要根源。这些主体都可以通过三个步骤来发现他们的共同点，那就是执行系统、信用分配以及规则发现。

所谓执行系统就是"如果……那么……"这样的语法，也可以说是"刺激/反应"规则。首先，主体通过一组探测器感知环境信息。然后把获得的环境信息传递给效应器。效应器一旦被合适的信息激活，就会对环境产生作用。于是就有了这样的规则形式，即，如果（有合适的消息）那么（发出制定的消息）。适应性主体可以说就是"一组消息处理规则"，核心就是可以通过"如果/那么"的规则，处理主体与环境之间和规则与规则之间的相互作用。比如，"如果是老虎（探测器），那么逃跑（效应器）"。最简单的规则就是这样的，然后在经验中逐步产生丰富和复杂的规则。信用分派，就是给成功的、屡试不爽的规则赋予更高的信用，当下一次遇到类似情况时继续使用。规则发现，就是当遇到新情况，却没有应对规则的时候，就利用过去的规则中的积木来产生新的规则。

人类历史其实就是在这样的适应过程中不断发展的。而这个适应过程就是一个"交互"的过程：人与自然的交互、人与人的交互。

前面已经阐述过，交互要达到一定规模、有着足够高的交往频率，才能产生更高的交互效率。按复杂适应系统关于"流"的观点，交互是节点、连接者、资源三者的相互作用。节点往往是聚集的空间，资源往往是聚集的标识，连接者则是聚集的通道。而且这种聚集还应该具有多样性。从远古社会来说，就是族群的多样性和文化的多样性，不同的族群和文化会累积不同的规则，可以相互借鉴；而不同的规则之间又可以产生新的规则，进一步丰富了人类社会的发展规则。规则越多、规则的信用越高，应对环境的能力就越强。所以规则发现与多样性交往是成正比的。多样性越是丰富，就越是能够产生更多的适应性规则。相反，多样性缺乏，所产生的适应性规则就越少。而越是与人类生存与发展密切相关的多样性交互，就越能产生有竞争力的规则。这种有竞争力的规则是一个族群发展壮大的重要条件。应对战争的规则就是这种有竞争力的规则之一。

当然，规则也是一把双刃剑，有些规则可能成为规则进一步组合创新和创造新规则的障碍。这种时候就需要革命。一次规则的革命，会打破原来的程式，为新规则的获得创造条件。

复杂适应系统理论与人类创演理论透视

重新用这个理论来透视前面诸多学者关于人类创演的观点，可以悟到背后的很多真理。维科认为，人类发展从最初的粗野发展到"淫逸"阶段以后，下一个阶段又会复演"粗野"阶段，回到原始状态。可以这样解释，"粗野"阶段，人类要面对许多的未知，所以需要创造很多应对规则才能生存和发展，这个阶段对人类而言也是最富于创造性的阶段，而"淫逸"阶段的人类自以为天下太平，便高枕享乐，创造力降低甚至停滞，这时，一旦环境发展出一种陌生情境，人类就会失去应对规则，从而带来毁灭性的打击，开始复演"粗野"。又如，维科认为，人类社会是实践决定理论，而不是理论决定实践，是先行后知，而不是先知后行，① 实质上就是说人类在实践中探索规则在前，从规则中再产生新的规则和思想在后。

而斯宾格勒关于人类从小宇宙变成宇宙一样的存在，就是规则发现和生成过程，"它争夺、恫吓，它推进、拖曳，它逃跑、闪避并摇摆不定"就是发现规则和建立规则，而且这些规则会因为人类的本性，最终成为一个整体："肢体交错，驰足疾进，众口一呼，万众同运。从许多单个小世界的总合中突然产生了一个完全的整体。"而人类一旦成为宇宙一样的东西，就进入了历史循环，顺次经过前文化时期、文化早期、文化晚期、文明时期四个阶段，最终以凯撒主义的方式进入原始的、野蛮的时代，世界陷入可怕的私人战争状态，文明衰落，生命终结。其中所包含的依然是规则的建立和失落。

汤因比的"挑战/应战"理论也一样，人类并非都能够成功应战，也就是说，人类并不能够建立起应对所有新情况的有效的规则。特别是当这种规则仅仅依赖于少数有创造力的精英而大多数人只能机械模仿的时候，一旦这少数精英居功自傲而丧失了创造力，社会就会丧失应战能力，人类随之丧失自决能力，文明就走向衰落。

德国史学家诺贝特·埃利亚斯认为，文明的进程包括了"社会发生"和"心理发生"两个方面。所谓社会发生，就是指社会结构的发展，亦即社会不均衡性、权力结构和社会制度结构逐步形成过程。而心理发生则是指人的个性结构的长期发展，人类行为方式的变化。冲动的、本能的、情绪化的本我

---

① 韩震：《西方历史哲学导论》，北京师范大学出版社 2008 年版，P31。

行为被抑制，自我强制的、符合社会需要的"自我"或"超我"行为发展起来。这两者相互依存，然后逐渐"合理化"，这个过程就是文明的进程。① 他说，人的每一个行动都处于相互依赖、错综复杂的网络之中，它要求人们在行动之时要瞻前顾后，最后这种瞻前顾后的行为慢慢成了一种自动自发的机制，成了自我调控的机制，也就变成了人的个性结构的因子。用复杂适应系统理论的观点来说，每个人都是他人的环境，因此，人在这种环境中发展，就必须适应环境的需要，并根据环境的特性建立规则。个人规则逐渐成为社会的规则，社会的规则逐渐成为国家的规则。文明就是这样产生的。

怀特的能量原理建立了人类与外部环境之间的一个交互规则。外部环境主要就是能量。按照人类获得外部能量方式的不一样，人类社会就处于不同的发展阶段，人类获取能量的规则就是文明演化的规则。食物、煤、石油都是能量的载体，吃、燃烧都是能量转化行为和能量获取规则。但是，进入到原子能时代，人类不再仅仅只是利用外部能量载体，而是直接激发构成载体本身的元素能量，以毁灭载体的方式来获取能量。这种规则可能给人类带来灾难。也就是，怀特发现了文明进化的一个核心规则——能量获取规则，这种规则不断迭代的结果，就是文明的消亡。

斯图尔德认为人类是多线进化的，这种理论的合理性就在于，人类在远古的时候是处于不同的空间的，这些不同的空间有着不同的环境特征，气候、动植物资源、土地资源、水热资源、地理面貌等，由于交通不便、媒介缺失、交流困难，人类只有根据自己所处的环境发展出不同的交互规则——适用于自己所在环境的规则。这种多线进化理论更符合人类社会发展的实际情况，跟苏秉琦教授的"满天星斗说"有相似之处。

总之，按照复杂适应系统理论的原理，社会的发展取决于人类应对环境所形成的规则集。而规则集的大小和质量则取决于人类交互的频率、规模、交互主体的多样性和交互环境的复杂性程度。

关于人类交互的理论创见

首先看人类交互有哪些主要类型呢？

---

① 诺贝特·埃利亚斯：《文明的进程》，王佩莉、袁志英译，上海译文出版社 2013 年版，P564 - 565。

人最基本的需要就是吃、住和行，远古的时候，吃都依赖于大自然的恩赐；最初居住地也是洞穴，后来才发展到人类自己建造住屋—窑洞、半地穴式建筑到地面建筑。吃的食物和住所需要的建筑物资也需要人自己去采运，也就是都需要"行"去获取。因此，解决吃住行的问题，就是人与大自然的交互问题。这种交互包括两个方面，一是人与大自然的"物"的交互，这种交互的结果就是人从大自然获得生存所需要的物质；大自然因为人类的活动而改变。二是人与大自然的"灵"的交互。人因为从大自然获得物质满足而对大自然产生敬畏，把大自然看成一个高于人类的神秘的精神主体，然后以人类之"灵"与大自然之"灵"进行交互。大自然因为人类所赋予的这种灵而获得生命，人类因为敬畏大自然这种灵而获得庇护。三是人与大自然的"灵物交互"。人类在与大自然进行"灵"交互的过程中，需要物祭、燔祭甚至人祭，这是人与自然的灵物交互；自然赐予人类物质，人对物质本身保持敬畏，这也是灵物交互。

人类一方面与大自然交互获得物质满足、肉体庇护和精神提升，另一方面，人必须与其他人合作才能生存，所以就产生了人与人之间的交互。这种交互包括三个方面，人与人之间的物质交互，也可以简称为"物的交互"，这就是柄谷行人所说的四种交往形式的核心。远古时期，主要形式是交换样式A。其次是人与人的肉体交互，可以简称"肉的交互"，这是人类延续所必需。远古时候肉体交互经历了从乱婚、群婚、对偶婚到一夫一妻制的漫长发展过程。第三是精神交互，同样可以简称为"灵的交互"。装饰打扮、艺术创造、语言八卦等等都是精神交互。先民从简单装饰，然后发明音乐、舞蹈、绘画，到产生语言、八卦都是精神交互。

因此，宏观上说，人类的交互有6种类型：

人类与大自然的交互，包括

人与大自然之间的物交互。为了讨论的方便，可以循着柄谷行人的思路把这种交互编码为"物交互A"。采集、渔猎、农业、畜牧业都是人类与大自然交互的形式，主要解决"吃"的问题。而修房造屋，则是解决居住的问题，造独木舟是解决行的问题。这些同样是在与大自然交互过程中，发现了相应的适应性规则，然后按照规则不断探索的产物。柄谷行人的四种交换样式基本上可以看成物的交互在不同历史阶段的不同形态。除此以外，解决吃住行的问题所需要的工具，如石器、骨器、陶器、玉器、蚌器和青铜器，都是这种交互的产物。前面我们在讨论嘉陵江流域的文化时，所陈述的"生业经济"实质上就是这里的"物交互 A"。"物交互 A"是其他所有交互的前提和基础。

人与大自然之间的"灵"交互，编码为"灵交互 A"。最初这种灵的交互是万物有灵论、图腾崇拜、巫术，后来发展为萨满教和有自己系统理论的宗教。人类与大自然之间的这些交互可以简称为"天人交互"。

人与大自然之间的灵物交互，编码为"灵物交互 A"。包括把物作为祭物献给神的"物牲"，把动物作为牺牲的燔祭，把人作为牺牲的"人牲"……

人与人之间的交互，包括：

人与人之间的物交互，编码为"物交互 B"，包括了柄谷行人的四种交换。

人与人之间的灵物交互，就是肉的交互。男女婚姻，承天地阴阳之性而为配合也。《后汉书·曹世叔妻传》："夫妇之道，参配阴阳，通达神明，信天地之弘义，人伦之大节也。"① 亦即肉的交互有物质载体要素，也有"灵"的要素，编码为"灵物交互 B"。

人与人之间的灵交互，编码为"灵交互 B"，就是精神交互。

上面三种交互主要是从个体与个体的交互来讨论的，可以简称为"人域交互"（见表1）。

表1　人类文化交互的类型和实现形式

交互对象和形式	天人交互	交互形式	人域交互	交互形式
交互类型	物交互 A	采集、渔猎农业、畜牧业	物交互 B	交换样式 A；交换样式 B 交换样式 C；交换样式 D
	灵交互 A	万物有灵论、图腾崇拜、巫术、萨满教、宗教	灵交互 B	音乐、舞蹈、绘画、雕塑、八卦（语言）、文学、图像、影视
	灵物交互 A	物祭、燔祭、人祭	灵物交互 B	乱婚、② 群婚、对偶婚、一夫一妻制

但是，人的交互不仅仅只是单个的人之间的交互，人作为合作的动物，

---

①　陈鹏：《中国婚姻史稿》，中华书局 2005 年版，P13。

②　ИО·Н·谢苗诺夫：《婚姻和家庭的起源》，蔡俊生译、沈真校，中国社会科学出版社 1983 年版，P12。

这种交互总是社会性的交互，因此，"人域交互"从交互主体的形态看，还可以分为人际交互、群际交互、族际交互（文明社会的社会组织之间的交互也类似族际交互，为了区别可以称为"团际交互"）和层际交互（不同层次的群体之间的交互，其中层级较低的层次往往受制于层级较高的层次）。这里面同样包含了柄谷行人的思想。柄谷行人的四种交互方式，包括了人际、群际、族际和层际交互；从交互的空间关系和时间连续性可以分为"空际交互"（不同空间之间的交互）和"代际交互"（不同世代之间的交互）。

　　从交互主体形态进行的交互分类中，人际交互的实质是点到点的交互，它是基于人类的合作本性或人的生物特性而展开的。尽管后来产生了人与人之间点到点的物物交换、钱物交换等，但从最初的驱动机制来看，都是因为人需要合作。群际交互，是一群人与另一群人的交互，原始社会的群婚就是这样一种现象。群际交互的群体是没有组织的，成员之间的交互随意性较强。具体如何交互往往取决于习俗和文化。族际交互的目的是为了族群自身的发展。族群作为一个系统，只有不断地与外界、与其他族群进行物质、能量和信息的交互，才具有发展活力。用耗散结构理论来说，只有不断的交互，系统才能实现熵减；一个持续熵增的系统最终的命运是走向寂灭。因此，这种交互的驱动机制就是耗散。族群是一种有组织的群体，氏族不存在以后，这个族群就被有组织的机构所代替。

　　层际交互是最复杂的交互类型，因为层次关系往往意味着一种权力关系。"邻层交互"，可以是上一层对下一层的交互，也可以是下一层对上一层的交互。这种交互因为上一层总比下一层高，所以上层与下层交互往往会包含训诫，比如长辈对晚辈的交互、族长对族内家庭的交互。但当下层对上层不满时，下层要求改变自身处境，也会对上层权力提出挑战。其次是多层与多层的层际交互。多层与多层的交互因为各自所在的层次不同，表现为不同的权力关系，如祖辈父辈与儿辈孙辈的交互；多胞族部落首领、胞族首领与部落子胞族和子胞族家庭的交互……第三是一层与多层的层际交互。这种交互同样包含复杂的权力关系。一层如果是最高层，其拥有的权力无疑是最大的，它对其他层往往会传达控制的信息；当然，如果其他层为了自身的利益攻击上层的权力，上层也可能在条件允许的情况下进行妥协，适当削减自己的权力或分割自己的利益、改变权力的运行方式等。当然，除了最高层，其他任何一层也可能与所有的层进行交互，这里面就可能产生更加复杂的权力结构。

但无论怎样的层际交互都包含了四种机制，在时间连续性上，上层总希望把自己思想意志等持续"传递"和"传承"给下一层，各层都想通过与其他层的适应性交互产生耗散，减少熵增，都会因为与其他层的交互而改变自己的交互行为或者希望以自己的适应性交互行为改变其他层的交互规则，从而建立起一个复杂适应系统（见表2）。

表2　交互主体的形态和交互机制

交互主体的形态	交互主体形态的内涵	交互机制	交互方向
人际交互	点到点的交互	本能驱动	时间交互 空间交互
群际交互	多点交互	习俗驱动	
族际交互	氏族与氏族交互	耗散驱动	
	组织与组织交互	耗散驱动	
层际交互	邻层交互	传承、耗散、改变、控制	
	一层与多层交互	传承、耗散、改变、控制	
	多层与多层交互	传承、耗散、改变、控制	

基于上面的思路，下面我们来考察一下史前嘉陵江流域的文化交互。

第二节　前仰韶和仰韶时期嘉陵江上游的文化交互

嘉陵江上游文化的交互主要是指"西汉水—渭水上游"文化空间、"西汉水＼白龙江—洮河＼大夏河—湟水"文化空间、"西汉水＼白龙江—岷江"以及"嘉陵江上游—渭水下游"这四大文化空间之间以及他们和关外其他文化空间之间的交互。本节在讨论本区域文化交互的过程中，重点放在"西汉水—渭水上游"文化空间、"西汉水＼白龙江—洮河＼大夏河—湟水"、"嘉陵江上游—渭水下游"文化空间以及这些文化空间与关外文化的交互。对于"西汉水＼白龙江—岷江"因为涉及与四川盆地西部和成都平原的交互，为了不至于超出嘉陵江流域这个范围更多，所以暂时不做讨论。下面我们从前仰韶文化时期开始讨论嘉陵江上游的文化交互。

前仰韶和仰韶时期距今 8000～5000 年，涵盖了 3000 年的史前文化，包括：

前仰韶文化时期。距今 8000 ~ 7000 年，主要分布在陕西关中、甘肃陇东的渭河流域，以及陕南的汉水、丹江上游地区。除了大地湾以外，包括华县老官台遗址、元君庙遗址，渭南北刘遗址，临潼白家遗址，南郑龙岗寺遗址，西乡李家村遗址、何家湾遗址，汉阴阮家坝遗址、马家营遗址，商县紫荆村遗址等。

仰韶文化半坡类型（早期）。主要分布在陕西关中和陕南一带。较大遗址有西安半坡遗址（早期）、鱼化寨遗址，宝鸡北首岭（中层）、大地湾二期、西山坪二期、师赵村二期、临潼姜寨（一期）、华阴横阵、华县元君庙、南郑龙岗寺、西乡何家湾墓地等遗存。距今 6800 ~ 6300 年。

仰韶文化渭南史家类型。时代晚于半坡类型，早于庙底沟类型。除渭南史家以外，还包括大地湾二期、西山坪二期、师赵村二三期、临潼姜寨（二期）、南郑龙岗寺（晚期）、半坡、北首岭等。距今 6500 ~ 6000。

仰韶文化晚期庙底沟类型，距今 6000 ~ 5000 年，分布范围比半坡类型广泛。

仰韶文化半坡晚期类型，距今 5500 ~ 5000 年，亦称西王村类型或半坡四期文化，分布以关中地区最为密集。

仰韶文化覆盖范围广、延续时间长，这里主要就嘉陵江流域文化区的情况进行分析，包括前仰韶期和仰韶期。

大地湾一期主要分布在关中以及陇东的渭河、泾河流域，陕西华县元君庙、老官台遗址，临潼白家村遗址。渭南北刘，临潼白家，南郑龙岗寺，西乡李家村、何家湾，汉阴阮家坝、马家营，商县紫荆村等都与大地湾一期是同一文化。

总体上，可以认为，其时的原始居民还较少，交互的规模、频率都还很有限；而原始居民较少，则需要应对的生存挑战相对不多，相应的生存规则也不需要很多。

当然，前面列举的六种交互类型涵盖了一个社会的所有交互类型，而在史前社会，某些交互类型还没有形成。从大地湾一期来看，"灵交互 A""灵物交互 A"还没有考古学的证据。因此，"天人交互"只有"物交互 A"。而从"人域交互"来看，"物交互 B"应该已经出现了，但仅限于柄谷行人的"交换样式 A"，即互酬的交换，不过，目前还没有发现考古学上的细节，无从展开。因此，以下只就"物交互 A""灵交互 B""灵物交互 B"进行讨论。

天人交互

这里的天人交互仅限于物交互 A。

前面已经介绍了新石器时代渭水上游的气候、植被和优越的生态环境。大地湾时期这里正处于全新世大暖期，原始农业在这里诞生。黍和油菜是最早种植的两种作物，大地湾所在的清水河谷是中国最早的粮食作物的种植地。尽管粟的种植比黍更省力、产量也更高，但大地湾先民根据相对海拔较高、平均气温较低、年降水量少的特点，选种了耐旱性强且能够在阳光、土壤等自然条件较差地区生长的黍。这无疑应该视为他们在和自然交互过程中所获得的经验规则。

为了进行农业生产，他们用石头、陶器、骨头三种材料来制作生产工具。从大地湾前期的工具类型看，大地湾的农业还处于原始的刀耕火种阶段。但陶器生产在大地湾一直处于进步状态。比如，陶转盘就一直是贯穿大地湾文化时期各个阶段的重要工具。最初是弧底锣式转盘；接下来是帽式与锣式转盘（距今 6500～5900 年期间），并采用平底来加大与转轮的接触面；后来发展为盆形座，内壁粗糙、外壁光滑，为支撑陶胎提供了更大的平台（距今约5900～5500 年期间）；再把锣式转盘发展为底部突起一圈泥棱，更利于固定盆形座的转盘（距今 5500～4900 年），还出现了支撑圜底器的支座，加工和施彩更便捷。有专家分析当时制陶的慢轮已经出现，而部分陶杯和细颈壶外壁有偏旋纹，显然应该是制陶的快轮留下的。这反映了制陶业的发展水平在不断提高。彩陶数量虽然不多，但却是这一时期最具特色的文化现象，表明人们在陶器烧制过程中发现了陶器着色的规则，为陶器从一种单纯的实用器物发展为一种实用与审美兼备的艺术创造了条件。

仰韶时期，即在 7000～5000 年之间陶器和细石器成为了主要的农业生产工具，农林经济逐渐进入成熟阶段。姜寨遗址和史家遗址处于渭河下游，与大地湾相去不远，对其先民的食谱研究表明，当时居民的食物来源中含有较多的植物类成分，并占据绝对主导地位，为 72.6%±5.8%,[①] 这说明农业的

---

① 郭怡等：《姜寨遗址先民食谱分析》，《人类学学报》，2011 年第 5 期。

发展水平已经比较高了。与大地湾一期简单的农业生产工具相比,仰韶时期出现了许多精致的生产工具,除了石器、骨器和陶器以外,还有角器和蚌器。不过,石器制作技术还较原始,通体磨制者少,大多只是刃部经过打磨,钻孔技术得到发展。器型有斧、磨石、铲、刀、锛、磨棒等。陶质工具比例大大提高,常见工具为陶刀、刮削器、陶锉等。骨、角、蚌质的生产工具均为磨制,有些有穿孔,器型包括骨锥、骨针、蚌刀、骨镞等。

家畜饲养是人类定居以后的附属产业,半坡和姜寨等遗址就发现了饲养家畜的圈栏遗迹,还有大量的猪骨和狗骨。姜寨遗址还发现了牲畜夜宿场,这在其他遗址中从来没有发现过。这些都表明当时畜牧业已经有了较高发展水平。

但是狩猎依然是一种重要的生产活动。大地湾出土的兽骨标本达17000件,其中仅哺乳动物就有7目15科28个属种,这说明生态环境优越多样,不仅适宜原始农业,而且还便于狩猎和采集。特别是半坡类型遗址还出土了数量较多的石质和骨质的箭头,与后期的青铜的箭头式样极为相似。这在当时无论是作为捕猎工具还是战争武器,都是属于重武器。这恐怕是人类与自然交互的过程中值得专门讨论的成果。捕渔业同样还占有重要的地位。从捕鱼工具看,出现了石镞、带倒刺的鱼叉、骨鱼钩、骨镞和鱼网。三面环水的大地湾练就了大地湾居民娴熟的捕鱼技术和丰富的捕鱼经验。采集已经居于次要地位,主要采集对象是松子、野果、栗子和蚌壳等,还有可以制作衣服的野麻。

用窖穴储藏粮食也是仰韶时期居民与自然交互的一项重要成果。储存粮食的窖穴大量出现。大地湾和半坡类型的居住区内,就分布了大量的储存粮食的窖穴,多为口小底大的袋状。发现的粮食以粟数量较多,粟粒散见于住房、窖穴和墓葬等处。北首岭遗址的窖穴发现粟以外,还出土了加工谷物的石磨盘、磨棒等工具。窖穴的出现,说明随着农业的发展,粮食已经有了剩余,可以贮备起来以防饥寒,同时也表明当时人已学会了粮食贮存技术。重要的是,这种情况为大地湾先民在其他方面的发展创造了条件,比如需要空闲时间才能创造的艺术。

总的来看,仰韶文化前期,嘉陵江上游文化圈的远古先民在与大自然交互的过程中,驯化了野生植物的粟、黍,还有动物猪、狗、鸡等,学会了如何把粮食进行精加工,并把多余的粮食储存起来。他们已经获得和掌握了与大自然交互的经验规则，已经不愁吃。穿和住的问题也在逐步探索解决的过程中。

人域交互

灵交互 B

柏拉图在以普罗泰戈拉命名的对话中，讲述了一个关于普罗米修斯和爱比米修斯的神话故事：

> 很久以前，世界上只有众神，动物尚不存在。当命运呼唤动物生存的时刻来临，众神将土和火以及一切可以和二者融合之物掺混，在地底下塑造了各类动物。最后，在让动物见天日之前，众神委托普罗米修斯和爱比米修斯适当地分配给每一种动物一定的性能。但是爱比米修斯却要求普罗米修斯把分配的差事让给自己："待我分配完毕，你再来检验。"他在说服了普罗米修斯之后就着手分配。在这个过程中，他给某种动物以力量，却不给以速度；他让弱小的种类行动迅捷；有些种类获得了尖齿利爪。而对那些无此特长之类，他也想到了给他们自我保护的性能。……总之，分配的原则是机会均等，在他的一切设想中。他留意不让任何一个种类灭亡。
>
> ……但是众所周知，爱比米修斯并不十分谨慎小心，他没有料到，当他把性能的宝库在那些无理性的动物身上浪费殆尽后，还剩下人类一无所获，他一时不知所措。就在他为难之际，普罗米修斯来检验分配结果了。他看到其他所有的动物都适当地各获其长，唯有人赤身裸体，既无衣履也无尖齿利爪。人类走出地底迎见天日的命运就要来临。为挽救人类而操劳的普罗米修斯从赫菲斯托斯和雅典娜那里盗取了技术的创造机能和火（因为没有火就无法获得和利用技术）。就这样，他送给人类一份厚礼。人类从此获得了可用于他生命需要的理智。但是，人类尚无安邦治国的知识。这门知识由宙斯掌管……从此以后，传说普罗米修斯因他为爱比米修斯补过而偷盗的行为受到处罚。
>
> 正因为人类具备了一部分神的性能，所以，首先人类是唯一信

奉众神的动物，人类建祭台、立神像；其次人类很快就会灵便地节音表言。衣食住行则是在此之后的发明。①

这虽然是一个神话故事，但却道中了人类的弱点：没有生存工具、也没有竞争工具，这是由于遗忘造成的，而另一方面为了挽救这种先天的过失，普罗米修斯以盗取技术创造机能和天火来弥补。他知道仅仅靠天火，人类也无法生存；必须赋予人类创造技术的能力，人类才有繁衍下去的希望。但是创造技术的机能毕竟不是技术本身，而且要获得技术，靠单个的人也难以完成，所以人类只有互相依靠，团结合作，来发明各种技术，再用天火实现这些技术，才能躲避危险、获取食物，延续种族。于是人类在本性上就成了合作的物种和创造的物种。②

合作是什么？人类的合作不是直接要求别人和自己做什么，而是在利他的过程中与别人结成利益共同体。一些动物也懂得合作，他们寻求建立合作的方式，是梳毛。③人类诞生以后，同样采取了类似的行动。因为"梳毛"可以刺激大脑产生一种叫内啡肽的物质，它可以给人带来愉快的体验，从而使梳毛和被梳毛的伙伴之间产生好感，进而结成同盟。

动物的梳毛是一种结盟的交互方式，人类的"梳毛"也是人类的灵交互方式。当然，人类"梳毛"可能是真的梳毛，也可能是其他一些可以带来快乐、增进友情、结成联盟的方式，如亲昵行为，发出一些声音、笑或者跳等。但是跟动物一样，人除了梳毛，还要花时间去寻找食物，梳毛的对象就很有限。人类最大的特点就是发明了语言。语言可以把从点到点的"梳毛"，变成从点到面的"梳毛"，效率就大大提高了。所以邓巴说，语言最初的功能不是用来交流思想或者传播信息，而是用来"八卦"的，所谓八卦当然就是用来娱乐别人的，而语言八卦显然可以娱乐更多人，达到给更多人"梳毛"的目的。邓巴根据人的脑容量计算认为，通过语言，一个人最多能够为 150 人

① ［法］贝尔纳·斯蒂格勒：《技术与时间——爱比米修斯的过失》裴程译，译林出版社 2000 年版，P219 - 220。

② ［美］塞缪尔·鲍尔斯，赫伯特·金迪斯：《合作的物种——人类的互惠性及其演化》，张弘译，浙江大学出版社 2015 年版。

③ ［英］罗宾·邓巴：《梳毛、八卦及语言的起源》，区沛仪、张杰译，现代出版社 2017 年版，P47 - 60。

"梳毛"。这就是著名的"邓巴数"。

但是语言的发明最多是 20 万年前的事。那么，在 20 万年以前的几百万年里，人类是怎样"梳毛"、进行灵交互的呢？邓巴认为是笑和音乐。[①] 笑和逗人笑都能够促使内啡肽的产生。可以说，笑和音乐都是先民的交互形式，他们的出现远远比语言的出现还古老。"在语言的前期阶段，人们会使用一些非语言形式的有声语言来作为连接社会的工具。一个明显的例子就是音乐——尤其是没有歌词的哼唱。""……音乐提供了在非人灵长类的发声和人类说话之间的一条清晰的桥梁……当歌唱的复杂程度逐渐提高时，语言所需的那些先决条件得以出现，这或许为进化提供了一个中间环节。"从神经生理学来看，音乐基于大脑的右半球，而语言则位于左半球，右半球比左半球是开发得更早、更原始的神经系统，所以，在语言还没有发明以前，人类主要是用音乐和笑来进行灵交互，音乐和笑梳毛远远早于语言。[②]

前面叙述过，秦安大地湾的居民创作了手持男根而舞的舞蹈画面。舞蹈是需要音乐的，于是他们就创造了形如"阿姐鼓"的陶鼓。据《世本·作篇》记载："夷作鼓。"夷是谁呢？清人张澍在给《世本》作注时认为是黄帝的次妃彤鱼氏的儿子夷鼓。但是，黄帝的时代晚于大地湾文化，所以，张澍的注解不可信。《礼记·明堂位》说："土鼓……伊耆氏之乐也。"郑玄注曰：伊耆氏是"古天子有天下之号也"，孔颖达正义曰："说者以伊耆氏为神农。"孔颖达的说法较为可信。伊耆氏就是神农氏，他教会了人们如何进行农业生产，但是农业生产总的来看是靠天吃饭，因此为了获得好的收成，从事原始农业的氏族部落首领往往就会率领部落成员祭天，祈祷来年没有天灾、虫害。逐渐就发明了可以让声音达于天庭的陶鼓。当然，这种灵交互既是灵交互 A 的形式，也能达到灵交互 B 的目的。

除了鼓以外，大地湾还出土了陶埙。[③] 陶鼓和陶埙的出现，表明大地湾人的交互方式已经超越了简单的人与人之间的"梳毛"，实现了集体的、规模化的"梳毛"，文明进化到了较高的程度。

---

① ［英］罗宾·邓巴：《人类的算法》，胡正飞译，四川人民出版社 2019 年版，P147－159。

② ［英］Robin. Dunbar etc：《进化心理学》，万美婷译，中国轻工业出版社 2017 年版，P105－106。

③ 吴诗池：《中国原始艺术》，紫禁城出版社 1996 年版。

与此同时，中国文化所特有的一种交互媒介——玉，也在仰韶早期出现了。大地湾就出土了 20 件玉石器。这种交互媒介的诞生成为中国礼制文化的源头，为后世中华民族特有的礼文化交互模式提供了契机。

所有有机体都具有"刺激—反应"这类反射性连接，而人在进化过程中却产生了一种转化机能，这种机能具有处理新异场景的能力，包括对于价值或目标相关任务进行因果和意图性处理的能力、对达成价值或目标的行为进行选择的能力。这种认知方式又叫"个体意图性"。①

这种个体意图性会逐渐发展为"联合意图性"，即"我的意图"变成"我们的意图"或者"我和你的意图"。这需要人具备一种"读心"的能力，就是认为自己的意图别人是能够理解的，而自己也能够理解别人的意图，并能够理解更复杂的心理。心灵哲学家把人类的这种心理能力称为"意向性"。而联合意图性则会逐渐进化为"集体意图性"。

音乐、舞蹈和玉石器的出现说明大地湾居民的认知能力已经进化到了集体意图性阶段。当一个人认为，我觉得这是美的，因此其他人也会觉得这是美的、是值得欣赏的；我觉得这种节奏别人跟我的理解是一样的，所以当我随着这个节奏舞蹈的时候，别人也会踩着同样的节奏舞蹈。这种认知能力的进步，成为新的交互形式诞生的心理条件，成为推动更多文化出现的重要心智因素。

我们在前面已经说过，可能在十多万年前（以色列斯虎尔遗址），现代智人就有了这种集体意图性，因为那时就已经诞生了饰品。如果远古先民没有这种读心的能力，饰品是不可能诞生的。也就是说，人类心智的集体意图性至少在十多万年前就已经形成了。

坠饰文化是仰韶时期装扮文化最突出的特点。多以石、陶、玉、绿松石、角、牙、蚌为材料，经切割、乱削、雕琢、钻孔、精磨及火烧制成。有的可单件直接戴挂，有的与珠管等组合成各种串饰。使用装饰的人体部位从前额、耳、颈、胸、臂，一直到腰。装饰品的制作技术各个时期是有较大差别的，对坠饰来讲主要是钻孔技术的差异。旧石器时代晚期采用多种方法，有的先将钻孔处磨薄，再用利刃类尖状器从两面对挖成孔，有的采用两面对挖和两

---

① ［美］迈克尔·托马塞洛：《人类思维的自然史》，苏彦捷译，北京师范大学出版社 2017 年版，P11。

面对钻混合技术成孔，有的磨制成孔。仰韶文化时期的钻孔技术，一般是将钻孔处先磨薄，而后由两面对钻成孔，也有从单面钻成孔的。相比之下，要比旧石器时代进步，已将原来的原始性废弃了。从仰韶文化坠饰的分布来看，早期关中豫西晋南区、豫西南鄂西北区出土数量大，种类多，质料贵重。中期仍以关中豫西晋南区最突出。晚期关中、豫西晋南区、豫中区、豫西南鄂西北区及甘青区都很丰富。这一现象可能与当时各地区的地理环境、自然条件、物质资料的丰欠、生活水平的高低以及文化素养的差别等都有密切的关系。①

除了饰品以外，大地湾出土的距今 7350～8000 年的彩绘图形表明，人们已经开始朝着表意的方向发展符号了，它意味着一种新的灵交互媒介和灵交互方式已经开始萌芽。

灵物交互 B

大地湾的居民还处于母系氏族社会阶段。妇女在生产生活中，在社会和家庭内部都处于支配地位。以母亲为血缘纽带组成的氏族部落是当时最基本的、且起决定作用的交互模式。从发掘的大地湾墓葬遗址看，女性葬区面积较大，地势较高，可以说这个时期，男女分属不同的部族，女性地位较高。没有发现男女合葬墓，也应该是母系血缘关系的反映，意味着男女不仅属于不同的氏族，没有共同的经济关系，只有单纯的、松散的婚姻关系，死后也分别埋葬在母系的墓地内，子女跟随母亲，只认其母，往往不知其父。世系也照母系计算，财产由女子继承。属于女尊男卑的社会。

伏羲传说中，历史上一场特大的洪水把整个世界都淹没了，洪水过后只剩下伏羲和他的妹妹女娲，于是二人结为夫妻，繁衍人类。这就是历史上的"兄妹婚"，它本质上不是什么婚姻，那时也还没有后来的"婚姻"这种观念，尚无什么夫妻或家庭，只是家庭内部的两性关系而已。如果视为婚姻，也只是一种"男女杂游，不聘不媒"的杂婚。大地湾早期可能存在这种男女关系，属于恩格斯所说的"血缘家庭"，即同胞兄弟姊妹、从（表）兄弟姊妹、再从（表）兄弟姊妹和血统更远一些的从（表）兄弟姊妹，都互为兄弟姊妹，正因为如此，也一概互为夫妻。这种兄妹婚的血缘家庭后来发展为禁止同胞兄弟姊妹的子女、孙子女、以及曾孙子女之间结婚，若干数目的姊

① 巩文：《仰韶文化坠饰述论》，《中原文物》，2014 年 5 期。

妹——同胞的血统较远的即从（表）姊妹，再从（表）姊妹或更远一些的姊妹——是他们共同丈夫们的共同的妻子，但是在这些共同丈夫之中，排除了她们的兄弟；这些丈夫彼此已不再互称为兄弟了，而是互称为普那路亚，即亲密的同伴，即所谓 associé。同样，一列兄弟——同胞的或血统较远的——则跟若干数目的女子（只要不是自己的姊妹）共同结婚，这些女子也互称为普那路亚。这是家庭结构的古典形式。① 大地湾时期是否有普那路亚家庭尚无考古学依据。

到了距今 4900 年到 4800 年大地湾后期，出现了很多适合一夫一妻居住的小房子，小房子常常不足 2 平方米，只能供一两个人蜷宿。房里的陈设有各种陶质生活用具，如纺轮以及石环、骨笄、蚌饰之类的装饰品，似乎表明已有小型家庭。但房内没有火坑、灶台，又表明家庭还没有真正成型。墓葬已经可以看到母子合葬、成年同性双人合葬，但未见成年男女合葬。这说明当时最多是出现了对偶婚家庭，家庭还不十分稳定。

当然，有的考古研究者认为这不是对偶婚，而是专偶制家庭已经开始了。专偶制家庭夫妻关系很牢固，比起对偶婚家庭就文明和进步多了。

顺着专偶婚的思路，有人这样解释大地湾的地画。正中一人身躯宽阔，姿态端庄，似一男子，贴身握有一棒状的根部，此棒状物是夸大的男性生殖器，左侧人物也有类似状况，也说明是一男性。方框中的形象看成是两个活生生仰卧屈肢的女性形象。因此，地画表现的是专偶婚。另外，大地湾文化晚期还发现了一件残陶祖，考古学者们认为这是男性生殖器崇拜的证据，表明仰韶文化晚期的大地湾文化，男性地位上升，② 这时的婚姻制度是专偶婚，应该不成问题。

谯周的《古史考》写道，伏羲"制嫁娶，以俪皮为礼"。司马贞在《三皇本纪》中也这样说："……始制嫁娶，以俪皮为礼。"《仪礼·土昏礼》也把送俪皮礼制度写了进去。从伏羲女娲的兄妹婚到真正的婚姻嫁娶，中间经历的时间有多久估计已经无从查考。伏羲给先民制定了初步的婚姻家庭制度，成婚要有媒人，要赠送礼品，还要举行成婚仪式，这只能理解为神话传说在其传播过程中，后人不断添加，把许多杰出人士对人类的贡献都附会到了一

---

① 《马克思，恩格斯选集》（第四卷），人民出版社 1972 年版，P32。
② 于嘉芳、安立华：《大地湾地画探析》，《中原文物》，1992 年 2 期。

个人身上了。大地湾文化延续了3000多年（后来的发掘还证明早在6万年以前这里就有人类生活），两性关系从兄妹婚开始，过渡到个体婚家庭是有可能的，大地湾遗址后期的不少小房子可能是这种个体婚的过渡形态。而发现的几座大房子也可能除了用于先民们聚会议事以外，还可能作为举行成婚仪式的场合。

层际交互和空际交互

从交互的主体形态还可以发现大地湾时期的层际交互。从文化的相似性角度则可以发现空际交互的事实。

从人与自然交互规则的纵向发展角度研究，可以看到代际的层际交互现象。大地湾一期发展到北首岭类型，后来继续发展到半坡类型，相关的规则是不断替换、不断生成、不断发展的。如大地湾一期陶器中，三足和圈足器较多，圜底器次之，平底器较少。那时人们已开始种植粟等农作物，生产工具主要是石器、骨器、蚌器和陶器。但农业还非常原始，单靠种植远远满足不了人们的需要。好在当时渭河流域雨水充沛，森林茂密，鱼和可狩猎的动物都较多，所以居民生活的游动性还比较大，需要随时随地都可以升火做饭的工具，这就是三足器较多的原因。另外，圈足器可以保证器物主体不接触地面，更为干净卫生；圜底器也一样，没有三足器的情况下，圜底器架在几块石头上就可以煮食。而到北首岭下层时期，农业经过上千年的发展，已经有了很大的进步，定居生活进一步巩固，所以三足器减少，平底器略有增多。再过几百年，到了半坡时期，因适应定居生活的需要，三足器大大减少，圜底和平底器大大增多。再如圈足碗，大地湾一期为浅腹。北首岭下层演变为深腹，至半坡则变成大口、斜腹。大地湾一期口外敞的三足钵，到半坡则变成数量很少、直口、深腹高足的钵形鼎。这很可能反映了经济发展和物质的丰富，反映了器物的内涵开始从实用层面走向精神层面。此外，大地湾一期的球腹壶在半坡早期器形变长，近于尖底的小平底。可能那时人们已经开始酿酒，正在探索酒与酒糟分离的办法，直到发展为后期的尖底瓶。

从空间文化之间的影响，可以看到空际交互的情况。

大地湾一期类型与宝鸡北首岭下层类型时间上相差不大，而且都处在关中和陇东的渭河、泾水流域，两个"节点"相距不远，又有渭河及其支流作为"连接者"，所以信息流、物质流、人流都应该是很大的，空间交互就很显著。两者的主要共同点就是，葬式都采用仰身直肢葬。随葬器物的安葬位置也相同，多置于腿部和身子一侧，而且随葬都用猪骨。从陶器来看，烧成的火候也都较低，质地较松，容易片状剥落。陶器均为手制。器形均有筒状深腹三足罐，罐体相似，器表往往施绳纹。但也有明显的差异。没有在北首岭下层陶器中发现三足钵、筒状平底（或圈足）罐、浅腹圈足碗。而北首岭下层的陶器器形较多，许多器形在大地湾一期中都见不到。特别是北首岭下层陶器的质地，除夹细砂陶外，还有泥质灰、黑陶，细泥陶较多；石器也多通体磨光，制作精细。显示出北首岭下层类型当时的生产水平高于大地湾一期类型。北首岭下层的年代为公元前 4375～4515±120 年，比大地湾一期晚了 1000 年以上。应该是北首岭下层创造性模仿大地湾一期而后来居上的结果。[①]

又如，黄河中下游的裴李岗·磁山文化与大地湾一期年代相近，文化也存在许多相近点。他们的位置多在两河交会处、近河的第一台地上；都有形状不规则灰坑；土坑墓皆为长方形，葬式也以仰身直肢单人葬为主；都有生产工具随葬；都没有出现钻孔石器，打制石器不少，局部磨光的石器占相当数量。陶器都纯用手制，火候低，陶质疏松。夹细砂陶占多数，少见细泥陶；陶器也以三足钵、圈足或假圈足碗、圆底钵、筒状深腹罐和球腹壶为主。同类陶器的器形三地基本相同，只是细节有差别。

裴李岗·磁山文化中的鞋底状三足石磨盘、圆柱状石磨棒、锯齿状刃或拱背平刃石镰，在大地湾一期不见这些。裴李岗·磁山文化的石铲，为圆弧刃，大地湾一期石铲作宽平刃。而大地湾一期的弧刃石刀，在裴李岗·磁山文化中也见不到。从陶器纹饰看，裴李岗出土的深腹鼎、假圈足和尖底的壶、敞口撇足鼎、三足壶，磁山出土的口小底大的盂、盘、支架、长颈壶等器形，在大地湾一期不见或少见。而大地湾一期中的深腹三足或圈足罐，在裴李岗·磁山文化陶器中也没发现。裴李岗深腹罐皆为素面，而大地湾一期的深腹罐器表满施网状交叉绳纹，口沿多为锯齿状。裴李岗的圈足碗与大地湾一期的圈足碗也是前者为素面，后者满施网状绳纹……裴李岗未发现彩陶，磁山遗址仅发现一个彩陶片，而大地湾一期的彩陶则占有相当的比例，陶器胎壁大多较薄，比裴李岗·磁山文化的更精细。大地湾一期的部分墓中人骨架将双手置于胸前，并有猪下颚骨随葬，这些都不见于裴李岗·磁山文化。因

---

① 张朋川、周广济：《试谈大地湾一期和其他类型文化的关系》，《文物》，1981 年 5 期。

此，大地湾一期类型和裴李岗·磁山文化有类似的地方，但差异也很大。

　　既然有这么多不同，那么大地湾一期与裴李岗·磁山文化有没有关系呢？从裴李岗磁山类型莪沟北岗遗址看，其早期陶器的大部分器形与大地湾一期的同类陶器相似。而晚期器形则与北首岭下层类型的同类陶器的器形相似。因此，莪沟北岗陶器从早期到晚期，与大地湾一期陶器从早期发展到北首岭下层类型，变化趋势是大体相同的。但也有不同处：莪沟北岗晚期的鼎形三足器进一步发展，彩陶发展很慢；而北首岭下层的三足器衰退，彩陶发展快。可以说，大地湾一期类型虽然后来发展为北首岭下层类型，但与莪沟北岗遗址没有承继关系。同期的老官台文化和裴李岗·磁山文化虽然年代接近、空间相连，文化面貌也有类似点，同样有许多差异。他们都应该属于不同的文化类型。

　　大地湾一期类型与陕西西乡李家村遗存也有相似点，但差异较大。如陶器中都有三足罐、圈足碗和三足钵，但器形各异。李家村的碗和钵为深腹，罐为直沿，器形较矮。另外李家村的圆底三足罐、小口折肩平底瓮、深腹平底钵、折沿大口鼓腹平底罐等很多器形都不见于大地湾一期类型。李家村遗址的陶器和石器也都具有自己的特点，反倒是三峡地区大溪文化早期陶器中的圈足碗和袋状三足器和李家村遗址同类陶器显示出密切的关系，或者是大溪文化经由汉水而与李家村遗址之间产生了相互影响。[1]

文化相似性与空间交互

　　对于文化交互的这种现象，怎么去理解呢？在现在看来，空间距离不太远的两地，在远古时期可能非常遥远，哪怕有江河相通，有时也难以抵达。从嘉陵江上游直达汉中盆地，看似简单，远古时候却极其困难。因为嘉陵江水道崖高谷深、滩险水急，后代为了打通沿江水道，架设众多栈道，才勉强实现通行。而有文献记载的最早的陆上通道——故道，是晚至殷周之际才开辟和利用的。汉武帝时期才开凿了另一条通道褒斜道。所以远古文化要借水道来传播，除非水势平缓，沿江自然条件允许形成道路，否则是很难的。

　　但是山川阻隔，恰恰成就了文化的分布式发展，或者斯图尔德所谓的多线进化。所谓分布式发展就是文化之间没有或者仅有很小的一些交流，各个

――――――――――

① 　张朋川、周广济：《试谈大地湾一期和其他类型文化的关系》，《文物》，1981 年 5期。

文化都在自己的空间里独立发展。而不同的发展，必然生成不同的规则，形成文化的多样性。一俟交通通畅，这些多样性文化的交互就会充分融合，取长补短，自然而然地综合出更高级的文化。

维科认为，一个民族即使孑然独立于其他各民族之外，他与其他各民族在制度体系上也有着基本的一致，这种一致并不是来自文化的交流和传导，而是基于人类本性上的一致。我们观察到，所有民族，无论是野蛮的还是文明的，尽管是独立成长起来的，彼此在时间和空间上都相隔甚远，但却都保持住了下列三种习俗：（1）都有某种宗教；（2）都举行隆重的结婚仪式；（3）都埋葬死者。①

在维科看来，一个区域的文化具有另一区域文化的特点，并不一定是文化传播和交流的结果，可能是共同人性的结果。在距今 30 万年到 26 万年前，在现在的赞比亚的双子河的山顶洞穴里，他们使用含有氧化铁的赭石作为颜料，在岩壁上绘制红色图案。② 而在南非的尖峰洞穴遗址，人们发现，大约在 16 万年前，这里的居民就开始收集赭石，饱和度高的鲜红色是他们的最爱。到了 10 万年前，洞穴居民使用的红色的种类越来越多。再看看以色列的斯虎尔洞穴，它有一个距今 13 万年到 10 万年前的考古地层，洞穴中发现了从附近采集而来的四块鲜红色赭石，其中三块至少被加热到华氏 575 度，把原来本为黄色的赭石加工成了红色，他们这种做法与距今 3 万年的南非尖峰顶洞人的做法可能十分接近。同样在以色列的卡夫扎洞穴，时间大约在 10 万年到 9 万年之前，里面的三个墓葬均有随葬品和赭石。而且很多赭石都是由黄色或者棕色赭石经过加热处理变化过来的，这表明当地居民对于红色有所偏爱。而在北非的一些古人类遗址，发掘出了 20 万年前到 18 万年前的红色和黄色赭石。在摩洛哥的鸽子洞，还发现了通体涂满红色赭石颜料的贝壳。西班牙埃尔伯蒂约山洞深处，3 万多年前史前人类的岩画是两个红点。而大地湾的居民以至后来马家窑、齐家的先民都喜欢红色和赭石，能说是受前述古人类影响的结果吗？

虽然考古发现可能看到很多类似的人类的物质文化和精神文化，但按照维科和斯图尔德的观点，却不能轻易说谁影响了谁，人类共同的心智，完全

---

① 韩震：《西方历史哲学导论》，北京师范大学出版社 2008 年版，P38。
② ［加］吉纳维芙·冯·佩金格尔：《符号侦探》，朱宁雁译，北京联合出版公司2019 年版，P33。

可能使不同空间的原始先民创造出相同的物质文化和精神文化。这是在研究文化的空间交互时需要慎重的地方。

第三节　马家窑时期嘉陵江上游的文化交互

经过大地湾时期三千多年的发展，到马家窑时期，进入父系氏族社会，社会文明程度大大提高。手工业从农业中分离出来，不仅为手工业本身的专业化、精致化创造了条件，而且也为艺术的繁荣和文字的诞生锻炼了心智。这个时期，灵物交互 B 已经演化为一夫一妻制，具体细节尚不清楚；物交互 B 还不显著，同样缺乏来自考古学的丰富证据。此二者在马家窑文化交互中略下不表。而物交互 A、灵交互 A、灵物交互 A 都更加充分，比起大地湾时期已经更加进步、更加自觉、更加系统。特别是灵交互 B 走到了一个辉煌阶段，在某些方面带给后人难以企及的成就。

因此，本节主要讨论马家窑时期物交互 A、灵交互 A、灵物交互 A 以及"人域交互"中的"灵交互 B"。

"孟加拉雀的鸣叫"

马家窑时期，农业已经相当发达。畜牧业除了猪、狗、羊、鸡以外，还饲养牛。狩猎经济也表现不俗。到后期青铜器登场了，出现了铜刀，生产力的发展进入了一个全新的阶段，到马厂期可能已经进入铜石并用时期。这种经济局面，使物质产品有了相当的剩余，为一部分人专门从事手工业创造了条件，推动了手工业的专业化。当时的手工产品无论数量还是质量都是空前的，装饰品的制作和陶器的生产已成为独立的生产部门。装饰品的质料丰富、数量和器型多，质量好，居民的审美水平和审美能力大大提高。音乐、舞蹈、绘画、雕塑等需要剩余精力才能更好地发展的古老艺术，进入了自觉发展时期，创造文字的冲动再次显现出来。而作为马家窑文化代表的彩陶，更是把彩陶艺术推上了顶峰，为后世留下一个令人惊叹的艺术宝库。

前面已经提到，5000 年前的马家窑陶鼓，已经由大地湾的素面鼓发展为彩陶烧制的单面鼓。鼓通常与舞蹈结合使用。青海大通遗址和宗日遗址的舞蹈纹饰彩陶，甘肃酒泉、武威、会宁出土的舞蹈纹饰彩陶，把马家窑时期远古先民的舞蹈生动形象地记录了下来。舞蹈纹饰，夸张生动，造型稚拙，而舞蹈形象生动、纯朴、率真，生机勃勃。这些音乐舞蹈可能是用于祈神或是脱离了实用功能的纯粹的艺术，具有独立的审美价值。这种独立的审美价值可以说源于马家窑人已经有了可以脱离实用目的的艺术追求。

　　人类的艺术究竟是怎么产生的？有两种观点，一种认为，智力是为了适应其他目的而产生和演化的，艺术只是智力的副产物；另一种观点则认为，艺术是一种本能，创作艺术和欣赏艺术是一种天性。依前者，艺术就只是给我们带来快乐而已，没有其他目的。依后者，艺术有目的，而且是适应性目的。两种观点之中，本能说更多也被人们接受。但是，有一种既赞同本能说，又修正本能说的理论，我们认为能够更好地解释艺术的起源。

　　依照本能说，艺术是适应性的一种表达，就像孔雀尾巴那样。关于孔雀的尾巴心理学上有一种假说，叫"昂贵信号假说"。性选择鼓励雄性向雌性展示其优越的适应性，雄性动物会沉溺于一些浮夸的表现，孔雀的尾巴、鹿子的角都是这样产生的。但是，这些展示违背了自然选择的规律，因为他们在吸引了雌性的同时，也给自己带来了生命危险：孔雀的尾巴妨碍行动、鹿的角暴露目标，这会让捕食者更容易过攻、更容易追击。不过，性选择最终战胜了自然选择，追求雌性的价值胜过了生命自身的价值。尽管喜欢炫耀的孔雀，可能死得早，但他们能够吸引更多的伴侣和产生更多的后代。所以，孔雀的尾巴精致漂亮，但不是很有用。这非常像艺术。比杰弗里·米勒认为，"艺术的起源在于：趾高气扬的男性互相竞争，创造出没有实用价值的装饰物，试图向女性观赏者证明自己的作品比其他人的更壮观、更优秀。"① 哲学家丹尼斯·达顿也认为，艺术是人类为了在更新世的恶劣环境中生存下来，从创造性才能的诞生中产生出来的，是自然选择和性选择共同作用的结果。②

　　显然，本能说都把艺术当做一种适应性表达，所谓适应性表达是指像孔雀的尾巴这种产物是在自然选择的"压力"之下形成的，或者说源于"选择压力的紧张"。安简·查特吉也同意艺术本能论，但他认为艺术不是源于选择压力的紧张，恰恰相反，它是因为"选择压力的放松"而产生的。他先引用

------

　　① ［美］安简·查特吉：《审美的脑》，林旭文译，浙江大学出版社 2016 年版，P162。

　　② 同上：P163。

生物人类学家特伦斯·迪肯的观点，当选择压力放松时，语言的社会功用与很多文化实践会出现，然后以孟加拉雀为例来说明他的观点。

孟加拉雀是日本的家养雀，从野生的白腰文鸟演化而来。在亚洲很多地方的野外都生活着白腰文鸟。雄性的白腰文鸟会以一种固定的鸣叫，吸引雌鸟。日本的鸟类培育者让羽毛漂亮的白腰文鸟去交配，繁衍出一种色彩艳丽的后代。经过250多年、前后共500代的繁衍，野生的白腰文鸟演化成了家养的孟加拉雀。孟加拉雀的鸣叫声已经与它是否能成功繁衍没有关系了，因为饲养者主要是为了它鲜艳的羽毛，但是孟加拉雀的鸣叫，不仅没有退化，反而变得更加复杂多变，音符的排列顺序变得更加捉摸不定。甚至孟加拉雀对社会环境的反应也更加灵敏。他们比自己的祖先白腰文鸟，更擅长学唱新歌，有时居然还能理解鸣叫中的抽象模式。

孟加拉雀的一只幼鸟就可以学会白腰文鸟的鸣叫，反过来，一只白腰文鸟的幼鸟却只能按照自己的本能那样鸣叫。迪肯认为，由于孟加拉雀鸣叫的内容变得与辨识同类、避开捕食性动物、保卫地盘、吸引异性等通常的选择压力无关，原来决定固定鸣叫的基因就自然发生了转移或退化。

专家们从神经生理学角度出发，对这种变化的分析很有意思。他们发现，孟加拉雀鸣叫的变化伴随着脑内的有趣变化。主导白腰文鸟天生鸣叫声的神经通路，是被一种叫做"弓状皮质栎核"的皮层下结构所控制；而主导孟加拉雀鸣叫的神经通路则广泛分布在大脑皮层，联系更加灵活。由于鸟脑内控制配合弓状皮质栎核运作的模式不同，白腰文鸟只能以一种既定的方式鸣叫。而因为脑部功能受到的基因控制变得宽松，本能的限制变得不那么明确，孟加拉雀的大脑变得更加灵活，对局部环境条件的反应也更加灵敏，可以随时进行即兴表演。

因此，不断增强的选择压力产生了孔雀尾巴，而孟加拉雀鸣叫则是选择压力的放松所导致的。艺术更像是孟加拉雀的鸣叫，而不是孔雀的尾巴。

而从艺术体验的生物特性和固有特征来看，艺术也跟孟加拉雀的鸣叫相似。人类的脑部没有一个专门处理艺术体验的模块，艺术体验是脑内分布广泛的神经元共同协调的结果。参与艺术活动，利用的是脑内负责处理感觉、情绪、意义的系统。不同类型的艺术，脑内会有特定的系统参与。这种灵活的脑部运行方式与孟加拉雀鸣叫时的脑部情况类似，可以协调复杂的行为。

不同的艺术之所以看起来完全不同，原因就在于艺术是复杂而多变的。

人们甚至很难清楚地判断哪些是艺术。孟加拉雀的鸣叫同样复杂而多变。不同的孟加拉雀能学会不同的鸣叫，同一只孟加拉雀在不同环境下同样会形成不同的鸣叫。不同的鸣叫内容体现了孟加拉雀对环境的敏感性。

可以看出，行为的多样性是基因变异与环境变化的结果。在选择压力增强的情况下，多样性减少；在选择压力放松的情况下，多样性兴盛。这种选择与放松的交替出现，意味着由文化生态位造成的选择性环境压力较大时，艺术往往是程式化的；而当选择环境压力放松时艺术能自由变化。因此，严重压制性的环境持续时间太长，富于创意的、多样化的艺术就会受到阻碍。这种社会即使有艺术，也是模式化的、装饰性的作品，甚至仅仅只是政治宣传物。当专制政权的选择压力开始放松，富于创意的、多样性的艺术就会出现。艺术的繁荣与否可以作为社会自由度的衡量标准。艺术越是脱离选择压力（不管是来自国家的压迫还是经济的匮乏），就越能在文化中自由变化。虽然艺术可以是本能的一种表达，但最不可预测、最富于创新的艺术是在选择压力放松的条件下产生的。艺术会根据生态环境的变化而发生改变，它是一个民族、一个国家自由程度的标志。①

为什么在大地湾长达 3000 年的历史长河中，并没有产生精彩的艺术，而在马家窑这 1000 多年里却产生了辉煌的彩陶艺术呢？马家窑时期，全新世大暖期还没有结束，渭河流域良好的生态条件为农业和畜牧业的兴旺创造了条件。农业和畜牧业的兴旺，保证了马家窑居民每天除了用于食物生产活动以外，还有更多的时间用于人际交互和艺术创造。

其次，手工业从农业和畜牧业中分离出来，这种专业化的分工让手工业产品更加丰富精致和有意味，从而推动了审美感知的精细化。在亚当·斯密的《国富论》中讨论过关于大头针生产的故事。一个工人抽出一根铁丝或钢丝，一个工人按尺寸将其截断，一个工人负责把头削尖，一个负责磨光，再下一个负责在一端装上针头……小小的一根针包含了 18 种不同的工序。一个只雇了 10 个人的小工厂以这样的方法，每天可以生产 48000 枚针，平均每个工人生产 4800 枚针。可是，如果他们各自独立做完所有程序而非专注于某一道工序的话，即使每天生产 20 枚针也困难——

① ［美］安简·查特吉：《审美的脑》，林旭文译，浙江大学出版社 2016 年版，P173-179。

"也许连 1 枚针也制造不出来。"亚当·斯密最后写到。[①] 这种由于分工而产生神奇结果的原因，至少现在的人还没有弄清楚。

这样看来，手工业专业化的意义并不只是分工这样简单，随之带来的是生产工具的发展、生产技术的进步和劳动生产率的进一步提高；而随着手工业与艺术的结合，更多实用和审美兼具的物品被生产出来。手工业者没有时间去生产食物，自然就会用自己的产品去交换食物，这样以物易物的交换形式就会大量出现。用复杂适应系统理论来说，当一种新的生态位被开辟出来，往往就会同时伴生许多新的生态位。当这种伴生的生态位成为主体可以利用的空间时，一个新的适应性环境就产生了。马家窑的彩陶艺术应该就是手工业的专业化和"孟加拉雀鸣叫"的产物。

大通县上孙家寨出土的彩陶上的舞蹈纹样，让我们仿佛看到了一群姑娘，五人一组手拉手，正在大通河边的草地上载歌载舞，震天的鼓声、嘹亮的歌声在河谷里回荡。彩陶上不再是冰冷的纹饰，而是充满了灵性。在大地湾时期，特别是大地湾早期和中期，这种舞蹈也许只是李泽厚先生所说的一种巫术礼仪；但在马家窑时期，生产力的发展应该让他们脱离了模式化的存在，而产生了"孟加拉雀的鸣叫"。

更重要的是，彩陶不仅反映了马家窑人的生活，还展现了彩陶艺人深厚的艺术修养和制陶艺术水平。彩陶上有规则的构图、重复使用的符号、点线面体灵活的处理手法，已经成为了克莱夫·贝尔的"有意味的形式"，传递出马家窑时期的制陶艺术家们的思想感情和精神追求。许多彩陶上神秘的图案，彰显了彩陶艺术家们在与天地交互的过程中，对于宇宙秩序的理解。如马家窑彩陶上的旋涡纹，顺时针内旋，这与太空星云的旋涡方向一致，与成都金沙遗址的太阳神鸟图和太极图似乎都有一种一脉相承的关系。这很容易让人想起老子的："致虚极，守静笃，万物并作，吾以观复。夫物芸芸，各复归其根。归根曰静，静曰复命。"宗日遗址的舞蹈纹盆，陶盆质地细腻，表面光亮，图案饱满，花纹流畅，非常美观，这都应该归功于天人交互过程中所形成的专业化的力量。

除了艺术以外，朦胧的文字符号意识也应该是马家窑时期灵交互 B 的重要表现。马家窑彩陶上的刻画或刻划符号被很多研究者仅仅看做无心的符号，

---

① ［英］亚当·斯密：《国富论》，唐日松译，商务印刷馆 2010 年版，P2。

没有什么意义；① 而有的研究者又认为很有意义，认认真真、绞尽脑汁去释读他们的内涵。② 我们认为，这些符号应该是陶工有意为之，但只是记录他们个人的某种想法而已，或者用我们在前面所引用的托马塞洛的观点，这些符号体现的只是个人意图性。只有当这种个人意图性转化为联合意图性并逐步变成集体意图性的时候，真正的文字才能产生，因为语言毕竟不是个人的行为，而是交互的需要，也是交互的结果。这种个人意图性是什么时候转化为集体意图性的呢？如果考古发掘找出了这个信息，那就是文字产生的最早日期。

三眼五面神

大地湾时期原始的灵交互 A 当然应该已经有了，只是在渭水流域还没有考古学上的证据。李仰松先生对大地湾的地画进行了巫术的解读，如果这种解读成立，可能大地湾有了灵交互 A。李仰松先生提供了两种解释。

解释一：从地画摹本看，是一幅为家里病人驱鬼的画面，即"驱赶巫术"。地画上面两个成年人是巫觋与女主人，他们右手中各持一尖状"法器"，左手抚着头顶；下面画了一个木棺，内画两个象征害人生病的鬼像，是死亡的象征。木棺前方的反"丁"字形画像的尖端正朝向木棺的顶头，是镇压妖魔的象征。地画的施求过程应是：巫觋与女主人手持"法器"举起左臂，嘴里念着咒语，环绕着木棺走动，可能每念完一阵咒语，还要在病人身上用尖状"法器"伪装乱戳乱刺，作驱赶妖邪状，然后将可辟邪的物品覆盖在木棺上，巫术施行完毕，病魔便脱身。木棺前方的反"丁"字形图像，是起着镇压妖邪的目的，可阻挡妖魔的去向。这是一幅完整的"驱赶巫术"地画。

解释二：地画应是一幅谋害敌人的巫术活动。即以为自家人死亡是敌人部落或仇人施行巫术的结具。为了进行报复，自己便也请巫觋来家绘地画"做鬼"，以此作为谋害敌人的巫术仪式。地画上面的两成年人是巫觋和女主人；下面木棺内绘有两个俯卧状的人像，可能是象征敌人或妖魔；木棺前方绘反"丁"字形图像，是镇压妖魔的象征。施行巫术的过程是：他们手持尖状的"法器"，举起左臂，嘴里念着咒语，围绕着下面的这口木棺走动，边念

---

① 高明：《论陶符兼谈汉字的起源》，《北京大学学报》（哲社版），1984 年 12 期。
② 王志俊：《关中地区仰韶文化刻划符号综述》，《考古与文物》，1980 年 3 期。

咒语边向木棺挥舞手里的"法器",作些驱妖邪的动作,然后把辟邪的物品覆盖在木棺上,以此达到致敌人于死地的目的。

这两种理解具有某种灵交互 A 的意义。①

而到了马家窑时期,灵交互 A 就达到了另一种高度。马家窑文化时期的一件彩陶葫芦瓶,出现了一个三眼的人面纹图案,其中一目直立在额头中央。环绕瓶的腹部,一共有 5 个这样的三眼画像。这个奇特的人面纹很像是生命之主印度湿婆的头像。在印度哈帕斯文化的韦陀灵知神话中,湿婆有时就被描绘成为有五张脸、每张脸有三只眼睛的保护神。每张脸代表一个方向,显示湿婆的力量无所不在。直立在额头上的第三只眼,可以喷出毁灭之火。一天,女神帕瓦尔蒂来到湿婆身后,戏谑地蒙住湿婆的两边的眼睛,他看不见东西,结果黑暗的洪流就涌入了宇宙。幸好他的第三只眼睛把火焰带进了黑暗,烧死了喜马拉雅山神和万物的生命。帕瓦尔蒂乞求湿婆慈悲为怀,才又把山神和万千生物带回了人间。为什么把这个图像绘在葫芦上呢?华夏文明向来把葫芦作为繁殖多子的象征,这位三眼五面神描绘在葫芦上,显然是隐喻湿婆的生命、生殖之神。②

前面提到过,师赵村距今 5000～4000 年的文化遗存发现一处祭祀遗迹。祭祀遗迹系由大小不一的天然石块摆成平面呈圆形的石圈,圆圈内由碎陶片、小石子和黄土羼合在一起平铺并经夯实,因此相对坚硬。圆圈内上面散放着大小不等的石块,约 90 块,最大者长不超过 0.25 米。其中还置有陶片、猪下牙床、猪头骨、肢骨等,很可能是一处祭祀遗迹。③

到了齐家文化时期,师赵村这类的石圆圈遗迹就更多了。这证明马家窑时期这种石圆圈就是宗教信仰的产物,齐家文化的石圆圈只是对马家窑文化的继承。仅仅在甘肃省永靖大何庄村南的台地上,就发现了五处齐家文化的"石圆圈"遗迹。这些"石圆圈"是用天然、扁平状的砾石在平面上摆成的圆形遗迹,直径约 4 米。"石圆圈"的周围分布着许多墓葬,圈外周围一般有牛、羊的骨架和卜骨,有了浓郁的宗教祭祀意味。

---

① 李仰松:《秦安大地湾遗址仰韶晚期地画研究》,《考古》,1986 年 11 期。

② 徐达斯:《世界文明孤独史》,作家出版社 2019 年版,P614。

③ 中国社会科学院考古研究所:《师赵村与西山坪》,中国大百科全书出版社 1999 年版,P75－76。

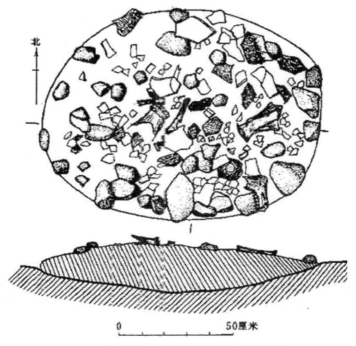

图 13 师赵村五期祭祀遗迹平、剖面图①

　　喇家遗址还发现了祭坛。祭坛系土筑，位于遗址内的小广场的北边，高于地面约 2 米，呈缓坡覆斗状，东南部残留有石砌墙体。坛顶部平面 5～6 平方米，上有一座墓葬（编号为 M17），形制特别，墓葬口呈二层台状，墓葬填埋后，似乎又用红土覆盖了包括墓葬在内的整个土台。祭坛平面和坡面的部分区域有火烧痕迹，坡面上有灰坑，坑内有大量的灰烬堆积。M17 对祭坛似乎有着唯一的和永久的占有权，因为祭坛东南部的 10 余座墓葬，大部分都朝向祭坛顶部中心的 M17，似乎表明了他们之间的主从地位和空间秩序。M17 出土了大量的玉器，而其他墓葬的玉器无论数量还是类型和玉质，都远逊 M17。

　　另外，墓葬的祭坛本身也经过反复加工和修补，并逐渐垫高增大，说明祭坛经过长时间的使用。同时，在小广场的南部，有一组干栏式建筑的柱洞

---

　　① 中国社会科学院考古研究所：《师赵村与西山坪》，中国社会大百科全书出版社 1999 年版，图 60。

痕迹，共9个，平面呈规整的正方形分布，可能是"社"或"明堂"一类干栏式礼制建筑。它与祭坛、广场构成一个三位一体式的整体，在举行祭祀仪式时，可能作为具有祭祀功能的高台。

综合来看，喇家遗址的祭坛、广场、干栏式建筑应该是一处整体性的祭祀遗迹，并与位于其上的M17的祭祀有关。

除了上面这些灵交互A的形式以外，还有为数众多、而且较为普遍的祭祀坑、祭祀场等。当然，大地湾时期的F901也曾被某些学者看作天人交互的场所。

第四节　齐家时期的文化交互

"天人交互"和"人域交互"都是宇宙交互的重要方面，没有天人交互就没有人域交互，反过来，有了人域交互，天人交互才获得了意义。而如前所言，天人交互首先是物交互A，这是人域交互的物质基础。齐家文化时期由于粟作农业面临恶劣气候条件，无法满足人们生存的需要，于是开始了半农半牧的生活，到了齐家文化晚期，一部分人分离出来，成为了专门的牧人，过上游牧生活。其经济结构跟马家窑时期相比，发生了很大改变。与此相应，生产工具也与过去农业为主的时期大为不同，在齐家时期的湟水流域出现了大量的旧石器时代的打制石器，说明农业不发达，不需要更精细的工具。另外，灵交互A和灵交互B比马家窑时期更加系统、更加完善，特别是青铜器和玉的使用，把灵交互A和灵交互B推到了一个新的阶段。

至于人域交互的"灵物交互B"，前面介绍这种交互方式在马家窑时期可能已经进入到了专偶制阶段，男性在家庭和社会生活中的地位于焉形成，女性的地位则由此开始越来越低，直到文明社会不断发展，在现代社会才重新获得平等。而"人域交互"中的"物交互B"则有了明显的发展，目前考古学能提供给我们的就是陶土、陶器和玉器的贸易，食盐的贸易占比可能也很大，但尚无充分的考古学证据供我们讨论。

物交互A与适应性演化

齐家文化分布区包括西部、中部和东部。尽管当时受全球性气候变化影响，但从西到东物交换 A 的方式却有较大的差异。中、东部区域，农作物加工工具较多。中部秦魏家遗址发现了石磨棒、石磨盘，大何庄遗址发现石杵等；而在东部师赵村遗址也有这类器物，说明当时的中部和东部农业种植还是占有比较大的比例。而在西部的湟水谷底、大通河流域，粮食加工工具数量比东部减少，农业种植与加工技术与东部相比都较为落后，牧业成分占比较大。互助总寨遗址发现了齐家时期的羊角，反映这一区域养羊规模可能在扩大。

尽管如此，人们还是发现，中东部地区人口流动较大。中部地区的葫芦河流域在仰韶文化时期，聚落存在时间极长，有很多数百年甚至上千年的聚落。因为当时环境气候稳定，相应的动植物资源的状况变化不大，人们没有走出这种生存条件较好的地方。而在齐家文化时期，这里文化单一、人口不大的聚落大增，说明这一时期先民的居住地极不稳定，经常会发生小范围的人群迁移，这同样与当时环境变动剧烈有关。位于湟水流域的居民又恰恰相反，那里的居址相对稳定，湟水中游的柳湾遗址，从马家窑时期的半山类型（前 3000 年）开始，一直延续至辛店文化，都未出现过迁移。

为什么农业主导的地方居民迁入迁出的量较大，而牧业成分较重的区域居民定居却较为稳定呢？这是因为齐家西部地区发展起了一种新的产业，叫做"草作农业"。草作农业现在又叫"草地农业"。现代草地农业是草地与农田和林地相结合、植物生产与动物生产相结合、产品生产与流通相结合的一种产业，包括前初级生产层（含风景、旅游、自然保护区等），植物生产层（含牧草、作物、林果等），动物生产层（含家畜、野生动物等），后生物生产层（含植物和动物、产品的粗加工与深加工及流通）等。①

从齐家文化时期处在黄河岸边的喇家遗址看，羊是最主要的家畜，数量占到了家畜一半以上。同时还发现了许多种类的草籽，而且草籽数量大大超过了农作物黍，现在看来这些都是优质牧草草籽。在非农作物植物种子中，禾本科植物种子的数量最为突出，高于农作物黍的种子数。这些禾本科植物种子绝大多数属于狗尾草属。这证明了当时存在人工种植牧草的可能性。

从生产和生活工具看，喇家遗址的石器大多是打制石器，齐家时期已经

---

① 叶茂林：《齐家文化农业发展的三态化适应——原始草作农业初探》，《农业考古》，2015 年 6 期。

进入早期铜器时代，打制石器数量还占居重要地位，远远超过磨制石器，只能说明当时农业生产比较粗放，占比较小。[①]

也就是说，齐家文化西区居民的定居时间较长，与草作农业、畜牧业和粟作农业的生业经济形态是密不可分的。

当然，由于气候条件的恶劣、生产技术的落后，齐家时期草作农业最终失败了。草作农业解体，于是齐家文化这种半农半牧的生业经济形态，最终被后续的游牧经济取代，转变成为最主要的生产和生活方式，并彻底成为游牧文化的滥觞。齐家文化之后，青海卡约文化遗址的分布范围极为广泛，说明游牧社会已经空前发展。卡约文化的分布区大大超过了马家窑文化和齐家文化的范围，青海省齐家文化遗址约四五百处，而卡约文化遗址数量却高达1800处之多。

除了产生了草作农业这种经济形态，交互频率的增加、交互范围的扩展以及战争这种交互方式也成为齐家时期的一种常态。齐家文化处于青铜时代早期，青铜工具对于抵御气候灾害并没有太大的用处，倒是成为了一种取代石器的重武器。由于气候变动，人们改变了过去老死不相往来的社会生活方式，不得不四处寻求更好的生存环境，从而带来了文化的高频次交流。齐家文化中西区处于青藏高原与黄土高原和蒙古高原相邻近的农牧交错地带，是黄河上游的民族聚居区和民族交融区。古代民族的分分合合就在这个特殊区域。它连接欧亚，是东西文化交汇和东西交通的纽带，还是从东北到西南的边地半月形传播带上的一个南北过渡地带，是古代文化交流的一个三岔口。加上又与北方草原民族长期接触，文化的交流和融合都很大。

交互方式是很多的，文化交流和战争都是交互方式。恶劣的环境条件下，迁来迁去的游动生活，难免会因为争地盘和其他资源而发生武装冲突。齐家文化遗址出土的一批青铜器武器，应该是当时战争交互形式的体现。

玉成为交互的重要媒介

玉文化在齐家时期占据了非常重要的位置，对中国后世的礼制交互文化

---

① 叶茂林：《齐家文化农业发展的生态化适应——原始草作农业初探》，《农业考古》，2015年6期。

产生了深远的影响。齐家时期玉的功能之一就是作为灵交互 A 和灵物交互 B 的媒介。这种交互首先体现在祭祀上。祭祀主要是祭祀天地，希望通过对天地鬼神的祷告，免灾祈福、战争胜利等，农业丰收得偿心愿以后，还要祭祀报谢。琮、璧、璋、圭、璜等齐家玉器都是用来进行灵交互 A 和灵物交互 A 的神圣器物。

现在无法确知齐家文化时期，作为玉器的礼器如何与天地之灵进行沟通。稍早的红山文化、良渚文化以及龙山文化等都发现了玉礼文化，玉也是当时最重要的祭祀工具。但也只能通过后来的文献知道一些使用方法，比如《周礼》"以苍璧礼天，以黄琮礼地"等。但这毕竟是文明社会的规制，齐家时期利用玉器的具体情形，目前还是个谜。

不过，人们也许终究会揭开这层神秘的面纱。学者从音韵学和音律学的角度出发，对齐家文化的一些玉石璧、环、管（喇家遗址出土）等进行声波测试，发现可以发出乐音。皇娘娘台遗址出土的石璧经过科学检测，其音响效果较好，具有良好的音乐声学性能。其中有 4 件石璧，音强已经接近现代乐器。同一墓葬出土器物音高已出现二度、三度音程关系。喇家遗址同一墓葬出土两件组合的玉璧、玉环、玉管，音程关系均为比较规范的自然音程。这说明出土玉石璧具有良好音乐性能。无论从加工工艺技术还是调音技术分析，都说明距今约 4000 年以前的齐家时期，可能已经出现了律管和玉石璧这样的击鸣旋律乐器。①

可见这些玉器既是祭器、礼器，又是乐器，如果进一步的研究，我们大概可以还原古人使用这些玉神器来祭祀天地的仪式和场景。他们透露了齐家先民对原始宗教礼仪的炽热情感和虔诚崇拜，是过去的人类没有使用过的一种原始宗教器物，表明齐家时期人灵交互已经越来越高级。

由于铜的出现，铜器也成为重要的祭祀器物。甘肃临夏出土了齐家文化时期我国迄今为止已知最早的铜镜，距今约 4000 年。出土时置于墓主人胸前。另一件铜镜出土于青海贵南尕马台，出土时位于墓主人胸下。两面铜镜都用锡青铜制成。从铜镜的特征看，这些早期铜镜主要应为宗教祭祀的神器。临夏铜镜和尕马台铜镜的形状都是圆形，如同太阳的形状，都有光芒状的纹

---

① 沈博：《玉石璧的音乐性能及祭祀功能研究》，四川省社会科学院硕士论文，摘自知网。

饰向外呈放射状，与马家窑时期陶器上的太阳纹相似。

这种灵（物）交互Ａ不仅体现在玉器和铜器的使用上，还体现在固定的祭祀圣地和祭坛上。

齐家文化遗址发现了多处祭祀后留下的遗迹。永靖大何庄有五处"石圆圈"遗迹，"石圆圈"内排列着天然的扁平砾石。另外，"石圆圈"周围分布了许多墓葬，墓葬附近埋有一些羊肩胛骨做成的卜骨，还有不少牛、羊等牲畜的骨架。石圆圈内有4个图案，都用砾石摆成。墓葬群的形式与前面的铜镜一样，都是表现的对太阳的崇拜。永靖秦魏家遗址的一处"石圆圈"遗址，也用天然砾石排列而成，不同的是，几块砾石上还有一些褚石粉末涂染的痕迹。石圆圈的直径达4米，其南有99座墓葬，整齐排列成6排。一处墓葬还发掘出高领双耳罐，里面放置了一件羊卜骨，可以推断墓主人生前是一名巫师。显然，这些都是与原始宗教信仰有关。

埋祭兽骨也是一种祭祀活动，除了上面石圆圈附近的兽骨以外，师赵村齐家文化时期遗存也发现了"石圆圈"遗迹，并埋有无首牛骨架一具。同地的西山坪遗址，也发现其中的一处窖穴埋有5具较完整的猪骨架。这明显是与当时盛行的宗教祭祀有关。

其他遗址中也有不同的宗教遗迹。喇家遗址中发现了一座特殊房址，其居室面积较大，建筑考究，有一个形制规整的灶，室内物品集中放在东壁，壁上涂有均匀的黑色颜料，旁边放有玉璧、玉料和石矛等，室内有多达14具的人骨，这也应该是一处宗教活动场所。

这些石圆圈和房址应该都是一些固定的祭祀场所，可见齐家文化时期，宗教活动不但有相当的规模，而且正在系统化。

除了石圆圈以外，喇家遗址还发现了祭坛。它是一座人工堆积和加工的"土台"，位于遗址内的小广场北边，比广场地面高2米左右。祭坛顶部台面5平方米左右，然后从顶部逐渐呈5～10度缓坡向下延伸。祭坛与广场以及广场东南部的干栏式建筑构成了一个整体。台面中部有一座齐家文化罕见的高规格特殊墓葬。土台东边偏南约低于土台顶面1米、距中部墓葬约10米左右的地方，分布着10余座小型墓葬。有人认为，这是一处不断有祭祀性埋葬和祭祀仪式的祭坛，是一个祭祀天地诸神的综合性祭祀场所。这座祭坛反映了当时的宗教信仰已经形成更加系统化的仪式和规则，宗教正在开始脱离原始状态。

玉器不仅仅是礼拜神的器物，也是礼"人"的媒介。齐家时期各种各样玉的装饰品也证明玉器也已经成为先民追求精神享受的一种外在标志，成为灵交互 B 的一种形式。

而这种对精神享受的追求自然也就体现在音乐和舞蹈等艺术之中。齐家先民的音乐器材在吹奏乐器方面，除了继承马家窑时期的陶埙以外，还发明了骨笛、哨之类。骨笛应该是古羌人的遗物，齐家文化发现的骨笛，经专家测音认为，已经具备七声音调了。①

从打击乐器来看，齐家文化继承了大地湾时期和马家窑时期的陶鼓，但制作更为精美，同时发明了石磬。其中一件流传到今天的大石磬，被称之为"黄河磬王"。② 器物制作精美，实为罕见的齐家文化时期遗物。

还有一些简单乐器，如形式各异的陶响器、铜铃。这些乐器可以挂在身上，装饰、舞蹈和音乐功能兼有。

从人际交互、族际交互到灵际交互

马家窑文化半山类型早期，随葬品较少，很多墓葬甚至一件随葬品都没有。社会成员间相对平等，财富分配也很平均。到了半山类型晚期至马厂类型，贫富分化开始显现，一些大墓的随葬品十分丰富，柳湾的一座男性二次葬墓，随葬品有彩陶壶、石璧、骨锯和绿松石饰品等，还有近 600 件的串珠。这表现出明显的贫富差距。齐家文化时期，这种贫富分化就更显著了。大墓随葬品不仅种类多，而且数量大。墓葬规模和随葬品类型都有很大不同。以代表财富的猪骨为例，齐家文化时期出现了大量猪下颌骨随葬现象，多的达六十余件，而少的只有一件。氏族公社的那种原始共产主义社会已经无可抗拒地被私有制所取代。

原始共产主义主要是氏族内部的一种人际交互，或者还有对偶家庭或专偶家庭之间的交互。但对外的族际交互而言，就不是这种共产主义了，氏族部落与部落之间还是存在利益竞争的。但是从氏族内部来说，随着生产力的进步，掌管氏族剩余产品的首领逐渐发现多余产品的占有可以让自己在氏族

---

① 乔虹：《青海地区史前古乐器综述》，《青海社会科学》，2005 年 3 期。
② 王仁湘：《器重光——黄河磬王发现记》，《文物天地》，2001 年 1 期。

中处于优越地位时，自私的基因就被激活了。而根据氏族成员和自己亲疏的不同，氏族内部就自然而然形成了占有不同资源的群体，这些群体又逐渐演变为阶层；当一个阶层可以役使另一个阶层并无偿占有另一个阶层的劳动成果的时候，阶级就产生了。但是阶级压迫毕竟不是可以一劳永逸的，当被压迫阶级不愿意再受役使的时候，他们就要奋起反抗。因此，氏族统治阶层为了让自己这种阶级压迫永远存续下去，就需要有暴力做后盾。齐家文化时期的殉人现象，显示当时可能已经是阶级社会，而且阶级斗争可能已经发展到了非常激烈的程度。

阶级的出现是人类进步的表现，它表明人际交互已经结构化，演变成了层际交互。群婚、对偶家庭和专偶家庭都是人际交互的结构化，但对于整个社会来说，这种结构化只是局部的。只有全社会的结构化才是高级的结构化。这种高级的结构化才能催生出真正的国家。

而青铜器对国家的出现无疑起到了关键的作用。齐家文化时期，贵族可以通过垄断铜器冶炼技术，来占据氏族的统治地位。青铜比起其他材质的武器来，无疑更加锋利、更加致命。因此，青铜成为权力的象征，青铜武器则成为这种权力不受损害的保障。铜制的礼器，一方面使铜具备了宗教祭祀功能，通过灵物交互A实现氏族首领从精神上控制氏族成员，另一方面也通过这种礼器宣示权力的存在。因此，铜器就成为了早期国家出现的推动性力量。

当然，我们还不能说，齐家文化时期渭河流域、洮河大夏河流域、湟水流域已经出现了早期国家，但苏秉琦先生所说的"古国"这种国家的雏形应该已经出现了。古国是指原始氏族部落制之上的高一级的组织形式，即早期城邦制的原始国家。但这种古国的出现依然要感谢青铜。青铜矿和青铜器的冶炼和铸造，这些在当时都十分重要，可并不是每一个氏族部落都可以拥有的。当某些氏族部落拥有并控制了他们的时候，也就很可能借此控制没有这些资源的部落。于是依靠武力建立起更高一层的部落组织，就成了这些部落的目标。在这个过程中，一种超越部落层级交互和凌驾于部落与部落之上的层际交互就形成了，由这些部落组成的层际交互组织就是古国，或者如有的学者所说的邦国或酋邦。

可以说，青铜器和青铜武器的出现，对于古国的形成是有很大助力的。喇家聚落、柳湾聚落、师赵村第七期、姜寨龙山时期遗址或许都可以视为古国。

对齐家文化的这种推断，其依据是齐家文化铜器的结构。在齐家文化铜器中，刀的数量最多，而且形态各异。杨建华、邵会秋把齐家的刀分为四个时期。第一个时期是单刃刀，第二个时期是单刃有背刀，第三个时期则出现了刀柄，便于用手握住使用，第四个时期出现了有刀首和刀柄有装饰的刀，还有以銎纳柄的按柄方式。除了这些数量众多的青铜刀具以外，齐家文化还有尖头形器的锥和针之类的铜器。其次，还有铜斧类器物，如平板斧、空首斧等。①

当然，这些铜质武器不仅仅只是用来控制本区域的部落，也很可能用于古国与古国之间的战争。齐家文化时期的甘肃中部和青海东部是中国最早使用铜器的地区。面对恶劣的生存条件，拥有铜质武器的古国一定会向生存条件更好的区域拓展，这必然会与原住民发生冲突，挑起战事。在陕北清涧发现的全民武装的李家崖遗址可能是这种恶劣生存条件下的产物。不武装则灭亡，武器便是那个时代的必然选择。

青铜器、洪水与王权的形成

齐家文化已经进入了夏代的纪年，为什么最早建立国家的是中原的夏朝而不是拥有更先进青铜武器的渭河上游的古国呢？

这可能涉及到一个很重要的问题，就是国家的出现需要什么样的条件？

当氏族社会发展到一定程度，氏族过去的人际交互和族际交互就会产生层际交互，从而使原始的共产主义社会自我消亡。而这种层际交互出现以后，又会因为产业分工、资源区域差异以及资源的多寡不均等，而在部落与部落之间形成层级，从而产生一种超越于各个部落层级交互的更高层次的层级交互。当这样的组织不断发展和演化时，从系统理论来说，邦国的复杂性就会不断增加，内在的熵就会不断增加，这种熵有部落与部落之间的矛盾、部落与起领导作用的部落之间的矛盾、各个部落的内部矛盾以及邦国与邦国之间的矛盾等。如何有效地消除熵增，就成为邦国存亡的关键，也成为考验邦国首领能力的试金石。

复杂性科学还有一种理论叫自组织理论，当事物依靠自身的运动，自我

---

① 杨建华、邵会秋：《中国早期铜器的起源》，《西域研究》，2012 年 3 期。

发展、自我生长、自我延伸的时候，事物就处于自组织状态；当事物的发展和运动依靠外在的力量来组织和推动的时候，事物就处于他组织状态。自由恋爱是自组织，包办婚姻就是他组织。很多事物是在自组织过程中形成的，有一些事物则是在他组织过程中形成的。还有一些事物既需要自组织又需要他组织，而国家恰恰就是这样一个他组织和自组织共同作用才能形成的系统。因为国家的元素都是有意识的人，他们会基于自身的立场而产生众多相互冲突的想法和行为，这些想法和行为如果全部依靠自组织，就会越来越混乱；全部依靠他组织又会失去活力。因此必须把二者统一起来。形成国家首先就依靠他组织。这个"他"具备这个组织能力，国家就能够率先形成。

前面已经讨论过齐家时期全球气候整体上处于干冷状态，但干冷只是一种常态，在这种常态中却经常出现异常气候。这就形成了齐家时期一直到辛店文化时期的洪水灾害。黄河上游甘青交界地区的循化盆地和官亭盆地就留下了洪水的地质记录。对这两个盆地的一级阶地和二级阶地的考察表明，距今 3700 年左右，黄河的洪水泛滥相当频繁，属于洪水多发期，延续时间大约 900 年。[①]

而在黄河中下游照样频发这样的洪水。我国历史上著名的大禹治水就发生在这个时期。当时处在中原地区的邦国领袖尧先后派共工和鲧去治水，结果都采用壅堵（堙）的办法，没有成功。然后，尧又派大禹去治水，他汲取了共工和鲧的教训，采用疏导的办法来治理，终于成功。其实，这里面的行为符合复杂适应系统"如果/那么"的理论。人正是在与大自然不断的交互中才找到了应对大自然的规则。

但是，简单的一个"疏"字并不能概括大禹治水成功的秘诀，因为世间很多事情非知之难，行之难也。孙庆伟总结大禹治水成功的原因，提出了以下两点。一是技术环节。治水是一个系统工程，尤其是大禹碰到的是大洪水，小范围的疏导不仅难以奏效，还可能以邻为壑，按下葫芦浮起瓢。因此，只有在广大的区域内，先进行全盘的、系统的规划，然后集体行动，要考虑永久性淹没哪些区域和保住哪些区域。大禹在益和稷的辅佐下，使"烝民乃粒，万邦作乂"，科学调剂和分配粮食，恰当地解决了分洪区居民的饭碗问题，

---

① 夏正楷、杨晓燕：《我国北方 4kaB. P. 前后异常洪水事件的初步研究》，《第四纪研究》，2003 年 11 期。

"命后稷予众庶难得之食。食少，调有余相给，以均诸侯"（《尚书·皋陶谟》）。这就解决了大禹治水中最根本的利益冲突问题。二是治水精神。三过其门而不入，亲自战斗在治水的第一线，不是以技术、而是以以身作则之"德"完成了治水的伟大功勋。①

除了这两点以外，治水还涉及人力的组织和调配、后勤的供应、工具的生产等许多环节和要素，缺乏领导和管理能力是难以完成这么艰巨的任务的。反过来，正是经受这种复杂管理的锻炼，在与众多治水工程和治水百姓的交互过程中，大禹才形成了更强的能力，获得了更多的与人、与事进行更好交互的熟练规则。

所以梁启超特别指出："兹事虽出天变，而影响于古代人民思想及社会组织者盖至大，实史家所最宜注意已。"②

因此，在中国历史上，大禹治水远不是治水这么简单，而是通过治水所获得的人际交互、组织交互、层际交互等经验，这些经验成为管理日益复杂的邦国的重要规则，为推动邦国向国家的发展起到了重要作用。没有这次治水，大禹随后会合诸侯、征伐三苗等惊天动地的大事都是干不成的。而合诸侯、征三苗反过来又进一步强化和丰富了这些经验和规则。

《左传·哀公七年》："禹合诸侯于涂山，执玉帛者万国。"涂山，杨伯峻《春秋左传注》认为"似禹之涂山即三涂山"。三涂山一带正是当时禹所执掌的族邦联盟的中心，大禹在此地会合各邦国的首领，前来参加会合的诸邦（包括酋长制酋邦和部落）"执玉帛"来见，可见当时他们对大禹的尊崇。这种尊崇没有治水过程中的频繁交互应该是难以产生的。而这种尊崇又凸显了一种礼制，而国家的层次结构和层际交互也在这种礼制中形成，尊卑、等级和不平等国家秩序，开始在自组织和他组织的过程中显现。

禹主持会盟不止一次，也不上一地。在一次会盟中禹杀掉了防风氏。《国语·鲁语下》记载：

　　吴伐越，堕会稽，获骨焉，节专车。吴子使来好聘，且问之仲

---

① 孙庆伟：《鼏宅禹迹》，生活·读书·新知三联书店 2018 年版，P91-94。
② 梁启超：《洪水》（附：洪水考），马昌仪编：《中国神话学文论选萃》（上编），中国广播出版社 1995 年版，P54-62。

尼……仲尼曰："丘闻之：昔禹致群神于会稽之山，防风氏后至，禹杀而戮之，其骨节专车。此为大矣。"客曰："敢问谁守为神？仲尼曰：山川之灵，足以纲纪天下者，其守为神；社稷之守者，为公侯。皆属于王者。"客曰："防风何守也？"仲尼曰："汪罔氏之君也，守封、禹之山者也，为漆姓。在虞、夏、商为汪芒氏，于周为长狄，今为大人。"

同样的记载也见于《史记·孔子世家》。《韩非子·饰邪》说："禹朝诸侯之君会稽之上。防风之君后至而禹斩之。"防风氏只因迟到就被禹斩杀，说明禹对于联盟内的各个邦国已握有生杀专断之权。这种他组织，其实更进一步的推动了联盟以自组织方式朝着国家所需要的秩序演化。

禹时征伐三苗同样显示了他专断的权力特征。《墨子·非攻下》说：

　　昔者有三苗大乱，天命殛之。日妖宵出，雨血三朝，龙生于庙，犬哭乎市，夏冰，地坼及泉，五谷变化，民乃大振（震）。高阳乃命（禹于）玄宫。禹亲把天之瑞令，以征有苗。四电诱祇。有神人面鸟身，若瑾以待……禹既已克有三苗，焉磨（历）为山川，别物上下，卿制大极（乡制四极），而神民不违，天下乃静，则此禹之所以征有苗也。

墨子的叙述显示，禹是在自然和气候异常的情况下发动了对三苗的战争。他先在玄宫举行了接受天之瑞令等宗教仪式。其中一个以鸟为图腾代表东方之神句芒的"人面鸟身"者，奉珪以待，显示出禹的权威已经远远超出部落联盟首领的角色，而有了更高的地位。而《墨子·兼爱下》引《禹誓》说："禹曰：济济有众，咸听朕言，非惟小子，敢行称乱，蠢兹有苗，用天之罚，若予既率尔群对诸群，以征有苗。"这是战前声势浩大的誓师动员大会，说自己统率诸邦对破坏天下秩序的三苗进行的是"天之伐"。这证明大禹当时已经懂得需要一种至高无上的意识形态来整合天下，尽管这仅仅只是一种宗教意识形态。

不仅如此，禹的这种专断行为直接传给了他的儿子。《尚书·甘誓》记载夏与有扈氏大战于甘，夏王作战前动员时说：你们"用命，赏于祖，弗用命，戮于社，予则孥戮汝"。这种专断行为也直接影响了后世中国的政治史。夏商周三代王朝都是这样的专断体制。而秦汉以后那种层层隶属、高度集权的专制主义政体更是对这种专断行为的系统化和定型化。[①]

可以说，大禹的政治实践与他指挥治水的丰富经验有莫大的关系。而这种政治实践就相当于一种他组织。彻底的他组织可能给邦国带来系统的风险，但有限的他组织却能够推动国家秩序的有效生长。后来，大禹的儿子启建立了中国历史上第一个王朝—夏，这当然同样是禹的巨大功劳。大禹治水、进攻三苗、会盟邦国首领，养成专断行为，建立至高无上的权威等，很多的治理经验肯定都传给了自己的儿子启，并成为夏朝建立的规则集或者工具集。没有这些交互的历练，夏不会第一个登上中国历史舞台；即使登上去了也不会延续数百年的。

但是，大禹为什么会成功治水，他的经验仅仅只是来自共工和鲧的教训吗？还有没有其他原因呢？这个问题是关系到大禹建立夏朝的一个很重要的问题，留待后文讨论。

---

① 王震中：《中国古代国家的起源与王权的形成》，中国社会科学出版社 2013 年版，P429－436。

第七章

嘉陵江中下游史前文化交互

第一节　嘉陵江中下游的天人交互

新石器时代，人类利用环境的方式，更多的还是以被动适应为主，对自然的改造也是在这种适应中进行的。因此，往往有什么样的地理环境就会形成什么样的文化。

临水而居和木骨泥墙

对早期人类来说，无论采取何种生业方式，居址选择都是必须首先考虑的大事。人们在选择一个地点作为居住地时，除了地点本身是否适于居住要求外，还必须充分考虑周围维持生存的基本生存资源的分布状况及丰富程度。即便自然界为人类提供的选择余地不大，人们也会尽可能地选择周围生存资源较为丰富的地点作为栖息地。据国外研究者得出的结论，人们一般不会到距离居住地点 10 公里以外的地方去获取资源，农民通常是在步行 1 小时左右的范围内经营土地耕作，采集狩猎者则主要在步行 2 小时左右的范围内活动。① 就中国的全面情况看，居住地到农田的平均距离只有 0.6 公里，而其平均最远距离也只有 1.1 公里。在四川，新石器时代农田与居地的平均距离甚至只有 0.3 公里。②

　　嘉陵江中下游地区河流众多、鱼类资源和动植物资源丰富。在新石器时代早中期，经济以采集、渔猎为主，农业为辅。从获取各种食物的便利条件考虑，河流两侧的山前台地和宽谷或者两岸的丘陵坡地和坡顶，无疑是比较适宜的。离山地近，便于狩猎，离江河较近，鱼类资源丰富，便于开展渔猎，山前台地和宽谷或者丘陵坡也还适合耕作。从安全性来说，这些居住点处于河边地势较高的位置，一方面地下水位低，居住面干燥，另一方面也可以防止江河因汛期水位上涨而淹没居住点。这样一来，生活就可以拥有相当充分的保障。从空间交互来说，密集分布的河网还为人们的联系沟通与文化交流提供了便利的条件，从而形成文化面貌趋于一致的古代民族和遗址群。当然，这其中也有个别受地形条件影响更明显而选择离水源较远的，比如边堆山遗址，由于山北陡峭，不利于聚落的形成，再加上当地的气候暖湿雨水充沛，因此人类选择了远离水源向阳而居的居住模式。

　　按所在位置的环境特点，嘉陵江流域的新石器时代遗址可分为三种类型，即台地遗址、山地或坡地遗址、洞穴遗址。台地遗址即位于河边台地或江河冲积平原上的遗址。这种遗址一般面积较大，地势平坦开阔，土壤发育较好，有利于耕种和居住。如渠江流域宣汉的罗家坝，嘉陵江干流中游的南充淄佛寺、蓝家坝、报本寺，干流下游合川的河嘴屋基遗址、猴清庙遗址、牛黄坝遗址、老菜园遗址、蔬菜排遗址、沙梁子遗址等，都是台地遗址。③ 坡地遗址多分布在大巴山南麓的中低山区的山坡缓坡地带，面积狭小。大型遗址不易形成。绵阳边堆山遗址与广元张家坝遗址就是这种坡地遗址。而洞穴遗址目前仅仅只有前述江油大水洞遗址。

　　地理环境不同，天人交互的方式就有很大差异。早期坡地或山地遗址，

----

　　① 多纳·C·罗铂：《论遗址区域分析的方法与理论》，《当代国外考古学理论方法》，三秦出版社 1991 年版，P242－246。

　　② 李果：《资源域分析与珠江口地区新石器时代生计》，《华南及东南亚地区史前考古》，文物出版社 2006 年版，P181。

　　③ 赵炳清、蒋晓春：《嘉陵江流域新石器时代遗址的地理考察》，《中华文化论坛》，2009 年 1 期。

主要业态方式为采集、狩猎；河谷或平原台地遗址，采集、捕鱼为主。到了中期，山地或坡地遗址种植、采集、狩猎并重，因为这些地方面积狭小，无法提供大面积的土地来供种植，所以采集和狩猎不可或缺。而河谷或平原台地遗址，则可能逐渐发展到种植为主，一是有可以利用的土地，洪水可以给土地带来一些细泥和养分，二是可以用河水来灌溉。当然，辅助性的经济采集和渔猎还是必要的。晚期的时候，坡地或山地遗址就形成了种植、采集、狩猎并重，河谷或平原台地遗址则以种植为主、渔猎为辅；而家畜饲养可能在台地、坡地和洞穴遗址都有发展。大水洞遗址发现了各种骨器及羊牙齿残片，可能说明，5000 年前这里的先民开始了动物饲养，而且羊的养殖已经传到了四川盆地。

从考古发掘看，嘉陵江中下游遗址面积都不大（当然，这些遗址除史前遗址外，同一遗址往往还包括了后来很多历史时期的遗址，这里把后来历史时期的遗址除外）、分布密度较低、房基面积不大，人口密度也不可能高，人均占有资源量大，属于原始而丰裕的社会。

从居址建筑来看，居址遗迹大多较为零散，不成规模，所以像渭河流域那样结构化的聚落居址尚未发现。中子铺遗址只是一个石器工厂，居址在哪里还不清楚，只发现了多座灰坑和灶坑。从已知的居址遗迹观察，新石器时期与商周时期的房屋形制和结构差别不大，大多为地面建筑，主要由红烧土作为墙面和柱洞构成。合川老菜园遗址就发现了较多的红烧土块，一面平直光滑，一面保留有棍痕，其中部分土块棍径 2.7 厘米，残长 10.5 厘米、残宽 62 厘米、厚 3.8 厘米。虽然居址形状布局不详，但根据遗存可以推测，当时人们在建造房屋时，可能先用木棍或竹棍做骨架，再用泥封实，然后用火烤形成墙壁。建筑应为地面式木骨（或竹骨）泥墙建筑。到东周时期，人们在建造房屋时，可能会事先挖好墙基槽，在其中埋较密集的圆木（或竹节），然后进行内外抹泥，做成木骨泥墙的形式，最后用火烘烤，使其变得干燥而坚硬。总之，木骨泥墙应该是新石器时代嘉陵江中下游房屋建筑的基本形式，其中也因个体环境的差异而有所变化。

嘉陵江中下游受三峡地区文化的影响比较大，因此在建筑技术方面也受三峡建筑文化的影响。三峡地区新石器时代早、中期尚未发现明确的房屋遗迹，而在新石器晚期的丰都玉溪坪遗址，万州大地嘴、黄柏溪、苏和坪遗址，云阳大地坪，巫山锁龙、大溪，都发现了房屋遗迹。合川老菜园遗址的墙面采用了火烤技术，但还没有发现地面是否也使用了这种技术。而三峡地区的这些遗址则普遍使用火来烧烤地面，让地面泥土密结、坚硬，起到防潮的作用。峡东大溪人居住的房屋地面，同样使用了大量的红烧土块进行铺垫，防潮意图十分突出。而且墙体也同样采用木骨泥墙或竹骨泥墙。这反映了天人交互在居址选择和建设方面的成就。

流行了四千多年的花边口沿

手工业主要包括制陶、骨角器制作、建筑、纺织、木材加工、石器加工等。其中以制陶和纺织业最为发达，相关考古材料也最多。

在中子铺细石器遗存时期制陶业还处于较原始的阶段，大多数为手制，多为分段成型，再进行接装；到了擂鼓寨遗址时期，陶器制法已多为手制与慢轮修整相结合。陶器更是有着鲜明的特色。陶器以夹砂陶为主，泥质陶比例较小，夹砂陶多以石英颗粒作羼和物，有少量的磨光陶和黑皮陶。陶器种类多样，炊器有各种风格的折沿罐等，水器有盆、缸、壶、杯，食器有碗、钵、盘、豆等，器底以平底为主，少量圈足，像渭水流域仰韶前期大地湾、老官台遗址的三足器、圜底器比较少。从陶器风格看，嘉陵江下游地区和中游地区大致相似，表明其联系十分密切，与周边地区的陶器相比，本区域的陶器具有一定的特色。

陶器分为素面和纹饰两大类，从中子铺细石器遗存时期开始，绳纹及其衍生纹样是最常见的陶器纹饰。而最具地方特色且流行各个遗址的陶器，则是花边口沿陶罐，这些陶罐的口沿唇部都装饰有锯齿纹和波状纹。中子铺晚期遗存、张家坡、鲁家坟、月亮岩、擂鼓寨、边堆山、罗家坝的新石器时代遗存，以及淄佛寺、牛黄坝、老菜匠、猴清庙、河嘴屋基、北碚大土以及铜梁等地方的新石器遗存都有这种花边口沿罐。直到商周时期花边口沿文化还是重庆地区的一种时尚，这很可能是从宣汉罗家坝遗址等川东北新石器时代晚期文化传播过来的。① 这种时尚文化在天人交互的框架里，目前尚不知是什么原因。

---

① 王隆毅，戴鸿等：《宣汉罗家坝遗址新石器时代晚期文化特征分析》，《中华文化论坛》，2015 年 12 期。

制陶业之外，纺织业最发达。大水洞、边堆山、擂鼓寨、老菜园、牛黄坝、河嘴屋基等遗址都发现了陶纺轮，尤其是靠近嫘祖故里的绵阳边堆山遗址，数量达 11 件，反映了嘉陵江中下游流域纺织技术已有很大发展。

骨角制品也比较多见。大水洞遗址就发现了 10 件骨器，有骨刀、骨锥、骨凿等，另外还有 1 件蚌饰残片，穿孔方式为双面对钻，这表明穿孔技术也已经比较成熟。

石器多小型化，以磨制石器为主，常见斧、锛、凿，铲、矛、杵、刀、镰、石球、磨石、磨棒、盘状器等，还多利用小石片为刃具。当时常用的渔猎工具主要是镞、角叉等，在临近的三峡地区发现的鱼钩、网坠等工具，目前在嘉陵江中下游尚未发现。

靠天吃天

从生业方式看，上述工具和农业生产和农产品加工相关的数量不少，但是作为观察农业发展水平和生业比重的农田遗迹、粮食稻作遗存以及像嘉陵江源头贮存粮食的窖穴之类，却在嘉陵江中下游几乎没有发现。这似乎表明当时的农业在整体生业方式中并没有占较高的比例。农耕工具遗存数量多的原因，可能仅仅只是因为这些工具的制作材料大多为坚硬的石制品，更容易保存下来，而渔猎工具相对于农耕工具而言，制作时间短、消耗量大（如细石器）或者更不易保存（如木制品），因而占比较小。同样，这些遗址几乎都没有发现猪、狗、牛、羊等动物骨骼，说明对农业依赖程度很大的家畜饲养业或者畜牧业并没有在嘉陵江中下游发展起来。[①]

农业的发展水平也可以从嘉陵江中下游的聚落规模来进行考察。从目前的考古发掘看，无论哪种类型的遗址面积都不太大，常住人口也不多，没有形成像黄河流域那样的大型聚落。遗址堆积普遍不厚，人们可能还处于相对流动状态。在嘉陵江中下游还没发现像嘉陵江上游那样居住了几百年甚至几千年的人类遗址。据初步统计，嘉陵江中下游地区经过系统发掘的遗址有 15 处，分属不同的发展阶段。其中居住遗迹主要是集中在新石器时代和商周时

---

① 余婉莹：《嘉陵江中下游地区先秦考古学文化研究初探》，重庆师范大学硕士学位论文。

期。但是，无论哪一时期都不具备典型的聚落形态。从气候条件和地形条件来说，嘉陵江中下游尤其是嘉陵江中游，形成大型聚落的条件比渭河流域还好，既有宽阔的河岸平坝，又有可以有效避开洪水的丘陵，为何却没有一处大型聚落呢？这应该和川中盆地从旧石器时代一直到新石器时代的自然条件都很优越有关。在这里，可以随时获得采集的食物、猎获的动物、捕捞的鱼虾，而农业生产却费时费力。类似秦安大地湾、宝鸡老官台、临潼姜寨、渭南北首岭，由中心聚落、次中心聚落构成的典型聚落，在嘉陵江中下游是不可能形成的。

人们往往都把定居跟农业联系在一起。但是当一个地方的动植物资源丰富、居民又少的情况下，也不能排除可能存在一种"半定居状态"。半定居状态是处于长期定居和居无定所之间的一种状态。一种情况是可能有固定的季节性营地，不同的季节居住在不同的营地；另外一种情况是当一个狩猎采集部落或群体人口增加，所属范围资源不敷的情况下，部落分出一部分人另择谋生地；再就是由于古代居民所采取的攫取式经济，可能导致资源再生或衍生的速度跟不上人口增长的速度，从而移居他地。按照罗宾·邓巴的观点，狩猎—采集社会，每个人只需要 1 平方公里就可以解决自己的生存问题，而多纳·罗珀进一步认为，狩猎采集社会的居民最远可以到居地 10 公里以外去觅食，那么一个原始先民觅食直径可以达到 20 公里，觅食面积可以达到 300 平方公里左右，而这个范围内显然可以总共容纳 300 人。但是，从嘉陵江中下游目前发掘的遗址看，人数都很少。按照狩猎采集社会基本的群体单位只有 35 至 50 人计算，[①] 目前发掘的这些遗址的人数远远不会超过这个数字。因此，地广人稀、资源丰富，应该是嘉陵江流域新石器时代早中期的一个重要特点，而目前发掘的遗址晚期居多，可能这个特点在晚期也存在，农业的生业方式还没有成为主要经济形态。人们在擂鼓寨遗址发现的有肩石锄和有肩石斧，很可能不是农业生产中用于扒土、播种或除草的小锄，[②] 而是用于斫割鱼肉、果实和植物根茎等的工具。[③]

① ［英］罗宾·邓巴等：《大局观从何而来》，刘腾达译，四川人民出版社 2019 年版，P17。

② 李宣民、张森水：《铜梁旧石器文化之研究》，《古脊椎动物与古人类》，1981 年 1 期。

③ 李仰松：《中国原始社会生产工具试探》，《考古》，1980 年 6 期。

最佳觅食模式

用最佳觅食理论可以解释嘉陵江中下游地区的生业结构。最佳觅食模式是用来解释史前人类生存方式和文化发展的理论之一，经常被用来研究人类社会从狩猎采集经济向农业经济过渡的原因，可以观察到人类觅食对象和方式的变化，判断考古遗存的经济发展阶段。

最佳觅食模式理论认为，动物觅食一般集中在一种或少数几种猎物上，一般是花力气和时间都最少或能获得最高回报的食品。[①] 人类也一样，无论史前狩猎采集者还是当代的农民，都是力求以最小代价获得最大收获，以最佳经济效益安排生产方式。史前人类从旧石器时代晚期开始，就从狩猎采集经济逐渐转向渔猎采集，最后发展到新石器时代的农耕经济。这一经济演变过程，明显是从一种收获高、支出低的觅食方式，向收获低、支出高的觅食方式转变，从利用高档食品向低档食品转变。可见，农业生产完全是在外在压力的促使下不得已的转变，只有在技术不断进步的情况下，才能逐渐成为用最少人力支出而获得最大收获的觅食方式。而人口、环境和技术这三个人类生存的基本要素，相互联系、相互制约。如果人口与资源平衡失调，人类就会设法改变觅食方式，来调节这种平衡如尝试利用其他资源特别是低档次食物如草籽，并发明各种技术如动植物驯化。而嘉陵江中下游地区丰富的野生动植物资源，能养活更多的人口。这缺乏转变生业方式、创造新的生业模式、推动技术进步的动力。所以，嘉陵江中下游流域在新石器时代早中期人口压力还没有形成的情况下，是一种渔猎经济和农业经济共生的经济形态。农业在早中期只是一种补充的、次要的经济形态，渔猎可能是更主要的生存方式。到了晚期，由于人口的增加，资源的限制，农业生产才发展起来。

美国著名农业经济学家博塞勒普经过世界范围的调查，20世纪60年代提出了"人口压力与技术变迁"的理论。她把人口密度和食物生产制度相对应，提出了以下模式：

① 陈淳：《最佳觅食模式与农业起源研究》，《考古学的理论研究》，学林出版社2003年版。

表3　食物生产制度与人口密度的关系

食物生产制度	人口密度（人/平方千米）
狩猎、采集	1～8
游牧	1～8
森林耕作制	1～8
灌木耕作制	16～32
短期休闲制	32～64
连作制	64～256
复种制	>256

　　这个模式显示，人口密度同食物生产方式关系密切。在采取狩猎、采集模式或游牧模式的地方，每平方千米只有1～8人。在农业初期采用灌木耕作制的地方，每平方千米人口密度可以达到16～32人；在采用短期休闲制农业模式的地方，每平方千米人口密度达到32～64人。而当每平方千米人口密度达到64～256人时，短期休闲制无法满足人们的需要，必须改用连作制；在每平方千米人口密度超过256人时，连作制也没有用处了，而必须采用复种制。① 也就是说，在人口数量少，食物来源稳定的情况下，人类不大可能去创新觅食方式，更不会去淘神费力地进行粮食生产的尝试，只有可能改进和创新捕获最佳食物种类的技术，如狩猎部落后来发明用于捕获大型食草动物的石球。

　　这个理论同样可以说明嘉陵江中下游流域新石器时代早、中期的经济结构发生的内在原因。

　　由于两个区域的气候条件和外部环境条件有很大的相似性，嘉陵江中下游地区与三峡地区的生业方式是很相似的。

　　三峡地区在商周以前农业也很不发达。可以进行农业种植的地方，仅仅是一些水流缓慢地带所形成的台地，或者干流和支流汇合处所形成的宽谷地带，或者浅山地带。这些地带，大多是由冲积土形成的肥沃土地，但总体来说面积较小，土地零星分布无法进行大规模耕种。

---

　　① 郭义韬、陈仁端：《中国农业经济ᄅ论纲》，河海大学出版社1999年版，P21。

另一方面，三峡地区动植物资源同样非常丰富。按照最佳觅食理论，当人们可以更为容易的获取食物时，可能就会放弃或减少从事主动生产的欲望；反之，当食物资源不足或食物资源减少，或者人口增加人口压力增大，为了生存下去就必须改变交互方式，食物生产就成为必然选择。博赛勒普说，人口压力会迫使人们改进技术和经济形态来应对，从而导致社会从狩猎采集向农业转变。

而与关中平原和毗邻的江汉平原相比，三峡地区农业生产条件相形见绌，因而经济的原始性特别显著。在新石器较早、中期虽然已经开始农业生产，但农业并不占据主导地位。从三峡新石器时代遗址出土的农具看，锄耕农具并不少，但收获和谷物加工设备不足，这应该是农业经济规模不大的表现。受地形地貌影响，无法开展规模化的农业经济活动是一个原因，但另一原因是，丰富的自然资源为当地居民提供了衣食保障，渔业、狩猎、采集等活动可以满足人数较少的早期人类的基本需求，农业发展没有动力。

另外考古资料显示，三峡地区的家畜业也一直不发达。研究表明，从新石器时代直到商周时期，三峡地区的先民的肉食资源一直依靠的野生动物，野生动物的比例一直超过家畜类。这也同样证明农业的发展水平不高。①

三峡地区属于亚热带气候，植物终年茂盛，小动物种类多、数量大，河边鱼类丰富，而且资源稳定。新石器时代的人口少，不需要破坏这里的资源从而改变资源状况。因此，从最佳觅食理论来观察，三峡地区最佳的觅食方式就是渔猎，而农业的植物食品由于档次低、生产周期长、加工工序相对复杂，一直未进入最佳食谱。跟嘉陵江中下游一样，农业经济在新石器早、中期没有得到大规模发展。《华阳国志·蜀志》："后有王曰杜宇，教民务农。"任乃强先生认为，杜宇应该在西周之末、或春秋之世。② 这说明土壤肥沃如成都平原，也是迟至西周时期，随着气候的变化、人口压力的不断增加、渔猎经济已经不能满足人们的生活需要，农业才得到了发展，并逐渐成为主要生业方式。即使有的学者认为，这个年代似乎太晚，但恐怕也不会超过商代。

通过这种比较，我们可以更加明白嘉陵江中下游地区的史前文化与上游地区迥异的原因。

---

① 李一全：《三峡地区史前生业与居住》，南京师范大学博士学位论文。
② 任乃强：《华阳国志校补图注》，上海古籍出版社 1987 年版，P120。

燎祭、朱砂及其他

前面讨论的天人交互的"物交互 A"，嘉陵江中下游"灵交互 A"和"灵物交互 A"的情况是怎样的呢？认知考古学代表人物伦福儒认为，古代遗存是在人们的思想和意志支配下形成的，任何时代的人都有自己的宇宙观，通过对外界事物的观察和判断，从而在自己的头脑中形成一幅认知图，属于同一个社区的人们会形成大致相同的认知图。这跟我们说的，不同空间、不同环境、不同时间的居民会形成不同的交互经验和交互规则，是一个意思。

总体来看，现在还缺乏灵交互 A 和灵物交互 A 在整个嘉陵江中下游地区甚至峡江地区的考古资料。目前比较明显的反应先民原始宗教观念的主要是阆中灵山遗址的燎祭和宣汉罗家坝墓葬。两者年代都较晚，前者为新石器时代晚期或商周时期，后者则已经进入东周或战国时期。另外就是巴人的一些卜筮活动。

据有文字可考的历史，从商周至明清，燎祭一直是帝王施行的一种祭祀仪式。近代一些少数民族的祭祀活动仍延续这一古老礼仪。燎祭的方法主要是燔柴致祭，多加祭牲和玉帛入为焚烧。所用物品大致可分为柴薪、玉帛、牲畜三类。三类物品中，玉帛属于文化范畴，牲畜属于自然范畴，二者构成了自然与文化两种元素，通过"烟气"、植物和动物燃烧的"香气"以及"火"的中介达于天庭或神灵，表达人间的某种祈愿。由于其中所用的原料和物品往往地域色彩鲜明，难以被异地、异族获得和模仿，可以起到强化族群间区别的功能。[1] 嘉陵江中下游的燎祭应该是就地取材，灵山燎祭遗址的木炭应该多为松柏等树木材质，动物燔祭应该多为猪羊。

罗家坝遗址的墓地也反映了嘉陵江中下游地区的一些原始宗教意识。

首先是公共墓地。罗家坝墓地是古代巴人的公共墓地，公共墓地是灵魂不死观念的反映。他们可能认为，死者生前生活在一起或有某种联系，死后也应该灵魂团聚，因此往往就会把同一个氏族的成员葬入本氏族的墓地。罗家坝墓地，死者头颅的朝向基本一致，同样应该具有某种宗教上的含义。那就是，无论是生者希望死者回到祖先的起源地，还是到达彼岸世界，前提都

---

① 许科：《古代燎祭用物及其意义》，《四川大学学报》（哲学社会科学版），2008 年 3 期。

是认定灵魂不死。[①]

罗家坝遗址的墓葬中还存在两个比较特殊的现象：一是碎物葬；二是不少墓葬发现了使用朱砂的现象。

碎物葬，即将器物打碎埋进坟墓。罗家坝遗址的碎物葬一是将陶器碎片直接与墓主人尸骨埋在一起；尸骨和碎片放在一起。二是只是存在墓葬填土中的碎物，以较大型的墓葬为主，明显是在祭祀后打碎器物埋葬进去的；三是表现为打碎后再随葬的碎物，一处墓葬中埋葬的青铜器断成几截且可以复原，显然也是打碎后再埋入的。有学者认为古人碎物的意图可能至少有两种，即避邪和便于死者死后继续享用。[②] 川东至今还存在将死者生前的物品随葬的习惯，其实主要基于死者和生者两方面的考虑，一是这些物品是死者生前的，死后自然也应该属于死者，之所以要弄碎了再埋进去，主要目的可能是避免盗墓，惊扰死者安息的灵魂。二是人既然去世了，这些生前物品往往为不祥，弄碎以后，埋进坟墓可以把这些不祥一同埋掉，避免给生者带来影响。

罗家坝遗址还有在墓葬中使用朱砂的现象。朱砂又称丹砂、赤丹等，是硫化汞的天然矿石，大红色，有金属光泽，而且经久不衰。朱砂可以镇静催眠和解毒防腐，外用能抑制或杀灭皮肤细菌和寄生虫。距今 5000 年前，朱砂就已经被用于墓葬内，撒朱砂、人骨涂抹朱砂、墓底铺设朱砂，形式多样，到陶寺文化时期成为贵族葬仪的重要组成部分。

罗家坝墓葬中共发现 5 座墓葬里使用了朱砂，这 5 座墓葬随葬品的数量和类别多寡不一，但均比较精美，而且都有铜器或玉石器。墓主生前的身份地位应该是比较高的。旧石器时代开始，人们就喜欢把红色赭石撒在死者周围。使用朱砂除了这些古老的宗教意义以外，还可能因为人们在日常生活中发现朱砂可以镇静催眠、解毒防腐而希望死者好好安息，尸身永存。

关于灵物交互 A，段渝先生认为，远古时期巴人的巫术，卜、筮皆备。巴人居地广泛，从嘉陵江支流的渠江流域到三峡地区和湖北的清江流域、汉水流域都有，所以嘉陵江中下游的巴人与其他地方的巴人应该有着共同的文化特征。巴人占筮就是用筮草占卜，而筮草占卜起源比龟卜更为古老。《山海经·海内西经》和《山海经·大荒西经》，都提到巴地有"十巫"，就是十位

---

① 郑重：《中国古文明探源》，东方出版中心 2016 年版，P345。

② 黄卫东：《史前碎物葬》，《中原文物》，2003 年 2 期。

著名的巫师。其中的巫咸，被诸书并称为卜筮的发明者。《世本》说："巫咸作筮。"《庄子·逸篇》："黔首多疾，黄帝立巫咸以通九窍。"谯周《古史考》："殷巫咸善占筮。"《说文》："古者巫咸初作筮。"都说明巴人巫术多卜，而卜筮是由专职巫师掌握的。卜筮后来逐步演变为多种占卜形式，如瓦卜。杜甫居夔州时的诗作《戏作俳谐体遣闷》对此有生动描述："瓦卜传神话，畲田费火耕。"王洙注："巫俗击瓦，观其文理分晰，定吉凶，谓之瓦卜。原理与甲骨占卜相同，是其遗风和流变。"①

同时，巴人还崇祀"乌鬼"。乌鬼即巫鬼，鬼就是"鬼主"，即祖先的灵位。古代"庶人庶士无庙，死曰鬼"，② 与宗室的神主有地位高下之别。

这些都是嘉陵江中下游灵交互 A 的形式。整体看来，还远没有嘉陵江源头和嘉陵江上游灵交互 A 的形式成熟。这可能跟四种因素有关。一是因为气候条件太好，完全可以靠天吃饭。因此在天人交互过程中，缺乏通过农业生产来感觉自然界的不确定性的经验，便难以形成祭祀天地的意识和仪式。二是族群不够大，很容易统一和整合，难以形成通过外在的概念或神来统一部族、团结成员的意向。三是遗址普遍看不出音乐舞蹈的交互形式。在远古时代，公共舞蹈是整合族群的重要因素，节奏性活动可以增强部落的凝聚力，促成群体和谐，这是部落宗教产生的重要一步。而嘉陵江中下游新石器时代早期和中期普遍没有发现这种公共舞蹈和音乐，这应该跟灵交互 A 的缺失有关。③ 最后，也可能跟意向性能力有关，按照罗宾·邓巴的观点，宗教的产生需要人类的智力达到五级意向。而五级意向性是高成本的，需要耗费极大的精力。如果人类不具备五级意向性、或者不愿意耗费精力向五级意向性攀登，都不可能产生宗教。④

① 段渝：《濯锦清江万里流》，四川人民出版社 2001 年版，P65－66。
② 《礼记·祭法》。
③ ［美］尼古拉斯·韦德：《信仰的天能》，陈华译，电子工业出版社 2017 年版，P75。
④ ［英］Robin Dunbar 等：《进化心理学》万美婷译，中国轻工业出版社 2017 年版，P137－139。

第二节 嘉陵江中下游的人域交互

在嘉陵江中下游人域交互的三种形式中，目前还缺乏"物交互 B"以及"灵物交互 B"的相关考古学资料，所以这里无法讨论。这里的物交互 B 应该是很频繁的，特别是嘉陵江中下游和三峡地区盐业资源丰富，应该早就形成食盐贸易。灵交互 B 也没有渭河流域那样丰富的资料，关于纯粹的艺术和审美还缺少可以用于分析的足够的资料，只能就一些物品做些简单的分析。以下讨论"灵交互 B 与巴蜀图语""艺术与审美的特色"两个问题。

神秘的巴蜀图语

自 20 世纪 30 年代开始，巴蜀地区就接连出土了一些具有浓郁地方特色的青铜器，这些青铜器不仅形制与我国其他地区的青铜器颇为不同，而且在铜器表面常常能够见到一些特殊的符号与图案，被学者们称为"巴蜀符号"或"巴蜀图语"。严志斌、洪梅编著的《巴蜀符号集成》收录带巴蜀符号的器物有 835 件，[1] 这些器物包括兵器、印章，还有削、斤、斧、凿、刻刀等工具，钟、钲、錞等乐器，铜容器鍪、釜、甑、盆、盘、罍、缶、豆等。

由于巴蜀符号的使用相当有规律，不同功能性质的器物，符号使用的类别和形式有明显的差异，表明其性质与功能的不同。这也成为巴蜀地区特有的文化现象。同时，因为它们只有构成一组特定符号时才具有意义，孙华推测这些符号带有宗教巫术的神秘意味，而且这种意义只有使用者才能解释。[2] 施劲松认为这些符号具有族徽性质。[3] 而江章华分析说，由于这些符号在青铜兵器上的使用理念基本一致，都是具象类、半抽象和抽象符号组合使用，因此，他们的主要功能应当不是只起装饰作用，而应该是与某种神秘的精神信仰有关。因为在三星堆文化时期具象类的虎、龙、鸟等作为宗教象征物就大量存在，手掌纹在三星堆神树上也有发现，其他抽象类符号同样可能也是宗

---

① 严志斌、洪梅：《巴蜀符号集成》，科学出版社 2019 年版。

② 孙华：《巴蜀符号初论》，《四川文物》，1984 年 1 期。

③ 施劲松：《考古背景中的巴蜀符号》，《四川文物》，2020 年 36 期。

教象征物的抽象化使用。①

　　在嘉陵江中下游地区，目前这类符号集中见于宣汉罗家坝东周和战国早期遗址。时代已经进入战国晚期的重庆北碚区庙嘴墓地遗址，也有3件青铜器上铸有同类符号。罗家坝遗址有26座墓葬的青铜兵器或铜印章之上铸有巴蜀符号，总计9种76组，出现于东周至战国早期，流行于战国中晚期，到秦汉时期基本消失。这些巴蜀符号主要有手纹、心纹（或称花蒂纹）、虎纹、凤鸟纹，这些符号极少以单个的方式出现，都是各式符号的组合，如手纹大多数时候与"心"纹组合出现，而且排列方式也基本固定。虎纹又包括虎形纹、虎头纹和虎斑纹，主要见于剑、戈、矛等青铜兵器上。虎纹在战国时期一直流行，到战国末期锐减，直至秦汉时期消失。其他各式符号多流行于战国中期，至战国晚期发展到高峰，战国末期逐渐消失。

　　我们认为，巴蜀符号既是一种灵交互A和灵物交互A的形式，也应该是灵交互B的一种形式。作为前者具有巫术宗教的性质，作为后者具有表明人的信仰、思想和身份（包括族群）的性质。它也表明巴蜀地区居民的心智已经具备了心理阅读能力，即理解或者推断另一个个体、另一个群体的想法的能力。这种能力能让自己将另外一些人的意图铭记在心，从而可以调整自己的行为，在达成特定目标的同时关切他人的利益。这与嘉陵江上游的居民显然是处在同一个层次上的。

《亚威农的少女》与花边口沿

　　通常把艺术和审美联系在一起，甚至把艺术等同于审美，审美等同于艺术。其实审美对象是我们感觉到愉悦和快乐的一切视觉形象或听觉形象，而艺术则不居于此。一次偶然的机会，毕加索在参观巴黎人类博物馆时，看到了一组非洲土著人的艺术作品，简练、朴实、粗犷、怪异的造型，直击人心。毕加索很受启发，不久就创作出了不朽的巨幅油画《亚威农的少女》。画家绘制了五个裸女和一组静物，生硬扭曲、粗野异常的人物面部，缺乏统一性的画面构图，几何形的背景块面，大面积的橙色运用，组成一幅立体式的绘画结构。这些违反日常视觉经验的形象，通常难以引起即时的审美反应，但这

_____

① 江章华：《巴蜀符号的变迁及其性质分析》，《四川文物》，2020年5期。

幅作品却毫无疑义是一件伟大的艺术作品。所以，审美很多时候跟艺术并不是一回事。这里把艺术与审美分开讨论。

新石器时代嘉陵江中下游的审美主要表现在石器、陶器、骨器、玉器、蚌器等物质成果上。按照马克思关于美的论述，美是人的本质力量的对象化。石器的磨制，正是一种审美活动。

当然，嘉陵江流域的远古居民可能还没有审美的自觉，因为这里还没有嘉陵江上游居民所创作的纯粹的艺术。

多姿多彩的陶器也应该与艺术和审美有关。罐、碗、盘、豆、盆、盏、杯、瓶等，往往用拍印、刻画、堆加等方法，施以各种各样的花纹，让这些陶器看起来多姿多彩。嘉陵江中下游居民的审美观念是早已出现，远在新石器时代中期的绵阳边堆山遗址、江油大水洞遗址的陶器器口就喜作花边，这种文化几乎延续了四千多年。这种无关实用而只关乎美观的花边，应该是审美心理的典型表现。另外，嘉陵江中下游遗址虽然几乎没有发现饰品，但这种纯粹为审美而制作出的花边，反映了新石器时代这个地区的先民原始的审美观念。

在新石器时代嘉陵江流域的遗址中尚未发现纯粹的艺术，尽管嘉陵江中下游可能有更好的艺术的生成环境，比如物质的丰裕和人性的自由。但至少目前尚未发现这个时期的艺术创作成果。

第八章

嘉陵江上下游文化交互的比较

按照复杂适应系统的理论，适应性主体只有不断地、充分地交互，系统才能不断演化，实现从低级向高级、从简单到复杂的发展。在复杂适应系统之间，各个复杂适应系统的竞争力取决于系统内外交互的质量，交互质量越高，系统主体获得的适应性规则就越多；获得的适应性规则越多，系统演化的水平就越高。而交互质量跟交互对象的特征、交互主体的数量、交互的频率和交互的方式都有很大关系。

前面的分析已经可以看出，嘉陵江上游文化圈的交互与嘉陵江中下游文化圈的交互是有很大不同的，这种不同导致了两个文化圈最终的文化形态有着显著差异。下面我们从这四个方面来比较一下两个文化圈不同的交互特点及其后果。

第一节　天赐与人力：迥异的文明后果

从嘉陵江上游和中下游的自然条件来看，上游源头毗邻的渭河流域，土壤是黄土。这种土壤疏松、多孔隙，有许多可溶性物质，是一种肥沃的土壤，非常有利于粮食作物生长。亚洲、欧洲和美洲的黄土发育地区几乎都是人类的粮仓。比如生长了无数栽培作物的中亚细亚，出产小麦的乌克兰和阿根廷，生产黍、豆类、小麦和高粱的中国北部，都是黄土堆积地区。此外，黄土还是一种用途广泛的建筑材料。两河流域地区人们认识到了这种泥土的特性，大量开展水利工程建设，开凿灌溉渠道，创造了辉煌的巴比伦文明。李希霍芬认为中国的黄土厚达 450 米，塔菲尔甚至认为有 600 米，奥布鲁切夫说："在鄂尔多斯南面和东南面的高平塬梁上，黄土的厚度 400~500 米。"①

从嘉陵江上游源头区域的自然环境看，1 万多年以来嘉陵江上游源头区域的气候出现了明显的波动，包括晚更新世末次冰期的冷干气候、转型期的较冷干气候、早中全新世的最暖湿气候、中全新世冷干气候、中晚全新世的较暖湿气候以及最后晚全新世以来的干旱气候。距今 11500~8500 年前，气候表现为温度升高、降水增大，但总体上以冷干为主，植被为草原或森林草原。距今 8500 年前，以前的全新世早期，是一个适宜人类生存和发展的时期，人口数量应该增大，但从发现的木炭屑数量和人类遗存的情况分析，人类活动强度并不大，人口规模仍较小。其中，距今 9000~8500 年前，发生了一次持续的洪水事件。

距今 8500~6000 年前，嘉陵江上游进入全新世暖湿气候鼎盛期，为全新世以来温度最高、降水量最大的生物生存适宜期，森林植被非常好。其中，距今 8000 年间，气候温暖湿润，曾一度出现森林景观。当时山坡和山地中生长着胡桃、桦、冷杉、云杉、松等温带落叶阔叶林和针叶林。② 林中活跃着形形色色的亚热带和温带动物（共 7 目 15 科 28 个种属），距今 8000~7000 年间，曾生长于亚热带的动物红白鼯鼠、苏门犀、苏门羚等在这里落户，猕猴、熊、虎、豹、象等在这里活跃了 2000 年之久（距今 8000~6000 年）。③

仅仅从师赵村与西山坪新石器时代前期的环境情况看，当时居住地附近不仅有茂密的森林，植被发达，而且水域宽阔，气候温暖湿润。地面分布着以蒿、葵、菊科、禾本科为主的草原，而略高的山地有松、杉等针叶树生长，在坡地上分布着栎、榆、桦、桤、椴等落叶阔叶树。④ 师赵村面对的耤河水量充沛。良好的植被条件和水域条件，适合多种动物的生存和繁衍。考古发掘证明，师赵村与西山坪两个遗址动物种属达 19 种，有马鹿、野猪、鹿、麝、

---

① ［苏］Л. С. 贝尔格：《气候与生命》，商务印书馆 1991 年版，P414。
② 张王远主编：《中国历史气候变化》，山东科学技术出版社 1996 年版，P13。
③ 张行：《古生物与古环境》，敦煌文艺出版社 2004 年版，P273－274。
④ 中国社会科学院考古研究所编：《师赵村与西山坪北京》，中国大百科全书出版社 1999 年版，P320。

家猪、牛、羊、马、猕猴、竹鼠、鼢鼠、黑熊、狸、鸡、龟、蚌等。①

优越的自然条件，促进了古人类迅速繁衍，文化得到了较快的发展。大地湾和老官台文化就是在这种优越的环境下发展起来的，广泛分布在渭河流域、嘉陵江源头地区和汉水上游地区，如宝鸡北首岭下层、西山坪遗址、师赵村遗址、临潼姜寨和白家村遗址、汉中李家村遗址和龙岗寺遗址等。农业已经发展起来，人们已经开始种植粟、油菜等农作物。

距今 6000～5000 年间，进入全新世大暖期最严重的气候恶化阶段，气候特征表现为温度降低、降水量小、干冷，森林植被向森林草原退化。随着气候环境的好转，大地湾和老官台文化之后，发育了仰韶早期文化。制陶手工业以红陶为主，有很大发展。石制手工业与大地湾和老官台文化相比，无论生产规模还是工艺技术水平都有很大进步。

距今 5000～3100 年间，进入新一轮的暖湿期，降水增加、温度升高，植被可能恢复到森林景观。距今 4800～4500 期间的干冷事件之后发生了洪水事件。气候的好转一定程度上缓解了前期人地关系的紧张状况，人口数量增加，农耕业已经很发达。

距今 3100 年以来，气候又趋干冷、干旱，温度降低、降水量减小，植被向森林草原或干草原退化。②

而嘉陵江中下游所在的川中盆地主要是紫色土，分布在盆地的丘陵和低山，一些地方还分布有石灰土。紫色土同样是一种很肥沃的土壤，矿物质养分丰富，农业利用价值很高，所以四川素来被称为"天府之国"，与这种土壤大有关系。只是紫色土土层浅薄，通常不到 50 厘米，超过 1 米者甚少，因此保水抗旱的能力相对较差。

从动植物资源来说，新石器时代的嘉陵江中下游地区与上游地区虽然存在动植物类别的差异，但同样可以用"丰富"来描述。学者们研究了距今 21550±310 年嘉陵江下游的铜梁旧石器遗址，发现树叶化石全为阔叶林木，包括白楠、楠木、胡桃、野核桃、毛栎、亮叶水青冈等品种，其中乔木为大宗、阔叶树种占优势。阔叶林中丕混生了少量的针叶树如紫杉、油杉、松等；

---

① 中国社会科学院考古研究所编：《师赵村与西山坪北京》，中国大百科全书出版社1999 年版，P318－319。

② 贾耀锋：《关中盆地东部全新世环境演化及其对人类文化的影响》，陕西师范大学硕士论文。

林中还点缀了小乔木和灌木如榛、柳、五加科等；各种蕨类植物以及苔鲜，如里白属、水龙骨、石韦、盾蕨、小膜盖藤等生长在林下地被层、附生岩石和树干上。

而哺乳动物化石有 4 目 10 种，包括水牛、巨貘、鹿、东方剑齿象、羊、中国犀、亚洲象、熊、大熊猫等。可见，嘉陵江下游当时植被茂密，动植物类型丰富，与今日的自然环境略有差异，十分适宜各种生物和古人类的生存。而临近嘉陵江中游的资阳人所在环境的气候与之相似，相当湿热。表明更新世晚期的铜梁及附近区域，属于热带或暖亚热带气候，气候温暖湿润，相比现在的当地气候，气温略高。①

铜梁遗址当然是末次冰期晚期的气候，这中间还包括了一个末次冰盛期。不能完全说嘉陵江中下游为全新世早中期的气候，但可以推测，当盆地气候在冰期回暖以后，新石器时代应该具有相似的环境和人居条件。

嘉陵江中下游核心区处于四川盆地中部偏东，北面有巍峨的秦岭和米仓山、大巴山的层层阻挡，北方的寒流很难入侵盆地，即使达到盆地往往也成为了强弩之末，破坏力大大减弱。而相对暖湿的印度季风和东亚季风却可以比较顺利地进入盆地。这对天府之国的生存环境产生了巨大的影响。人们对成都平原新石器时代的气候进行了分析，结果显示，成都平原在公元前 8050 ～4050 年的早全新世由冷转暖，而在公元前 4050～1050 年的中全新世一直温暖湿润，在公元前 850 年以后的晚全新世才开始转冷。成都平原与嘉陵江中下游的距离最远不会超过 300 公里，这里的古气候状况完全适用于嘉陵江中下游流域，也就是说，整个新石器时代包括嘉陵江中下游在内的四川盆地，气候整体上都处于暖湿宜居状态。当然有学者研究，公元前 5000 年，公元前 4000 年，公元前 3000 年和公元前 2400 年前后气候曾经有过剧烈变动，并导致与这些年代相对应的岷江流域和成都平原的营盘山文化、宝墩文化、三星堆文化、十二桥文化相继消失，但这种波动的时间毕竟都不长。研究表明，成都平原距今 5000 年左右，气温较高，年均气温达 17.8℃，年均降水量小于 800mm。距今 4000 年左右气温略有下降，年均气温为 17.5℃，年均降水在 1019～1074mm 之间，而且这个降水量一直延续到距今 2570 年以后，都属于

---

① 张森水等：《铜梁旧石器遗址自然环境的探讨》，《古脊椎动物与古人类》，1982 年 4 期。

湿润范畴。距今 3000 年左右年均气温下降为 17.3℃；距今 2570 年左右，年均气温继续下降，跌至 15.8℃。虽然气候变化究竟在何种程度上会给文明的存续带来影响，至今依然还是一个待解的问题，但起码可以认为，对于嘉陵江中下游流域短暂的气候波动来说，生活在丘陵和低山地区的远古居民完全可以躲进盆地茂密的森林之中，熬过寒冷的岁月。一俟气候回暖，他们依然过着原本惬意的采集和渔猎生活，而不觉得这个世界有多么艰难。而这种闲适安逸的生活方式和生活理念甚至几乎从遥远的史前时代一直延续到了今天。

比较起来看，新石器时代嘉陵江上游和中下游的生存环境整体上都不错，但上游比中下游的波动更大，波动次数多、波动幅度大、波动时间长。如果从环境与人类发展的关系来看，嘉陵江中下游新石器时代的文化理应比嘉陵江上游区域的文化发展得更好，结果完全不是这样。上游从渔猎到农业，后来又发展出手工业、畜牧业，还分支出游牧业，但中下游的农业，迟至商周时期才勉强发展起来，而手工业一直都不怎么发达，畜牧业也显得比较落后，更没有产生什么游牧业。

形成这种状况原因是什么呢？还是只有用前面谈到过的最佳觅食模式来解释。在采集渔猎资源富足的嘉陵江中下游，居民缺乏改变生存方式的动力。相反，生活在渭河流域的远古居民就没有这么幸运了。特别是距今 4000 年前后的干冷气候，几乎给这里差不多已经稳步发展了数千年的文明，带来了灭顶之灾。好在他们能够寻找和建立新的适应规则，采取新的交互方式，才使文明进入到了一个更新的阶段。

第二节　人域交互的差别

300 人的聚落与 50 人的群体

嘉陵江中下游富庶安逸的环境里，先民们没有创造出灿烂的史前文化，倒是屡经大自然锤炼的嘉陵江上游源头居民，文化不断迭代，最终接生了"夏朝"这个中华民族最早的"国家"婴儿。

前面已经谈到了，人类要学会和掌握生存和发展的适应性规则，就必须不断地与大自然交互、与人交互。而且这种交互越是丰富和频繁，所获得的适应性规则就越多，发展就会越快。所谓丰富的交互，就是指交互对象多、交互类型多；而频繁的交互，则是指随时都在交互、随时都可以交互。显然，只有人口达到一定数量和不同文化的条件下，才能实现丰富的交互。而只有人口达到一定的密度，才能实现频繁的交互。

而这一点恰恰是上下游文化圈文化面貌迥异的一个重要原因。从嘉陵江中下游的文化遗址没有发现有成规模的聚落，发现结构化的聚落。这些遗址比较分散，遗址堆积都较浅，遗址面积很小，十多万平方米已经算是大型遗址了。尽管这些不大的聚落似乎可以结合起来以聚落群的方式来研究，但是从复杂适应系统理论的角度来说，似乎没有多大的意义。因为无论是"节点""资源"，还是"连接者"都缺乏强健性（Robustness）。

但是，嘉陵江上游聚落的情形却完全不一样。按照5万平方米以下、5～20万平方米、20～50万平方米、50万平方米以上的标准，把仰韶文化早期的聚落划分为小型、中型、大型、特大型四类。临潼姜寨、半坡、北首岭等，面积均不超过5万平方米，为小型聚落。这种早期的小型聚落渭水流域就有82处，占总数的绝大多数。而中型聚落也不少，有34处，约占总数的四分之一。大型聚落有原子头遗址，面积约30万平方米，这类聚落共有12处，约占总数十分之一。还有一处特大型聚落，就是陕西礼泉县的王家堡遗址，面积达75万平方米。不仅如此，这些仰韶居住遗址通常还会花费不少资源在不能移动的事物上，如居住面的修饰、围沟的构筑、窖穴的营建等，这说明聚落的存在较为稳定。

我们分别从嘉陵江上游东源文化区和西源文化区选择大地湾和临潼姜寨这两个早期聚落，来观察嘉陵江上游文化圈的交互情况。

先看西源的大地湾聚落。大地湾二期遗存聚落建有环壕，聚落分布于壕沟以内，聚落被壕沟围成近圆形。聚落西北至东南长约150米、东北至西南宽约120米，保存面积约1.3万平方米。根据现存聚落推测，原聚落面积至少在2万平方米左右，人口300多人。[①] 聚落中心是近1000平方米的广场，其西侧是一片公共墓地。此段发现房址37座、灶坑12座，均以广场为中心，呈扇形多层分布。除个别情况外，房址门向均对着中心广场。有大型房址2座、中型房址9座、小型房址14座。他们不仅面积大小有差异，而且建筑形

---

① 郎树德：《甘肃秦安县大地湾遗址聚落形态及其演变》，《考古》，2003年6期。

制乃至细部结构也有显著不同，出土遗物也有着数量多少和精美程度的差别，这些表明大中小房址功能不同。大型房址高大，灶坑又大又深，与多数房址的瓢形灶坑相异，室内还设有长方形土床，这些或许显示了使用者的地位。中型房址位于广场两侧，周围一般被几座小型房址环绕，房内设有与众不同的套间。中小型房址均以广场为中心，由内向外扩展成多层圆圈。大地湾仰韶文化前段只有一个中心，后段变为了多个中心。[①]

再看东源的临潼姜寨聚落。姜寨第一期文化有100多座房屋、近300座窖穴、2座牲畜圈栏、2处牲畜夜宿场，里面有中央广场、道路、3条壕沟、近400座墓葬、3座陶窑等遗迹，面积2万余平方米，分布错落有秩，构成了一个十分完整的史前聚落。整体布局分为居住区、陶窑场、墓地三个部分。居住区位于中央，北、东、南三面有壕沟环绕。布局跟大地湾一样，是向心凝聚式。所有的房屋分成五组，各组大致上围成一个圆圈，组与组之间有一定的间隔。每组大约20座房子，都有一座大房子，还有一两座中等规模的房子和一二十座小房子，门道都朝向中央。小型房屋屋内普遍有灶坑，部分设有土床，居住的可能是一个核心家庭。中型房屋设施与小型房屋相似，只是睡觉的地方宽敞一些，土床往往分为左右两边，能够住下较多的人。大型房屋一共有5座，均为方形，有矮墙、门道、灶台和火塘，室内十分宽敞，可能是用于集会议事或举行宗教活动等，居住者最有可能是氏族酋长及其家族的成员。中型房屋周围都围绕一些小型房屋，组成一个家族单元；大型房屋周围还有若干群中小型房屋，合起来构成较大的氏族。聚落周围设有围壕，在寨门和沿壕设了几处哨所。陶窑在河边集中分布，居住区内也有与某一组房屋相联系的分散分布，说明陶器生产分别在两级社会组织中进行。围壕之外的东部、东北和东南各有一片墓地，北部也可能有一片墓地，加上聚落中心的墓地共有5片，正好与5组房屋相对应。这些暗示了整个聚落可能是一个胞族或5个氏族的聚居地。赵春青推测姜寨一期原始村落同时使用的房屋约50座，村中居住人口总数100多人。[②] 朱乃诚根据姜寨广场墓地的人骨数量、平均亡龄及形成的时间推算，当时该墓地所代表的社会单位的年均人口约202至181人。[③] 而美国学者克里斯琴·彼得森（C. E. Peterson）和以色列

①　郎树德：《甘肃秦安县大地湾遗址聚落形态及其演变》，《考古》，2003年6期。
②　赵春青：《也谈姜寨一期村落中的房屋与人口》，《考古与文物》，1998年5期。
③　朱乃诚：《人口数量的分析与社会组织结构的复原》，《华夏考古》，1994年4期。

学者吉迪恩·谢拉克（G. Shelach）则认为："作为一个大约 300～400 人的社群，和一个接近每公顷 210 人的居住密度，姜寨是我们所知人口最多和最紧凑的早期农业聚落。"①

除了大地湾、姜寨以外，这个时期半坡、北首岭、老官台、白家村、李家村、龙岗寺等遗址都有比较完整的聚落。他们几乎都是一种定式，即房址都分为若干组群并围成圆圈，门都朝着中心，中心都为广场或者墓地。聚落普遍都修建有围壕，用来保护生命和财产安全。陕西合阳吴家营遗址甚至还有双重围壕。围壕外还有成片墓地和烧制陶器的窑场等。

渭水流域、嘉陵江上游和汉水上游的这些早期的聚落一般都不是独立出现的，往往是成群分布，形成了一种聚落群。而在一个聚落群内，不同规模的聚落代表不同的层级，每个聚落都有自己所对应的层级。以宝鸡为例，这一区域分布了 16 处早期遗址，其中大型遗址 2 处、中型遗址 3 处、小型遗址 11 处，在一个聚落群中，呈现出金字塔式的分布结构。铜川地区的 18 处早期聚落也呈现出同样的结构。也就是说，早期聚落群中，存在着中心聚落、次中心聚落与一般聚落的层级。礼泉的特大型聚落，应是属于更高一级的中心聚落，从而使整个聚落群呈现出四级社会组织。②

以西安鱼化寨聚落为例。以鱼化寨遗址为中心，周围 15～20 公里的范围分布着 60 多处仰韶文化遗址，分布十分密集，而且距离较近，应该是自成体系的大规模聚落群。除开浐河流域的聚落以外，鱼化寨遗址的规模是其中最大的，它的早期遗存极为丰富，还有十分少见的双重环壕聚落结构，显示出鱼化寨遗址在聚落群中的突出地位。鱼化寨中期聚落数目较早期大幅增加。遗址规模阶梯化显著，结构化明显。五楼遗址的面积达到了约 70 万平方米，应该是这个时期新的中心聚落；而北堡寨等 20～30 万平方米左右的中型聚落，应当属于次中心聚落；上塔坡等小型遗址则仅有数千平方米，多数遗址的面积在 10 万平方米左右。这样就构成了中心聚落、次中心聚落、一般聚落三级结构。到了晚期，虽然呈现衰败的迹象，但规模依然与中期十分接近，形成了面积达到 75 万平方米以上的大型聚落清禅寺，面积在 20 万平方米左

① 〔美〕克里斯琴·彼得森（C. E. Peterson）、〔以〕吉迪恩·谢拉克（G. Shelach）：《姜寨：中国一座新石器中期村落的社会与经济结构》，任晓莹等译，陈淳校，《南方文物》，2015 年 4 期。

② 翟霖林：《西安鱼化寨遗址的聚落考古学研究》，西北大学博士学位论文。

右的杨家湾中型聚落等。当然依然有如长里等小型遗址，面积不足 1 万平方米。晚期小型遗址较多，面积多在 10 万平方米以下。

从新石器时代早中期嘉陵江上游文化圈的聚落交互情况可以看出，嘉陵江上游源头文化圈都是聚落式发展、聚落化生活；而且这些聚落都相当成熟，结构化明显。更重要的是，这些聚落人口众多，往往都上百人。前面我们已经谈到了，人数越多、居住密度越大，交互的频率就越大，获得的经验规则就越多，而越是如此就越是利于聚落的发展。不仅如此，从聚落的格局设计和房屋功能配置来说，嘉陵江上游聚落的向心结构对交互明显非常方便，可以让交互更加自由、随机和充分。而且聚落的层级结构，不仅使居民有家庭交互，还有家族内部的交互；不只有私人交互空间，而且还有大量的公共交互空间。不仅有小型公共空间，还有大型公共空间。按照赵春青的分析，姜寨早期的 100 多座房屋，有 50 多座是为了满足各种公共功能而修建的，[①] 这样的结构对于人际交互、群际交互、族际交互和层际交互显然都是有利的。另外，由于结构化的聚落群的出现，实现了更高层次的人域交互，鱼化寨聚落在聚落群中的地位显然经历了一个由早期的中心聚落演变为一处一般聚落的过程，中晚期再也没有回到中心聚落地位。这说明聚落群内部交互频繁，聚落的权势此消彼长。在这样的情况下，交互规则和交互经验的积淀必然会越来越丰富和深厚，这就能够更好地推动经济、社会和文化的发展。

而嘉陵江中下游的史前遗址则显得十分寒碜。不仅聚落不成熟，结构化的聚落没有发现，而且聚落的人数也不多。根据目前发掘的遗址，二三十人的居多，尚未发现聚落群。这种结构对于当地居民来说，是无法实现充分有效交互的。因此，当地居民只能以采集渔猎生活为主，艺术和宗教都显得很苍白。整个社会、经济和文化的发展难与嘉陵江上游比肩。

盆地文化的寒碜与维京人的悲剧

文明的生长不仅需要较高的交互频率，而且需要较高的交互质量。决定交互质量的一个重要方面就是文化的多样性。交互的目的实质上就是为了获得更多更好的适应性规则，这些规则可以通过组合形成新的规则；一种文化

---

① 赵春青：《也谈姜寨一期村落中的房屋与人口》，《考古与文物》，1998 年第 5 期。

所发现或者创造的规则，可以为另一种文化所借鉴和利用。当文化与文化的规则组合起来形成新的规则以后，人们应对自然和社会发展的方法就会越来越多。这就是托马塞洛所谓的文化的"棘轮效应"。① 烘焙蛋糕是一个很简单的例子。鸡蛋、面粉、黄油和糖，混合起来以后，送进烤箱，如果经验丰富的话，一会儿或者一个小时，这些先前看起来黏糊糊的东西就会变成蓬松而富有弹性的面包。它不再是鸡蛋，也不是黄油、面粉或糖，不是它们的任何一个，它就是一个蛋糕，一种新的食物。蛋糕上的金黄色是怎么造成的呢？它受这些原料在烤箱中交互作用的影响，受温度的影响而形成。如果没有它们彼此的交互作用，没有温度对这种交互的持续作用，或者仅仅只有一种或者两种物质，那么，从烤箱里面出来的就不是蛋糕，而应该叫其他什么食物。所以，文化的交互需要文化的多样性。有了多样性我们就有了更多的选择和更多的组合，就有了更丰富多样的"文化食品"。而仅限于聚落或聚落群内部的交互，往往同质化程度高，一旦环境发生始料未及的变化，很可能缺乏及时有效的应对"蛋糕"，聚落面临的就可能是灾难。

另一方面，文化的多样性是为了文化的借鉴，避免心理学上所谓的"从众偏差"。从众偏差是指在某种情况下，人类倾向于做他人所做的事情。哪怕我们很清楚他人的这种做法完全是错误的，我们也会"随大流"，不信任自己对当下情况的评估。

很多实验都非常精准地描述了从众偏差这种行为，表明人们在从众与死亡之间，宁愿死亡，也要从众。这种行为的优势在于，它是一种非常有效的学习方式，当处在"信息缺乏"的环境里的时候，可以学到适应性策略。这种环境里一个人很难靠自身的努力获得所有相关的信息。如果采取大多数人的行为，采纳一大群人的学习经验，就可以获得一种经过检验和证明是成功的行为方式。允许这种"主流的文化"来决定我们的行为，被认为是明智之举。

然而，从众偏差如果在人类决策中完全占据主导地位，那么新的行为永远都不会出现。所以文化习俗很多时候可能使人的适应性降低。这就需要个体的学习与从众偏差相互作用，在任何重要文化变迁发生之前，提前感知到

---

① ［美］迈克尔·托马塞洛：《人类认知的文化起源》，张敦敏译，中国社会科学出版社 2011 年版，P5。

环境的变化趋势。对环境变化的敏感使这些个体能够产生适应性反应，带来新的行为，然后他人通过模仿、社会学习等产生正效应的从众偏差，并将这些行为普及到群体当中，从而避免文明的崩溃。

人们经常用维京人的例子来说明这一点。公元 10 世纪的最后 10 年开始，维京人在格陵兰岛南部建立起了自己的聚落，聚落虽然小，但可以自给自足。这种情况大约一直维持了 400 年。鼎盛时期，有约 3000 名的居民生活在格陵兰岛西南的海岸线，高峰时有 280 个聚落农庄，他们甚至还拥有自己的主教和国会。但是 1408 年，当最后一艘船驶离格陵兰岛开往欧洲之时，这个群体却灭亡了。灭亡原因是像小冰期时那样的气候引起的饥荒。但是处在同样气候条件下的因纽特人却没有灭亡。因为因纽特人与环境的交互方式不一样，他们一直过着渔猎的生活。事实上，因纽特人从格陵兰岛北部来到南部，比维京人更晚。但维京人大约在 14 世纪后半叶才开始与因纽特人接触。尽管维京人发现自己的农耕习俗在恶劣的气候条件下已经无法保证自己的生存，但信奉基督教的维京人似乎还驱赶过被他们视为异教徒的因纽特人。而且因为这个原因，完全拒绝因纽特人的生活方式，虽然他们也承认那是一种成功的生存方式。

其实这就是文化习俗带来的从众偏差。维京人认为，因纽特人原来是北方遥远的迪斯科湾捕猎海豹的且与世隔绝的民族。因纽特人到南方生活，应该是因纽特改变自己来适应维京人，而不是相反。因此，维京人拒绝采用因纽特人更具优势的生活方式。另一方面也可以说，维京人缺乏应对气候变化的适应性规则，或者是气候变化实在太快了，他们还没有足够的时间去建立某种适应性规则来应对这种突发的气候变化，或者一时还无法预料到不改变适应性规则所带来的后果。但无论哪一种原因，当时这个还很孤立的岛屿缺乏更多样的文化参照样本，所以他们依然抱着从众偏见，坐等气候变化和农作物又漫山遍野地疯狂生长的日子到来。而因纽特人却带着他们足以适应北极环境的文化，继续在格陵兰岛一直生活到今天。

大地湾文化就与周边文化有着长期的交互。在嘉陵江上游文化圈，这种文化多样性远远超过了嘉陵江中下游，如北首岭遗址、白家村遗址、半坡遗址，甚至远在关外的磁山—裴李岗遗址等。这些遗址的文化特征既有与大地湾文化相同的方面，也有自己独特的个性，这就形成了文化的多样性。又如马家窑半山类型的文化，不仅仅与马家窑各种类型的文化之间有着频繁交互，而且与西辽河流域、冀中北地区的雪山一期文化和内蒙古中南部的仰韶文化海生不浪类型（公元前3500～前3000年之间）等东部文化，以及宁夏菜园诸遗存，如切刀把墓地、瓦罐嘴墓地、寨子梁墓地、二岭子湾墓地、石沟遗址等地的文化，也有很多交互。正是这些文化的多样性和多样性交互形成了马家窑半山类型。① 到了齐家文化时期的嘉陵江上游文化圈羌、氐、狄、戎、藏、汉等各种少数民族都在这里交互，印度、波斯、阿拉伯、中亚、西亚甚至古希腊、罗马的文化都在河西走廊和渭河流域交互。丝绸之路沿线出土了不少古罗马的货币、东罗马银盘、巴斯八文铜牌等重要文物，羊、马、小麦、青铜都是假这条交互通道传播到整个中国的。这就使这个空间的文化充满了活力和创造力。

而在嘉陵江中下游，文化的多样化明显不如嘉陵江上游，更多的是同质的文化之间的交互，从一个花边口沿居然延续了几千年都没有什么变化就可以看出这一点。可能直到新石器时代中晚期，随着北方文化通过岷江河谷向四川盆地传播，并逐步向盆地纵深推进，文化的多样性才发生了一些变化。不过，嘉陵江中下游主要是接受了宝墩文化、三星堆文化和成都十二桥文化的影响，但局限性还是很大的。此外，随着峡江地区如大溪文化、玉溪文化、哨棚嘴文化、玉溪坪文化、中坝文化的西渐，也为嘉陵江中下游文化圈注入了一些新的血液，赋予了一些活力。但与嘉陵江上游文化圈相比，文化的多样性依然不足。当然，造成这种文化景观的原因可能还是因为四川盆地封闭的地形，无法让盆地文化在更广的范围内进行交互，系统熵有增无减或熵增大于熵减，文化的多样性难以形成，这种文化格局也阻碍了文化的发展和繁荣。

尖底瓶与尖底盏

不同的交互特点，形成了不同的文化面貌。当嘉陵江源头的居民已经开始大量酿酒的时候，嘉陵江中下游的居民还只能小规模地酿一点酒供自己品尝。

尖底瓶最早可追溯到距今约7000年仰韶文化早期，是仰韶文化的典型器

---

① 韩建业：《半山类型的形成与东部文化的西迁》，《考古与文物》，2007年3期。

物，最先出现在嘉陵江上游源头毗邻的渭水流域文化区。宝鸡北首岭遗址出土了数十件，它小口、短颈、鼓腹、尖底、两侧有耳，外貌奇特，装酒、装水都不易洒出。尖底瓶的使用在仰韶早期以关中地区为中心，半坡期后段扩张到了甘肃天水地区，东至郑洛，南抵汉水上游，北至长城沿线。不过，嘉陵江源头的关中文化区尖底瓶数量最多。这里的尖底瓶大小形态齐全，外观优美，曲线流畅，制作水平很高。天水和汉水上游，虽然尖底瓶的种类也较丰富，但制作技术明显不如关中。到了仰韶中晚期庙底沟期，尖底瓶扩散到了南阳盆地及四川盆地北部。但关中地区仍然是尖底瓶的中心，除天水地区以外，泾水上游、豫西、晋西南地区，尖底瓶的使用也很流行。

不便放置的尖底却是尖底瓶的核心结构。嘉陵江上游源头的先民为什么要制作这种放置不方便的尖底瓶呢？原来这是一种酿酒和喝酒的器物，它的优势在于尖底可有效集中沉淀物，倾倒酒液时沉渣不易泛起，大部分酒液可以在倒出来以后，仍然保持较高的清澈度；仅最后倒出来的酒液会显得浑浊，需要进行二次沉淀。而平底瓶在倒酒的时候，酒渣很容易随着酒液一起倒出来，需要二次澄滤的酒液数量远远大于尖底瓶。

而考古发现的大型尖底瓶与中小型尖底瓶的容积差异为 2～4 倍，一个大型尖底瓶需要 1～3 个平底瓶和 1 个中小型尖底瓶才能把酒全部转换出来，其中的中小型尖底瓶用于再次澄滤。小型尖底瓶可以直接用于宴饮和祭祀，饮用方式是以竹管或者芦苇管之类的吸管插入尖底瓶直接吸吮，也可以倒进陶杯、陶碗之类的酒器中饮用。

另一方面，人们通过现代实验研究表明，在存放条件相同的情况下，容积相近的平底瓶和尖底瓶相比，平底瓶的渗水率较尖底瓶往往高出 2%—5%。史前时代酒是一种较为珍贵的饮品。渗水率较低的尖底瓶显然更受青睐，这可能是古人选择不便放置的尖底瓶来储酒的原因。

氏族公社时期，氏族成员共司劳动、共同生产，即使对偶制婚姻，也没有一夫一妻的家庭，所以那时的尖底瓶中间有两个耳朵，方便两个人抬。家庭产生以后，家里要找出两个人来抬这种大的双耳瓶，可能缺少人手，于是人们就把尖底瓶的双耳做到了下部，以方便一个人可以背一瓶酒，绳子系在下部可以固定尖底，上面在腰部再用一根绳子勒着，就可以背着走了。

前面说了，仰韶文化的这种储酒容器和饮酒器不仅数量多，而且分布广，说明酒在社会生产生活中已经具有了相当重要的地位。专家分析指出，仰韶文化时期出现的大房子，其重要功能之一就是宴饮。大房子附近的灶、房子里面共存的陶瓮、陶缸共同构成宴饮活动所需的设施，包括酿造以黍、稻米、小麦族种子及山药等块根植物为主要原料的谷芽酒。陶瓮是谷物进行糖化和发酵用的，陶缸是盛酒的器具。大房子附件的灶出土过很多动物骨骼，说明这里是用来煮肉和供大家宴饮的场所。另外，大房子作为集会场所，地面平整、坚硬而干净。大地湾晚期 400 多平米的大房子地面所用的硬化材料相当于现在的水泥。这种地面不仅是酿造谷芽酒的需要，也反映了宴饮集会时对礼仪场所的特殊要求。仰韶文化遗址中大房子出现的普遍性和形态一致性，可能反映了这种以谷芽酒为饮料的宴饮礼仪是仰韶时期许多部落的一个共同的文化特征，并随着仰韶人群的迁徙和扩散，带到了仰韶文化的每一个分布区。仰韶聚落结构逐渐复杂化及中心聚落的大房子面积不断增大，可能反映了宴饮礼仪规模的升级和宴饮内容的多样化、宴饮文化的成熟化。酿酒与饮酒活动的流行，显然，改变和增加了嘉陵江上游部落与部落、部落成员与部落成员的交互方式及交互频率，构建了新的交互文化。而随着交互的进一步复杂化，无疑会推动社会复杂化的进程和国家的孕育。①

　　而在嘉陵江中下游地区没有发现尖底瓶，倒是在各期遗址中发现了大量的尖底盏，包括三峡地区也有一些发现。尖底盏也是用来饮酒的器具，但显然这种尖底盏只适合一个人一盏，尖底也有过滤酒渣的作用。但前期的浅底，可以看出由于农业生产的落后，粮食的产量不高，能够用于酿酒的原料可能不多。我们可以想象嘉陵江源头的先民每人拿着一根芦管，把尖底瓶放在架子上，随意调整尖底瓶的方向，围在一起饮酒的盛况。那种同饮一瓶酒，其乐融融的场面，应该会增强部落的凝聚力和创造力。而嘉陵江中下游的先民则只能用较少的粮食，酿制一点儿自己饮用的浊酒。至少现在我们还没有在考古发掘中看到嘉陵江中下游的居民聚集饮酒的情况。这于文化的创造，就大大减少了交互的几率和交互的质量，也减少了创造的概率。

---

　　① 刘莉等：《仰韶文化大房子与宴饮传统：河南偃师灰嘴遗址 F1 地面和陶器残留物分析》，《中原文物》，2018 年 1 期。

第四部分
嘉陵江流域史前文化生态构建

第九章

天人生态与人域生态的构建

文化生态建构大约包括四个方面。

首先，人类为了生存，必然要从环境中获取能量。在这个过程中，环境因人类活动而发生了改变，比如，野猪变成了家猪，野生水稻变成了驯化的水稻，河流因上游生态环境破坏而泥沙堵塞等。这时，人与环境之间形成了一种新的关系—由人与自然原来分别所处的独立的、自在的自然状态（当然，这种状态只有理论上存在），变成了一种相互关联的的文化状态，这就是人类与自然相互作用而构建起的一种新的关系——文化生态。这种文化生态是天人交互过程中构建起来的，所以可以表述为"天人交互文化生态构建"，或简称为"天人生态构建"，其结果就是"天人生态"。大地湾一期时期，居民住在清水河边的二级台地上，聚落只有一个中心。到了二期移到了河边的台地上，而三期、四期则居住到了海拔较高的山地，形成了多个次中心。这里原来的自然面貌完全因新的人文景观而改变。这个被改变了的文化生态就是"天人生态"。

其次，人类在适应自然的过程中，还要适应他人和自身。在这个过程中，必然要创造出形形色色的文化，这些文化本身会构成一种生态。面对不同的自然条件、不同的自我、不同的群体，人就会发展出不同的文化基因。游牧人口和农业人口具有不同的文化基因，稻作农业与粟作农业具有不同的文化基因，山地居民与平原的居民也有不同的文化基因，而通过这些不同的文化基因形成的社会系统就是这种文化的表现型。不同的基因型和表现型就构成不同的社会系统。这种不同的社会系统也是人类文化生态构建的结果。这是

"人域交互"过程中构建起来的，所以可以表述为"人域交互生态构建"，或简称为"人域生态构建"，其结果就是"人域生态"。大地湾时期渭河上游流域是母系氏族社会，而到了马家窑文化中晚期，逐渐过渡到了父系氏族社会，再到齐家文化晚期则迈进了阶级社会的门槛。这种逐渐改变了的生态就是"人域生态"。

第三，天人生态构建和人域生态构建彼此同样是相互作用、相互构建的。天人生态会影响人域生态，人域生态也会反过来影响天人生态。齐家时期干冷的气候使天人交互出现了游牧生活方式，这是一种新的天人生态。而马的驯化和使用，使马后来成为战争中的重兵器，又构建起新的社会系统和新的人域生态。这种人域生态又反过来作用于天人生态，比如战争往往就会构建起新的天人生态，广岛原子弹留给后人的就是这种生态。这种相互作用所构建的生态，可以称为"人间形态发生构建"，简称为"形态生态"。文明就是在二者不断的交互作用过程中诞生、演化和发展起来的"形态生态"。

第四，为了避免环境决定论的观点，需要指出，在完全相同的外部环境中，天人交互、人域交互或者天人交互与人域交互的互构，完全可能产生不同的表观。这种表观包括"天人生态""人域生态"和"形态生态"。因为在这些相互作用之中，作为主体的人是具有自由意志的主动性，而从宗教的思想来看，天人交互的"天"也是具有自由意志的主动性，就像鸟从手里扔出去，我们没有办法确定它的运动轨迹一样。这三种建构最终样态的面貌很可能是截然不同的。

这里，我们运用了表观遗传学的思想。表观遗传学有一个关于精神分裂症的案例。患了精神分裂症的人，如果不及时治疗，患者就会出现幻觉、妄想、精神无法集中等一系列症状，甚至无法区分"现实世界"和自己的幻觉创建的"妄想世界"。很可能变得失去正常的认知、情感和社会反应，他们不会去伤害别人，却很容易攻击自己，因为患有精神分裂症的人自杀的概率是常人的 50 倍。

但是，精神分裂症并不是一种罕见的疾病，在很多区域它的发病率都达到了 0.5% ~ 1%，科学家们很早就知道这种病具有很强的遗传倾向。但奇怪的是，如果一对同卵双胞胎其中的一个患有精神分裂症，那么另一个患这种病的可能性则高达 50%，比一般人群中 1% 的风险高了很多。

同卵双胞胎的基因组完全一致，而且他们共享一样的子宫，通常情况下也具有相似的成长环境，特别是在婴幼儿阶段和童年时期。所以，对于一个得了精神分裂症而另外一个也会患上此病的事实，并不值得惊讶。但是，为什么另一个患病的概率只有 50% 而不是 100% 呢？也就是说，看起来完全相同的两个人可能一个患了毁灭性的精神疾病，而另一个则可能终其一生也安然无恙。环境似乎不是造成这种后果的决定性因素，即使是，那么是什么环境或者环境通过什么方式使这两个有着完全相同基因组的人产生霄壤之别的呢？

正是基于表观遗传学的这个案例，我们这里要特别指出，在完全相同的环境下，"天人生态""人域生态"和"形态生态"的表现型可能是很不相同的。

这就是本章的叙述逻辑。

不过，有一些理论跟这里的观点可能看起来似是而非，长得极像的就是"文化生态位构建"理论，这里需要申说几句。

生态位构建观点最初是由 R. Lewontin 在 20 世纪 80 年代初提出来的，后来经过一些学者阐发，形成了一套生物进化解释体系。所谓生态位构建，简单地说，就是有机体不是被动地适应环境，而是主动改变环境来提高有机体的生存机会。如果生态位构建增加了生物对环境的适宜度，这就是正生态位构建。如果生态位构建减少了生物对环境的适宜度，这就是负生态位构建。因此，自然选择和生态位构建之间就形成了一个反馈机制：环境影响生物，通过自然选择改变着生物的性状；生物反过来也改变着环境，通过生态位构建而带来的环境改变，会通过生态遗传持续作用于生物后代的若干代。这表明生物从其祖先那里既继承其基因，还继承已经改变了的生态环境，自然选择和生态位构建两种进化机制共同决定种群的适合度。

受生态位构建理论的启发，Laland 等学者提出了文化生态位构建的概念和思想。传统进化理论认为，文化过程仅仅只是人类表现型的一个方面，文化的多样性是环境的多样性造成的，对人类进化不会产生影响。这种理论忽视了人类可以通过文化活动来选择和改变环境的事实，因此文化生态位构建理论认为，人类除了自身的生物进化以外，文化过程还为人类进化增添了一套知识遗传系统。知识遗传系统携带的社会习得信息，可以在代内和代际个体间积累、储存和传播，它同样可以反过来影响人自身的进化过程。

显然，文化生态构建理论是就人类进化的影响机制来讨论的，而我们这里是就人与自然、人与人交互的过程和结果来讨论的，因此和 Laland 等学者的理论不是一个概念。而且与前面斯图尔德关于文化生态学的概念也有很大差异。这是需要事先区别的。①

第一节　天人生态构建

天人生态构建有着十分丰富的内容，这里我们立足于史前人类天人交互的成果来进行讨论。

粟黍的驯化、小麦的引进

史前人类天人交互主要包括对动植物的驯化，以及生存发展过程中对自然生态面貌和景观的改变。

从考古资料看，距今 1.3 万年左右，大地湾一期的居民就开始普遍采用细石器技术，发掘出来的细石器制品数量较多，随后陶片开始出现，种植农作物所需要的工具和技术不断发展。距今 7800 年左右的遗物显示，大地湾一期的居民已经驯化了了黍，不过当时他们还过着采集狩猎为主的生活，农业还处在起步阶段。②

在山西沁水下川、蒲县薛关、宁夏鸽子山和灵武水洞沟 12 号地点、吉县柿子滩和河北阳原虎头梁和于家沟等遗址都发现了分布广泛的细石器文化遗存。不同的是，大地湾一期发现的细石器制品很小，小于中国所有地区甚至东北亚和北美的细石器制品。这可能跟大地湾及其周围的六盘山地区都缺乏诸如燧石和玉髓等隐晶质石料有关。那么大地湾的细石器是怎么来的呢？可能来自北方的宁夏和内蒙古。末次盛冰期、新仙女木事件以及距今 8200 年间，干旱事件等极端气候使中国北方基本被荒漠和草原所控制，森林和草原南线退至长江沿线，热带基本消失，亚热带萎缩在华南一带。在这种极端气候下，北方的居民可能南迁以躲避冷，他们就把这种石器带到了大地湾。

---

① 陈勇：《人类生态学概论》，科学出版社 2019 年版，P59－60。
② 张东菊等：《甘肃大地湾遗址距今 6 万年来的考古记录与旱作农业起源》，《中国科学》，2010 年 10 期。

从北部移动过来的居民从事农业生产，是因为他们在冰期经历过食物严重匮乏的惨痛记忆。一觉醒来，他们发现大自然不会总让自己一劳永逸地获得天赐的野果或者野兽。这种交互经验或规则肯定会让他们思考一个问题，那就是，如何才能够掌握获取粮食的主动权？一旦他们发现植物的种子可以收藏播种，再长出新的粮食时，农业生产就开始了。

这些居民对冰期的记忆，可能会让他们日复一日地通过某种方式把自己所经历的食物匮乏的噩梦传递给下一代，以保证农业生产的延续和发展。到了大地湾二期，植物遗存变得非常丰富，大量黍和粟被发现，谷类植物已经成为主要食物。并且粟这种需要更高种植技术的农作物，逐渐代替了黍在远古居民生活中的重要地位。这说明天人交互的经验不仅使大地湾一期的居民获得了新的生业方式，而且在不断的探索中，获得了更多更丰富、更能够成功的交互规则。

早期的人们为什么要去驯化粟和黍呢？因为粟黍的野生祖本在华北地区分布广泛，籽实储藏时间长。而粟和黍都是耐旱、耐寒的作物，容易生长，可能在极端气候期间能够幸存下来。在很多植物都难以生存的条件下，粟和黍反而不断扩大自己的领地，将自己蔓延到了很多地方，让更多人活了下来。同时，气候对采集渔猎活动构成了严重影响，特别是冰天雪地的寒冬更难获得足够的食物。在这种环境条件下，储藏易保存且不腐烂变质的粟黍籽实就成为了人们的重要活动。[1]

当然，中国最早种植黍应该不是在大地湾一期，中国最早的黍实物遗存距今 10000～8700 年。[2] 内蒙古赤峰敖汉旗境内兴隆沟遗址出土的炭化黍粒年代为距今 8000～7500 年，而大地湾一期的黍粒年代为距今 7860 年左右，而在河北省徐水南庄头遗址和北京市门头沟东胡林遗址发现的遗物就更早，通过对这两处遗址出土的古代淀粉遗存的提取和分析，在距今 11000 年以前，这里的居民就可能已经开始驯化粟和黍了。[3] 因此，这两种粮食作物的种子和栽培技术都极有可能是来自这些北方地区。

---

① 何红中：《全球视野下的粟黍起源及传播探索》，《中国农史》，2014 年 2 期。

② 黄其煦：《黄河流域新石器时代农耕文化中的作物》（续），《农业考古》，1983 年 1 期。

③ 中国科学院地理科学与资源研究所地理资源所等在粟作农业起源研究中获重要进展．http：//www.cas.cn/ky/kyjz/201202/t20120227_3446162.shtml，2012 年 2 月 27 日．

就在中国北方的居民广泛种植粟和黍以后的几百年，距今约 7000～6000 年西亚的居民开始种植大麦和小麦，卡约努、阿里·科兹、干兹·达列赫、耶莫、宾格拉斯、白得哈、哈布拉尔、拉曼德、卡塔尔·胡约克等西亚遗址都发现了大麦和小麦的遗存。而这些农作物在经过差不多 1000 年后传到了渭河上游流域，马家窑文化时期就发现了小麦遗存。

原始农耕大致经历了刀耕、锄耕、犁耕的各个阶段。刀耕是最原始的农业耕作方法，最大特点就是耕种不用翻土，而是进行撒播或挖穴点播，播种后也不中耕和除草，等作物成熟直接收获就行了。所以工具一般就只有打制石斧等简单的砍伐器和挖掘棒，老官台、马家窑等遗址出土的石斧，都是这种种植工具。收获工具则多为木片、竹片或石片，脱粒方法主要是手搓。进入新石器时代中期，人们在生产中开始使用锄、铲或耙，用来松土、翻地。刀耕农业逐步过渡到锄耕，磨制工具大量出现，大地湾出土的磨光的石刀、石镰就是这个阶段的产物。脱粒研粉主要采用石磨盘、石磨棒等，马家窑、西山坪、师赵村、临潼姜寨以及白家村等都出土过这些工具。

农业的出现，自然要改变当地的生态景观。特别为获得更多的土地而砍伐森林，这类人类的活动，必然会改变原有的自然状态，从而使环境的自然生态变成了"天人生态"。

当然，几千年以后的今天，人类的"天人生态建构"已经变成了"负生态位建构"。大地湾所在的秦安县一带，如今的森林覆盖率不到 30%，草类稀疏，2018 年底有贫困村 138 个，贫困人口 36457 人。当然，不仅仅是秦安县，甘肃很多地区的森林面积都大大减少，这都是由于人类活动的影响，农耕区不断扩展所造成的。① 还有距今 3000 年以来，气候逐渐寒冷造成环境变化也是森林减少的重要原因，但无言而喻这也是天人生态构建的"杰作"。

冰期的逼迫与动物驯化

采集和狩猎是旧石器时代人类主要的生活手段。狩猎生活为驯化动物和畜牧业产生创造了条件。家畜驯化的契机是末次冰期出现的。陕西蓝田人所处地区的气温在冰期比今天下降了 8℃，河北平原在冰期年平均温度只有 4～

---

① 张靖涛：《甘肃森林的历史变迁》，《农业考古》，1986 年 2 期。

5℃。冰期使动植物生态群落发生大幅度的变化，一部分动植物在某一地区灭绝了，如北美洲的真马全部绝灭；蓝田人所在地区的云杉蔓延到河谷，而种类繁多的浆果、坚果却减少或消失了。采集变得越来越艰难。

采集狩猎居民往往是夏秋采集，冬春狩猎。如果没有冰期，他们这种生活应该就这样延续下去。但冰期的到来，迫使生活在寒冷地区的居民为漫长的冬季贮存食物。他们也懂得必须节食，留下一些没有被杀死的野兽，等到冬天食用。

中国华北地区生活着大批狩猎民，如山西崎峪人，他们往往根据动物的迁徙，追着兽群移动。被猎人们紧紧跟踪和不时猎取的兽群被称为一个活动的肉类和材料"仓库"。在这个过程中，人类对动物有了更多的认识，这为动物的驯养和畜牧业的诞生准备了条件。

大约在距今 12000 年的"新仙女木事件"之后，气温由寒冷转为温暖，植物茂盛，曾经迁往他处的野兽又重新回到了广袤的草原。尽管人类的生活比以前有保障多了，但是在冰期里，留下一些动物以备不时之需的生活方式却保留下来了。他们不再是把留下的动物简单地杀来吃掉，而是根据自己所拥有的动物知识，开始研究怎么让动物在自己家里繁衍；而那些曾经饲养的一些动物，已经成为了人类生活的伙伴。于是驯化的工作就这样自然而然地慢慢完成了，原始畜牧业开始萌芽。

比较而言，南半球的澳洲和太平洋诸岛就没有产生原始畜牧业，因为冰期对这些地方居民的采集和狩猎生活没有太大的影响，他们的天人交互环境，使他们不需要费心思把动物养起来。当然过于寒冷以致人类难以生存的地方也没有产生畜牧业，比如 45°北纬以上。只有北纬 15°~45° 之间，才诞生了一个又一个的畜牧文化中心。

饲养业或者畜牧业同样构建了一个新的天人生态。家畜通过饲养，性情变得更加温顺，与人更加亲近。河北磁山时期养的狗明显比狼的体格小，而且吻部较短。河姆渡遗址的一个小陶猪体形与野猪相比也相差甚远，前后驱比例介于野猪 7:3 和家畜 3:7 之间。在生活习性上，如磁山的狗表现出杂食特征。当然，从更深的方面说，动物的这些变化，跟它们内部的基因突变、遗传漂变等密切相关，但这应该都是天人交互生态构建的结果。①

----

① 徐旺生：《中国原始畜牧的萌芽与产生》，《农业考古》，1993 年 4 期。

新石器时代早期，嘉陵江上游的居民主要驯化了猪、狗、鸡，后来逐步驯化了牛。不过，在不同的文化遗址中，人们对驯养动物的选择是有差异的。受气候条件影响，齐家文化出现了畜牧业和游牧文化。羊是喇家遗址居民最主要的家畜，从已经发掘的遗址看，齐家文化喇家遗址羊的数量最多，猪和牛的数量次之。① 金蝉口遗址动物骨骼虽然以野生动物为主，但在占有一定比例的家养动物中，同样是以羊和狗为主，特别是羊的数量更大，而猪数量极少。② 辛店文化时期，羊基本上已经取代了猪，成为聚落中主要家畜，比如辛店文化姬家川遗址发掘的动物骨骼主要是羊，只有少量的猪骨、牛骨、以及野生鹿骨。③ 卡约文化遗址的殉牲种类以羊、牛、马、狗等为主，羊依然是主要的动物，而且没有发现猪。④ 可见，在对驯化动物的饲养中，人类结合自身经济和文化的需要，有选择性地饲养动物。

总的来说，人类对动物的驯化就是天人交互的结果。没有冰期的逼迫，天人交互就不会增加驯化动物这个规则；而驯化动物规则的形成则改变了天人生态，曾经独立于人类的一些动物种系，成为了人类自身文化的一个组成部分。人类可以逐渐不再依靠捕猎野生动物来获得相应的营养，从而由滥杀滥捕过渡到保护自然，于是构建起新的天人生态，也就能够更加有效地控制和解决自身的发展等问题。

第二节　人域生态构建

天人交互是人域交互的基础，有着良好天人交互的地区往往有着更好的人域交互。比起天人交互来，人域交互要复杂得多，这里我们根据嘉陵江流域不同文化样态，着重讨论一下人域交互的聚集与分散以及他们所构成的不

① 叶茂林：《齐家文化农业发展的生态化适应：原始草作农业初探——以青海喇家遗址为例》，《农业考古》，2015 年 6 期。

② 李志鹏等：《金蝉口遗址出土动物遗存及其先民的动物资源开发》，《中国文物报》2014 年 7 月 4 日第 7 版。

③ 中国社会科学院考古研究所甘肃工作队：《甘肃永靖张家咀与姬家川遗址的发掘》，《考古学报》，1980 年 2 期。

④ 高东陆：《略论卡约文化》，苏秉琦主编：《考古学文化论集》，文物出版社 1993年版，P153－165。

同文化生态。

不同资源空间的聚落形态

任何人域交互都是在一定的资源环境背景下进行的，也就是说，人域交互往往是不能离开天人交互来简单地讨论的。人域交互达到一定规模，就可能产生资源环境承载力不足的问题，于是交互的格局就会改变，一部分人离开原来的交互空间，一部分人改变生业方式，采用别的方式来利用环境。也可能既离开原来的空间，也使用另外的生业方式。

距今 3400 年，河湟地区气候趋于干冷，光热、降水条件改变，农作物的生长受到影响。于是一部分居民放弃了农业转而发展畜牧业。辛店文化和卡约文化的遗存发掘出了大量的牛、羊等动物的骨骼。卡约文化畜牧业发展迅猛，特别是在有着天然广阔草原的地区。而农业则衰落下去，许多部落遗存少见和不见农业生产工具和粮食遗迹，而多见动物骨骼以及加工牲畜的肉食工具，显示畜牧业排挤农业，成为了经济中的主导部门。

青海湟源县大华中庄卡约文化发掘的一千余件文物中，石斧只有几件，而且石斧是一个多用途的工具，不单单用于农业。遗址中也没有发现农业遗迹和粮食。卡约文化农业和畜牧业的分化，改变了他们的生业方式，改变了其后中国社会的经济结构。①

马家窑文化马厂时期聚落集聚性较强，而且大多分布在耕地条件较好的黄河与湟水下游谷地；而卡约文化时期聚落数量急剧扩张，且分布较为分散，多分布在黄河、湟水上游的河谷和山区，这些地方土地的耕作条件较差。条件较差的土地上一般没有中心的聚落集群，而宜耕土地周边则往往形成了单中心或多中心型的聚落集群，尤以单中心型聚落周边土地的宜耕性最好，而这些地方也往往形成了相对稳定的社会组织结构。耕作条件较差的区域聚落群往往没有结构，分布是随机和分散的，聚落集群的社会结构较为简单，并且容易向畜牧、狩猎为主的经济形态转化。马家窑文化时期的聚落分布主要以耕地为导向，齐家文化时期则由于人口的增加，聚落开始出现扩散，聚落对耕地的依赖性逐渐减弱，小型聚落集群开始出现；继承了齐家文化的辛店

---

① 王杰：《试析卡约文化的经济形态》，《江汉考古》，1991 年 10 期。

文化与卡约文化聚落不再以耕地为导向，聚落分布较为分散，无中心型的聚落集群数量出现增长。

面对不同的交互需要，采取差别化的生业方式是齐家文化聚落的一个显著特点。河湟谷地具有良好的河流灌溉资源，上游山地河谷有种类丰富的动植物资源，前者宜农，后者宜牧，从而使河湟谷地齐家文化聚落形成了亦农亦牧的经济形态，① 同时还存在狩猎采集经济。

从尕马台遗址、喇家遗址和金禅口遗址三个不同的聚落看，尕马台遗址没有出现农业工具，说明农业生产活动较少或没有，而骨镞与石球以及处理肉食的细石器数量较大，说明狩猎采集占据了较大比重。从尕马台的随葬品看，其中只有骨镞、石球与细石叶等狩猎工具和畜牧工具，也说明这个聚落的畜牧经济与狩猎经济占比重较大。总之，从生产工具的种类结构可见尕马台聚落耕作农业衰退，畜牧业兴盛，狩猎经济依然存在。

再看喇家遗址。出土工具同样以石器为主，其中磨制石器较多，而且制作精致，石斧、石锛、石刀、石凿和研磨器较为常见，这些都是以农业为主的生产工具。可见，喇家聚落以农业为主要生业方式，而且已经达到了一定的水平。

最后看金禅口遗址，农业生产工具和狩猎工具均有，遗址中也出土了大量的加工肉食的细石器，说明这个聚落有更多的狩猎或者畜牧的成分。而细石器也可以用来从事各种农业生产，金蝉口遗址不但狩猎和畜牧业是生产方式，农耕也有一定的发展，因此金蝉口聚落混合了多种生业方式。②

可见，不同生存空间，具有不同的资源，而这又决定了天人交互和人域交互的不同形式，并进一步决定了人域交互的特征。齐家文化时期，人域交互的分化必然形成文化的多样性，这对文明的发展是有利的，但同时由于当时人口数量并不大，这种分化又使人口密度减小，聚集程度降低，大大减少了人域交互的频率和规模。不过，比起多样性来，交互频率和规模不及多样性重要。因为在适宜的条件下人口的增长是更快的，多样性的形成则更慢；而多样性是产生更多新的适应性规则的必要前提；人口是量的增长，而多样性则可以引起质的改变。一个以移民为主的地区，其发展比人口变动较小的

---

① 张博：《齐家文化经济形态及相关问题研究》，吉林大学硕士论文，来自知网。

② 王倩倩：《青海河谷区齐家文化经济形态差异化初步探讨》，《青海师范大学学报》，2015 年 5 期。

地区往往更快，原因就在于文化的多样性。

　　齐家文化时期，文化多样性的形成，为甘青地区史前文化的发展和提高，创造了更好的条件，同时也为中华文明的"涌现"，[①] 产生和储备了更丰富的规则。

人域交互与战争

　　从甘青地区史前人口的死亡情况看，仰韶时代女性人口多死于中年时期，其次是青年时期。而男性人口虽然也多死于中年时期，但能够活到老年的人口比例比女性高。男女在世的平均年龄分别为 38.64 岁和 34.45 岁。这反映了仰韶时期人域交互的一个重要特征，就是女性往往分担了更多的生产活动，所以比男性更早离世，而男性更悠闲。

　　当然，整体上仰韶时期中年时期的死亡率最高，而到了龙山和二里头时代情况发生了变化，青壮年时期死亡率高，二里头时代青年时期人口死亡率比龙山和仰韶时期更高。这种演变趋势和社会复杂化程度的逐步提高是一致的，反映了人域交互形式的不断发展和升级。龙山时代和二里头时代，无论从聚落形态的演变，还是城址、文字、铜器等文明因素的发展，都产生了异于以前的社会现象，彰显出等级已经出现和私有化程度越来越深，于是以掠夺财富为目的的战争频繁发生，而战争对人口最直接的影响就是体现在作为参战主体的青壮年人口大量死亡。[②]

表4　年龄分期对照表[③]

儿童	青年	壮年	中年	老年
0 - 14	15 - 25	26 - 35	36 - 50	50 岁以上

　　从婚姻形态来看，仰韶时代社会处于母系氏族阶段，男性在社会生活中

---

①　[美]约翰·霍兰：《涌现：从混沌到秩序》，陈禹译，上海科技出版社 2006 年版。

②　王建华：《甘青地区史前人口年龄构成研究》，《华夏考古》，2014 年 12 期。

③　王建华：《黄河中下游史前人口研究》，山东大学博士学位论文，2005 年。

处于被支配的地位，所以婚姻形态表现为杂婚、群婚到后来的对偶婚，不可能实行一夫一妻制或一夫多妻制，反而是一妻多夫现象较为盛行。进入龙山时代，男性已经取得社会的主导地位，开始盛行一夫一妻制，一妻多夫最多只能成为社会婚姻形态的一种调节手段。

而男性主导的社会自然会有更多的争斗和征伐。这种争斗和征伐恰恰让人们获得了更多的人域交互规则，懂得和掌握了更多的驭人之术，而文明也通过战争的方式实现了融合发展，反过来，这些规则又进一步推动文明朝着更高一级的交互层级上升，推动国家体制的诞生。

第十章
天人交互与人域交互的互构

第一节　人域交互引起的天人生态重构

前面已经谈到过，天人交互是人域交互的基础，这与斯图尔德讲的技术和经济是文化核心的基础差不多是一个意思。因此，人域交互天然包括了天人交互，或者说人域交互始终是以天人交互为背景的。天人交互必然会影响人域交互，人域交互也要反过来影响天人交互，这就是天人交互与人域交互的互构。在这个互构过程中，人域交互的复杂性不断增加，复杂性必然产生交互的非线性，非线性必然会产生"涌现"。古国、方国、国家就是这种非线性作用的结果，或者说就是这种非线性产生的涌现。

这里我们就来讨论一下天人交互和人域交互的互构。

公元前1920年黄河上游大地震

公元前1920年仲夏的某一天中午，黄河上游官亭盆地的喇家村。男人们有的上山采伐树木去了，这里烧陶窑需要木材、炼铜需要木材、做饭也需要木材、死去的人做棺木也需要木材。还有一部分男人放牧或者狩猎去了。气候一直干冷、人口不断增加，仅仅靠种植粟黍已经无法养活这么多人。畜牧业和狩猎都成了必要的生产活动。所以，村里只剩下老人、小孩和妇女。临近中午，几个孩子在村里追逐嬉闹，有的村民在家里用双耳罐做饭，考古学家编号为 F20 这家人用粟粉做的面条，刚刚热气腾腾的端上石桌。突然，房子剧烈地摇动起来，巨大的声音从四周传来。编号为 F4 的这家人，人口较多，住在一个较为宽敞的窑洞里，家里的男主人大禹和几个兄弟带上家里所有的青铜武器，狩猎去了，① 加上邻家送过来委托照看的孩子，家里一共有 14 人。

大禹出生在岷江上游茂汶盆地的营盘山。从这里往北，一直到青海东部河湟谷地，当时都是羌人的聚居地。由于岷江流域人口增加，适农空间狭窄，大禹就带领自己的部落，沿岷江河谷上行，翻越岷山，从隆务河谷到达了官亭盆地的羌人领地。部落已经在这里定居生活了十多年。

地震持续摇动，洞顶开始坍塌，惊恐万状的女主人首先想到邻家孩子的安全，她趔趄着冲过去抱起其中一个，迅速倚墙跪下，祈求苍天保佑；她身怀六甲的女儿则本能地向门道冲去……但是一切都来不及了，伴随着剧烈的摇动，一股红色泥流排空而来，瞬间把这些无助的生命深深地埋在了地下，依生前最后的动作定格在原地。洪水夹着泥流，很快吞没了窑洞、房子，吞没了整个村子。

这里，就是人们今天看到的官亭盆地齐家文化时期被称为"东方庞贝"的喇家遗址。喇家遗址位于黄河岸边，分为下喇家村和上喇家村。一条季节沟吕家沟，从北至南流到喇家村以后，转向东流，从下喇家村村北流过，天然地把喇家村分隔为上下两个村子，然后与东边的岗沟河水汇合，再南流注入黄河（见"图 14"）。

喇家遗址就在下喇家村，建在吕家沟、岗沟沟口洪积扇的二级阶地上，东临岗沟，南至黄河北岸二级阶地前缘，西接鲍家沟，北连上喇家村。

官亭盆地地处青藏高原东北边缘和黄土高原西部的交界处，即中国第二与第三级地形阶梯过渡地带，面积约 60 万平方公里。盆地内部海拔介于 1760 ~1860 米，盆地周围山地的海拔约 2000 米。是一个相对封闭的近似三角形的小盆地，北面有拉脊山，南面是积石山，西有积石峡，东有寺沟峡，黄河自西向东穿过盆地，两岸发育了多级不对称的河流阶地。盆地周边是大面积易于风化的第三系红色泥岩、砂岩和砾岩等，大量的红色黏土、砂土通过谷地

---

① 岳永芳：《从甘青地区史前文化寻找大禹》，《中国土族》2015 年冬季号。

的众多支流输送到盆地沉积下来，在沟口形成了多级洪积扇。黄河阶地地面被分割，地表崎岖。其次，官亭盆地与周边山地形成明显高差，强对流天气在夏季频发，高强度、短时段、局部性的暴雨天气多发，盆地内因此经常发生山洪和泥石流。盆地内巨大的古洪积扇和阶地地面地势平坦，适宜人类居住。在黄河第二、第三级阶地前沿地带，考古发现了大约 50 处新石器时代至青铜时代的遗址。

图 14　喇家遗址水系图

喇家遗址从公元前 1920 年被埋，到考古学家们 2000 年发掘出来，在地下呆了 4000 多年。但喇家遗址的故事远没有结束。

大地震次生灾害

公元前 1920 年夏天的这场 7 级地震，[①] 导致黄河两岸山体滑坡，黄河北

---

　　① 李洋：《古灾难遗址发掘的现实意义——以青海民和喇家遗址为例》，《青海社会科学》2011 年第 4 期。

岸鲍家沟、吕家沟、岗沟、马家沟夹带上游第三系红层丘陵沟壑区的泥土，冲到沟口洪积扇区，掩埋了这里的阶地以后，再越过洪积扇，源源不断地涌入黄河，在很短的时间内，在黄河上游积石峡形成了一个巨大的堰塞湖。堰塞湖水位比目前黄河水位高 185～210 米，蓄水量 120～170 亿立方米。根据河流径流量估计，堰塞体在决堤以前完全堵塞黄河长达 6～8 个月。它的溃决使水位下降了 110～135 米，释放了大约 113 亿～160 亿立方米的湖水，其流速达到每秒 40 万立方米。1967 年雅砻江仅 6.7 亿立方米的突发洪水，竟波及到长江沿线至少 1000 公里。而 100 多亿方的积石峡洪水，显然可以轻易地到达 2000 公里以外的黄河下游，毫不费力地突破黄河的天然堤岸，摧毁水道上的任何障碍，形成无数新的河道，造成罕见的、范围广泛的洪灾。考古学家推断在公元前 2000 年左右，黄河下游发生了一次重大改道，这场洪水极有可能就是导致改道的元凶。①

洪水首先造成了黄河上游齐家文化的突然衰落，农业被畜牧业代替。几乎同时，在黄河下游的鲁西南和鲁西北地区，先民们创造的灿烂的龙山文化，也在公元前 4000 年前后突然崩解，取而代之的是比较落后的岳石文化。②

专家们对黄河下游鲁西南一带进行了考察，发现菏泽和微山湖一带的平原上，分布了众多的土丘，它们一般比平原面高 10 米左右，当地称"堌堆"。因为这一地区，地势平坦，极易遭受洪水的强烈冲刷和破坏，洪水过后形成的些高于平原的孤立残丘，就是堌堆。堌堆周围的平原上分布有灰黑色或黑色的湖沼，深达 2～4 米，是洪水退去以后，泛滥平原上遗留的漫滩或牛轭湖。而突兀在平原之上的堌堆，顶面大致在一个高度上，是更高的一级平原面经洪水强烈冲刷破坏之后的残留。在洪水面前，人类被迫选择到这些残丘上生活，形成堌堆遗址。当然这些堌堆也不安全，在特大洪水面前仍然存在被淹没的危险。在泗水的尹家城遗址，发现堌堆上的龙山文化层被一层细砂所覆盖，说明洪水漫上了高于平原逾 10 米的堌堆。

重要的是，这些堌堆上都保留有龙山文化和岳石文化时期的遗址。③专家推测在龙山文化晚期，很可能该地区出现过洪水事件，洪水对高平原及其上

① 吴庆龙：《公元前 1920 年溃决洪水为中国大洪水传说和夏王朝的存在提供依据》，《科学》2016 年第 5 期。
② 许顺湛：《中原远古文明》，河南出版社 1983 年版。
③ 郅田夫、张启元：《菏泽地区的堌堆遗存》，《考古》1987 年第 11 期。

的人类遗址造成强烈破坏，形成侵蚀残余的堌堆地貌。今天山东禹城市境内有一个省级文物保护单位——贝丘山遗址，考古调查表明，此遗址属于龙山文化时期的堌堆遗址，时代与大禹治水时期相当。

可以推断，这场巨大的洪水，造成山东龙山文化急剧衰落。之后出现的岳石文化落后于龙山文化。[①]

如此巨大的洪水事件深深刻印在人们的脑海里，形成世代相传、不可磨灭的集体记忆，并最终形成了广泛传播的大洪水传说。

《列子·汤问》云：

> 共工氏与颛顼争为帝，怒而触不周之山，折天柱，绝地维，故天倾西北，日月星辰移焉；地不满东南，故水潦尘埃归焉。

王逸注："不周，山名，在昆仑西北。"共工撞断的不周山在昆仑西北，恰好就是积石山，这则神话可能就是这场洪水以后形成的。当时高大的山体在地震中一定是高位滑坡，雷鸣般地崩进黄河，瞬间把黄河阻断。古人并不理解这种自然现象，于是口耳相传之中杜撰了共工怒折不周山的神话传说。

但是，难道地震是导致这场洪灾的唯一原因吗？

天人生态的无情报复

天人交互与人域交互是相互作用相互影响的。人类的经济和文化等活动需要环境的支持，但这些活动又反过来作用于环境，甚至改变环境，建构起新的生态景观。考古调查与发掘研究表明，喇家遗址齐家文化房屋与窑洞建筑规模都比较大，遗址区出土了大量农具和动植物遗存，表明齐家文化时期官亭盆地的远古居民的生业方式是以粟黍类谷物种植为主，兼营畜牧和渔猎。但是，这里毕竟处于青藏高原东北边缘环境敏感地带的半干旱区，自然环境脆弱。人类活动一旦超出一定限度，就会产生负生态位建构。

考古证据表明，马家窑文化时期，木材的获得非常方便。马厂类型的乐

---

① 夏正楷、杨晓燕：《我国北方4kaB.P前后异常洪水事件的初步研究》，《第四纪研究》2003年11期。

都柳湾遗址坐落在黄河支流湟水谷地的二级阶地上，发掘出墓葬 872 座，其中用松柏类树干做成的木质棺具达 729 座，占总数的 83.6%，① 还有 6 座独木棺，树木直径在 40 厘米左右。这表明当时这里有大量的木材。到了距今 4000 年间的齐家文化时期，柳湾遗址发掘墓葬 366 座，木质棺具 288 座，占 78.7%，虽然略有减少，但其中直径为 50 厘米左右的独木棺却占到了 50.3%。表明人类在砍掉低海拔区域或居住地附近的树木以后，向海拔更高、距离更远、树木更大的区域砍阀。而大洪水就恰恰发生在这个时间段。

柳湾遗址发现辛店文化墓葬 6 座，已经见不到木质葬具的痕迹。湟水支流米拉沟的核桃庄墓地，发掘 342 座辛店文化墓葬，只有 102 座有木棺，仅占总数的 27.8%；② 贵德山坪台遗址，发掘出 90 座卡约墓葬，其中仅有的 32 座木棺，都是由直径 10 厘米的圆木或将圆木劈开拼凑而成的。③ 显然，从马家窑、齐家文化时期到辛店、卡约文化时期，墓葬内树木越来越少、树径越来越小、树龄越来越短，说明森林面积已经大幅萎缩。当然，辛店和卡约文化时期森林的减少可能跟齐家文化时期青铜器的发明和辛店和卡约文化时期青铜器广泛运用有关。④

另外，人类在各个时期所开发的耕地面积以及耕地的分布状况，也说明史前人类为了开垦更多的耕地而不断破坏原有的森林植被。这种破坏森林环境行为一旦突破其所在区域的承载力，就会对当地环境造成巨大的甚至毁灭性的破坏。

青海东部的马家窑文化主要分布在河谷地带。马家窑类型时期，青海东部黄河、湟水谷底和共和盆地最初拥有的人口只有 9900 人，耕地 149 平方公里；半山时期下降为 3708 人，耕地 25 平方公里。这里的原生植被是针阔混交林的森林—草原植被，而随着马家窑居民垦殖活动的逐渐深入，原先河谷地区的乔木被砍伐，伴人植物由原来的不到 10% 增加到 30%，说明人类活动逐渐频繁。这也伴随着人口的增加，相应的耕地也要求增加，马厂类型时期

---

① 青海省文物管理处考古队：《青海柳湾》，文物出版社 1984 年版，P125～146。

② 青海省文物考古研究所：《民和核桃庄》，科学出版社 2004 年版。

③ 青海省文物考古队：《青海贵德山坪台卡约文化墓地》，《考古学报》，1987 年 32 期，P255－274。

④ 侯光良等：《晚更新世以来青藏高原人类活动与环境变化》，《青海师范大学学报》（自然科学版），2015 年 2 期。

人口和耕地数量都逐渐增多。到距今4300～4000年期间人口—耕地达到新石器时代的最大值，人口达到39200人，开垦耕地462平方公里。这种情况恰好与伴人植物在距今5000年开始逐渐增多，在距今4300年达到最大值相对应。这说明，到马厂时期，距今4300～4000年期间有462平方公里的森林—草原被开垦为耕地，约占区域适宜耕地的4.3%，人类对环境的影响开始显现。齐家时期人口下降到22790人，耕地下降到330平方公里，但短暂的下降以后，卡约—辛店文化时期，人口猛增至61000人，耕地面积达到1140平方公里。①

我们再把目光聚焦到官亭盆地周边。新石器时代初期，官亭盆地如今所在的民和县以及毗邻民和县的乐都县范围内，人口只有7600余人，但到了距今4300～4000年间的新石器时代晚期即大洪水爆发期间，人口已经增至36000多人，达到鼎盛阶段。②

人口增长和土地开垦，必然使区域原生植被受到干扰和破坏。特别是到了青铜器时代，由于生产力的进步，加剧了对原生植被的破坏。卡约先民的活动范围不仅集中在河谷地带，而且向更高海拔的中山地进军，原生植被的破坏范围不断扩大。这正是此间墓葬棺木急剧下降的原因。

显然，发生在距今5000年青海东部的乔木减少事件，与禾本科植物在距今4600年以后的迅速上升，应该视为人类毁林开荒进行农业活动的产物。但在距今4000年前后大洪水发生的时间段，青藏高原东北缘发生了比1000年前的乔木植被减少事件更大尺度的萎缩情况，乔木孢粉急剧下降，几近消失。③ 距今3900年，临近官亭盆地的共和盆地周围，山地针叶林大幅度消失，松林逐渐退缩到河流谷地小片生长，荒漠草原面积扩大，④ 植被向草原化显著更替。

人类活动还导致了生物多样性的降低。受粟作农业活动影响，陇东地区

① 赵小浩：《青海省东部史前人口—耕地演变研究》，青海师范大学硕士学位论文。

② 赵小浩等：《青海东部史前人口数量分析—以民和、乐都为例》，《干旱区资源与环境》，2012年11期。

③ 刘兴起、沈吉等：《青海湖16kaB.P.以来的花粉记录及其古气候古环境演化》，《科学通报》，2002年17期，P1351－1355。

④ 程波，陈发虎，张家武：《共和盆地末次冰消期以来的植被和环境演变》，《地理学报》，2010年11期。

地层沉积中包含较高比例的禾本科，而其他种属则显得相对贫乏，说明农业活动破坏了原生植被，周边植被群落退化，植物种类向单一化发展。[①] 对互助县丰台遗址的研究表明，卡约文化早期农业经济占较大比重，植被类型为草甸，聚落周围生长有较多的禾本科植物，人类可利用的植物资源比现在的丰富。而随着人类活动加强，区域植物群落向单一化方向发展，生物多样性大大降低。[②] 而生物多样性的降低，会让环境更加恶化。

如果用复杂适应系统理论关于"流"的观点来看人类与环境的相互作用，那么人类和自然环境都可以看做两个拥有不同资源的"节点"，他们通过人类活动作为"连接者"产生相互作用，并且随着时间发展而变化。

假设人类活动的节点和资源为"节点1""资源1"，自然环境为"节点2""资源2"，两者之间相互作用的效应标记为"R"，自然环境的承载力标记为x，显然可以构造一个逻辑斯蒂方程：

$$x_{i+1} = R_{x_i} \left(1 - x_i \right)$$

x_i 是当前时间的值，x_{i+1} 是下一个时间的值，亦即环境变化是时间变化的函数。我们知道，随着时间的推移，当 R 值发生变化的时候，到了一定的临界值，他们之间的关系完全表现为一种非线性的关系，以至于产生蝴蝶效应。

在天人生态构建的过程中，官亭盆地及其周边第三系红层丘陵沟壑区地表植被遭到严重破坏，水土流失加剧，人地关系趋于恶化。加上距今4000年前后发生的全球性气候恶化事件，官亭盆地出现了一个大地震与暴雨山洪泥流灾害盛行的时期。

---

① Zhou X Y, Li X Q, Zhao K L, *et al. Early agricultural develop - ment and environment effects in the Neoloithic Longdong basin（East Gansu）*［J］. Chinese Science Bull, 2011, 56, doi：10. 1007/s11434 ~ 010 ~ 4268 ~ x.

② 侯光良等：《青海东部史前人口—耕地变化及其对植被演变的影响》，《地理科学》，2013 年 3 期。

第二节　天人生态重构引发的人域生态演化

二里头文化的诞生

但是，大洪水的故事才刚刚开始。震撼大地的天人生态重构引发了人域生态的巨大变革。

洪水结束以后，大禹带着狩猎人和牧羊人回到了官亭盆地，喇家住房已经不见踪影，一切都面目全非，除了水流的声音，大地一遍死寂。

再查看原来种植粟和黍的土地，曾经十分肥沃的黑垆土被一层厚达 1.2 ～ 1.5 米的红色砂土与黏土覆盖。粮食已经无法种植了。这个被废弃的人类居住地，直到 300 年以后的辛店文化和卡约文化早期（3600 ～ 3400aB. P. ）才有零星的人口来到这里放牧。①

没有了农业，仅仅靠畜牧和狩猎，人们的生存怎么办？

大禹部落流迁中原

大禹经过深思熟虑，最后做出了一个重大决定：迁徙。

但是，往哪里去呢？大禹想起了交往多年的晋南豫北地区，陶寺、东下冯……

众多考古成果显示，公元前 5000 ～ 4000 年，中原地区尽管高温期走向下降阶段，但气候仍然比较湿热。郑川大河村遗址发现的居住遗址为地上式住房，且为经过烧结的整体式结构，房屋四周和房顶涂有较厚的防雨草泥，防止雨水渗漏、隔潮、地下水上升，这就显示了当时的气候特点。其次，中原的农业生产出现了石犁，农业生产水平明显提高，还发明了水井和农业灌溉技术。虽然在公元前 4200 年前后，发生过持续低温，并伴随着洪水，但到了公元前 4000 ～ 3200 年，则进入了较为稳定的温暖期。② 而这时的河湟谷地刚好进入齐家文化时期，气候干冷、农业减少、游牧业兴起，生业方式正在艰

---

① 戎晓庆等：《青海官亭盆地史前灾难性地表过程及其影响研究》，《地理科学进展》，2020 年第 8 期。

② 宋豫秦等：《中国文明起源的人地关系研究》，科学出版社 2002 年版，P203 － 204。

难转型。

远在黄河上游谷地的大禹怎么知道中原情况的呢？

先看看齐家文化与中原文化的交往史迹。从建筑观察，齐家文化的白灰面房屋比较普遍。而晋南豫西与齐家文化同时代的龙山文化白灰面房屋同样很普遍，其中又以河南地区发现最多。这种建筑是在地面上先挖一个土坑，在底部铺上一层草泥土，再在上面涂抹一层光滑的白灰居住面。① 有的在房基白灰面的涂层下，还增加了加固地基的夯筑技术。晋南地区的龙山文化白灰面房屋与河南的大体相似，但平面多作四角抹圆的方形，夏县东下冯发掘的十多座白灰面房址大多数都是这种形制。

甘青地区齐家文化的白灰面房屋建筑遗迹，多年来都有大量的发现。其中泰安寺嘴坪、临夏大何庄、武威皇娘娘台等遗址发现的白灰面房屋，平面也多为圆角方形。而且齐家文化的一些白灰面房基，在居住面以下，同样进行了夯筑。甘肃瓦家坪发现的齐家文化园角方形房基，甚至与晋南龙山文化房屋规模、结构都完全雷同。

总之，从形制结构、住室布局、建造方法、材料选择等方面看，齐家文化的白灰面房屋，在形式上无不与山西汾水流域晋南和晋中等地龙山文化的白灰面房屋相似。而在建筑方法和用料上，则与中原地区龙山文化白灰面房屋的夯筑技术一致。

又如葬俗。墓葬里撒朱砂或红色颜料，以及埋葬猪骨这两种葬俗，在齐家文化和晋南陶寺龙山文化都有，而且形式上几乎完全雷同，二者若没有一定文化上的联系，是不可能的，不然的话，齐家文化的葬俗就应与在文化上有发展和继承关系的马家窑文化相近，但发掘表明，兰州红砂沟等地马家窑文化的墓葬却没有撒朱砂及埋猪骨的葬俗。单就葬俗而言，齐家文化显然是受了晋南陶寺龙山文化的影响。②

再比如陶鬲，齐家文化的陶鬲与晋南的陶鬲在形制上都相互联系，其发展和演变存在一定的渊源关系。

当然，从甘青地区、昆仑山西北，到陕西石峁遗址，再到陶寺遗址还有一条显著的华西系玉器文化交流线，它包括齐家文化、石峁集团、陶寺文化、

---

① 中国科学院考古所编：《庙底钩与三里桥》，科学出版社 1959 年版。
② 王克林：《试论齐家文化与晋南龙山文化的关系》，《史前研究》，1983 年第 9 期。

庙底沟二期文化芮城清凉寺墓地等。①

　　显然，大禹进入中原有多条可选择路线。或许，他过去曾经走过其中的一些路。

　　与中国其他地区不同，齐家文化时期大禹的羌人部落已经驯化了马，这作为他们运输辎重和代步的工具。② 其次，距今约 5000 年左右的马家窑时期，青铜器就已经出现，而且铜器的质量说明当时的远古居民已经掌握了金属冶炼技术。③ 进入齐家文化时期，冶铜业发展迅猛，铜器数量和种类均大幅增加，冶炼技术也远超此前。中国早期金属器最有代表性的就是齐家文化的铜器。齐家文化早期以生产红铜为主，晚期则以生产青铜为主。特别是稍晚于齐家文化的四坝文化（公元前 1900～1500）冶铜业和铜器制造业更是达到了相当高的水平。而齐家文化所有的铜器都是在洮河以西地区发现的。位置偏西的齐家文化遗址往往铜器数量偏多，如青海贵南尕马台遗址出土铜器 19 件，甘肃武威皇娘娘台遗址出铜器 30 件。显然，虽然喇家遗址没有铜器出土的报道，但临近官亭盆地的积石山新庄坪遗址却出土了 12 件铜器。因此，喇家遗址的大禹羌族部落已经大量使用铜器是无可怀疑的。而在齐家铜器中，刀的数量最多，而且形态各异，包括单刃刀、单刃有背刀以及后来安装了刀柄，刀首和柄部进行了装饰的铜刀，还有铜矛等。④ 可以肯定，大禹部落悲壮的迁徙一定带上了铜制武器。

　　马和青铜在当时的中国应该是最先进生产力的代表。大禹部落来到黄河中游的豫西晋南地区的二里头，这里地处两个地貌阶梯的过渡带，山前黄土台地分布广泛，台地面宽阔，河流下切较深。洪水来临可能淹没台地的前缘或在台地上形成决口扇和漫洪河道，但这种特定的地貌却有着较大的迂回空间，人们可以通过就地后退，避开洪水而不需要费多大的周折，从而使文化得以延续。大禹部落就在这里定居了下来。

① 何驽：《华西系玉器背景下的陶寺文化玉石礼器研究》，《南方文物》，2018 年第 2 期。
② 铁元神：《中国北方家马起源问题初探—以甘青地区为探讨中心》，《农业考古》，2015 年第 1 期。
③ 甘肃省文物工作队等：《甘肃东乡林家遗址发掘报告》，《考古学集刊》，科学出版社 1984 年版。
④ 杨建华：《中国早期铜器的起源》，《西域研究》，2010 年第 3 期。

在整个中原，只发现了几件公元2190年以前的铜器。而进入二里头（公元前1780～前1520年）时期这里的铜器突然增多，目前已经发现了200多件，而且铜器种类比此前的大大丰富，工具类有鱼钩、刀、锛、凿、锥、钻、削、纺轮、锯，兵器有镞、戚、戈、钺，乐器有铜铃，装饰品有铜泡、镶嵌绿松石的铜圆牌、镶嵌绿松石的兽面铜牌，礼器有爵、斝、盉、鼎等。同时还发现了铸造铜器的陶范和炼铜的遗迹。①

显然，某种事物如果当地原来没有、或者很少，某个时间段突然增多，而且形态丰富，都不应该是当地的发明。因为任何事物要形成完整的链条、丰富的形态，都是需要一个比较长的时间段才能够逐渐发展出来的。所以，可以推断这些铜器和铜器制造技术，都应该是大禹部落从遥远的官亭盆地带过来的，而不是像有些史家、特别是中原中心论者所表述的那样相反。

大禹来到中原，他是否到过陶寺、东下冯所在的清凉寺，而且遭遇了坚决的抵抗，并毫不费力地灭了这两个强大的部族，尚需论证。但中国历史上的另一个宏大故事开始了！

大禹治水

大洪水时，当时雄霸中原的是强大的尧的部落。尧先后命令共工（神话）和鲧去治水都失败了，舜刚刚就位，看来治水非常麻烦，而大禹来到中原按照时间推算，已经是在大洪水十多年以后了，水患的解除应该差不多了。我推测鲧治水不成功，是洪水实在太大。大禹治水实质上是一次规模大、层次丰富的人域构建。虽然当时中国没有今天这么多人力物力可以调配，但人口的数量还是较大的。

现今公认的夏朝都城是河南二里头遗址，地处豫西和晋西南。山西省晋西南地区在龙山时代早期的人口为750000人左右，在龙山时代晚期达到1040000人左右。河南省龙山时代早期人口规模在1157000人左右，晚期人口规模在2094000人左右。② 相邻山东省龙山时代早期人口为540000人左右，龙山时代晚期则发展到1614000人左右，陕西省龙山时代早期的人口为1694000人左右，晚期人口为2755000人左右。

二里头时代开始阶段，正是距今4000年左右的大暖期中的多灾期，距今

---

① 李水城：《西北与中原早期冶铜业的区域特征及交互作用》，《考古学报》，2005年第3期。

② 王建华：《黄河中下游地区史前人口》，山东大学博士学位论文。

4200－4000 年期间发生了一场全球性降温事件，导致人口—资源失衡，因为资源争夺引起了大量的冲突和战争。^① 因此，河南、晋西南地区的整体人口规模虽然比此前有所下降，但是二里头都城附近中心区域，却出现人口集中的现象。二里头文化 1 期遗址面积超过 100 万平方米，以二里头都城为中心的地区的人口规模超过了龙山时代。可见大禹治水功效卓著、深得民心，"黎民怀之"，加上部落战争频发，所以很多人都前往归附。

正是在这种情况下，大禹可以调集足够多的人来参与治水。并在这个过程中，熟练掌握了大规模使用人力的经验和技术，这成为后来完胜部落战争的重要条件。而大禹部落自身所带来的马和铜质兵器则成为战争中最先进的武器。刚好这里有号称万国的数量众多的方国或者王国，这就构成了一个个体竞争和群体竞争的社会景观。因此大禹可以获得丰富的战争经验，让各个方国或者王国除了归顺以外不敢轻举妄动，为建立稳定的夏王朝奠定了坚实的政治基础。

夏朝的建立

中国历史上第一个王朝—夏朝就这样在中原大地诞生了。大禹在治水的过程中，构建了超越部落的权威，他多次会盟，增加人域交互的频次，加固这种权威，让人们习惯他的权威。而民间广为传颂大禹是受上天指派下来治水的，更增加了他的神秘性和神圣性，为他的权威罩上了一层光环。

大禹建立夏以后，不忘所自。他把尧的十二州重新划分为九州，官亭盆地为雍州，老家营盘山在梁州。梁州是青黎土，土壤肥沃，在九个土壤等级中，不但被定为比较低的第七等，而且赋税可以上下浮动三级，也就是说可以按照最低的一等交税。其他八个州，扬州的土壤等级是第九等，交税也是按七等或六等交，只有梁州可以按最低的纳税。给雍州定的税也明显有些私心。雍州是黄土，土壤等级定为一等，其他八个州都没有定为一等的土，雍州的土壤这么好，但纳税却是第六等，因为这里是大禹第一阶段创业的地方。看来大禹是一个很重情的人。

大禹还知道仪式的重要性。他用徐州进贡的五色土建了一个国家级的社坛，五色是青、白、赤、黑、黄，对应东、西、南、北、中。诸侯的封地在

① 吴文祥、葛全胜：《气候突变、人口增长、地理限制与夏朝的建立》，《中原文物》，2014 年 2 期。

哪个方向，就用白茅包相应颜色的土回去，建立一个分社坛，作为祭祀天地的场所。而所有的土都要覆盖一层黄土，这就叫"列土封疆"。① 为什么是黄土，因为大禹部落来自黄土高原的西南缘，而且是踏着黄土高原的黄土走过来的。看来大禹做什么都需要有个由头，很讲究历史和文化。这让后来的商周王朝在为自己的改朝换代寻找合法性论据的时候，提供了一个很有效的思路。

大禹也很可能对那场大洪水进行了反思，悟到了天人生态构建必须吸取的教训。所以，他警告家乡的百姓要敬畏自然。"（禹生石纽）夷人营其地，方百里不敢居牧。有过，逃其野中，不敢追，云畏禹神；能藏三年，为人所得，则共原之，云禹神灵祐之。"《史记·夏本纪》《正义》引作"今夷人共营其地，方百里不敢居牧，至今犹不敢放六畜。"② 就是说，大禹的故地方圆百里没有人敢放牧。这肯定不是因为畏惧大禹这个人，而是害怕大禹这位神。这位神曾经告诫他们要保护自然。

姗姗迟来的巴国

讨论嘉陵江流域史前文化，突然扯到中原的夏朝去了。这是因为出生在川北（说不定是嘉陵江支流的涪江流域）的大禹跑去中原建立了中国历史上的第一个国家政权。而其时的嘉陵江中下游是一种什么情况呢？最多进入了酋邦时代（方国也），而且跟黄河流域或者中原的万国林立相反，这个区域没有几个具备规模的人类群体。最早记载这个区域的文献是在《山海经·海内经》"西南有巴国。大皞生咸鸟，咸鸟生乘厘，乘厘生后照，后照是始为巴人。"任乃强先生早就指出，这段话的前半段似出自《世本》，或魏晋人辑成的《续世本》，可靠性不大。但亦有些依据，不至完全出于虚构。太皞就是伏羲，伏羲第三代兴盛而为巴人氏族，这是可信的。③ 而所谓巴国，是迟至夏朝的时候才有的，最早巴人部落聚集在巫峡奉节的故陵。巴人由于发现了水下盐泉，逐渐强大起来，境域扩展到枳县（今涪陵），于是徙都邑到平都（原丰

① ［美］夏维东：《上古迷思》，广西师范大学出版社 2019 年版，P89－90。
② 刘琳：《华阳国志校注》（修订版），成都时代出版社 2007 年版，P550。
③ 任乃强：《四川上古史新探》，四川人民出版社 1986 年版，P233－234。

都县治，现已经淹没在三峡库区水下），后来又徙都江州（今重庆）、垫江（今合川）、阆中。而另一支有名的巴人组织廪君集团则在长江中游的支流清江流域。只是到了新石器时代晚期，才在渠江上游的罗家坝建立了一个有一定规模的酋邦，另外就是有史为证的板楯蛮或者賨人部落。武王伐纣，有八个戎国参加：庸、卢、彭、濮、蜀、羌、微、髳，任乃强先生指出，这八个国家多在大巴山区，但他们都称为"人"，就是一些原始部落。可见，晚至商周，嘉陵江中下游都还处在原始部落时期。到了周，可以称为国家的也不多，如平州国（地望在今广元旺苍，周穆王以前已经进入奴隶社会）、有果氏之国（地望在今南充，西周初叶已经建成国家）、古苴国（褒国），还可以算上賨人（又称夷）。① 因此，嘉陵江中下游在史前很长一个历史时期，都只能用"巴文化"来指称，都只是一些小部落的集群。② 只是到了商周时期酋邦稍微多了几个。

但是，也不能说，嘉陵江中下游的文化就没有发展。春秋时期这里已经有可以称为"国"的单位了。

春秋时代巴国事迹的第一次见于历史，是公元前703年的春天的一场战争。巴国联合楚国与邓国（位于河南南部）和鄾（位于现在的襄樊北）交战。据《左传·桓公九年》记载：

> 巴子使韩服告于楚，请与邓为好。楚子使道朔将巴客以聘于邓。邓南鄙鄾人攻而夺之币，杀道朔及巴行人。楚子使薳章让于邓，邓人弗受。夏，楚使斗廉帅师及巴师围鄾。邓养甥聃甥帅师救鄾，三逐巴师，不克。斗廉衡陈其师于巴师之中，以战而北，邓人逐之，背巴师而夹攻之。邓师大败，鄾人宵溃。

这一段记载很简单，但说明已经有了真正的巴国。有使节、有独立正规的军队，有一套职官制度，巴子，子是韩服的爵位，这个爵位只有自己国君才能授予，因此巴已经不是一个原始部落或者酋邦。尽管这个国家地理范围

---

① 任乃强：《四川上古史新探》，四川人民出版社1986年版，P188-215。
② 段渝：《酋邦与国家起源：长江流域文明起源比较研究》，中华书局2007年版，P197-201。

较小，统治力还比较薄弱。①

不但有了国，而且商周时期这里的居民就创造了巴蜀图语。这些说明嘉陵江中下游区域文明的前进的步伐并不缓慢。

但总的来看，无论是天人交互、还是人域交互，或者二者的互构，嘉陵江上游文化圈的交互强度、交互频率和交互规模等等都远远大于嘉陵江中下游文化圈，尽管嘉陵江中下游也有治水活动，如临近的蜀就有鳖灵治水，但这些交互整体上都不足以引起部落组织形式的变革。

---

① 童恩正：《古代的巴蜀》，四川人民出版社 1979 年版，P21－22。

参考文献

一、中文原著

1. 中国社科院考古所编：《中国考古学》（新石器时代卷），中国社会科学出版社 2010 年版。

2. 张忠培：《中国考古学——走近历史真实之道》，科学出版社 2004 年版。

3. 张忠培、许倬云主编：《新世纪的考古学》，紫禁城出版社 2006 年版。

4. 刘莉、陈星灿：《中国考古学》，生活·读书·新知三联书店 2017 年版。

5. 苏秉琦：《满天星斗》，中信出版集团 2016 年版。

6. 苏秉琦：《中国文明起源新探》，人民出版社 2013 年版。

7. 饶宗颐：《西南文化创世纪》，上海古籍出版社 2010 年版。

8. 肖萐父、李锦全：《中国哲学史》，人民出版社 1982 年版。

9. 冯友兰：《中国哲学史》，上海华东师范大学出版社 2000 年版。

10. 陈淳：《考古学研究入门》。北京大学出版社 2009 年版。

11. 钱耀鹏主编：《考古学概论》，高等教育出版社 2011 年版。

12. 孙庆伟：《鼏宅禹迹》，生活·读书·新知三联书店 2018 年版。

13. 李峰：《西周的灭亡》（增订本），上海古籍出版社 2016 年版。

14. 王震中：《中国古代文明探索》，云南人民出版社 2005 年版。

15. 王震中：《重建中国上古史的探索》，云南人民出版社 2015 年版。

16. 王震中：《中国古代国家的起源与王权的形成》，中国社会科学出版社 2013 年版。

17. 长江文明馆编：《长江中游地区新石器时代的人地关系研究》，长江出版社 2015 年版。

18. 甘肃省文物考古研究所等：《西汉水上游考古调查报告》，文物出版社 2008 年版。

19. 重庆市文化遗产研究院：《嘉陵江下游考古报告集》，科学出版社 2015 年版。

20. 中国社科院考古所等编：《宣汉罗家坝遗址与巴文化研究》，科学出版社 2018 年版。

21. 刘兴诗：《古蜀文明探秘》，四川辞书出版社 2011 年版。

22. 陈鹏：《中国婚姻史稿》，中华书局 2005 年版。

23. 韩建业：《早期中国》，上海古籍出版社 2015 年版。

24. 韩建业：《先秦考古研究》，文物出版社 2013 年版。

25. 宋豫秦等：《中国文明起源的人地关系研究》，科学出版社 2002 年版。

26. 卜工：《文明起源的中国模式》，科学出版社 2007 年版。

27. 张岩：《文明起源》，科学出版社 2012 年版。

28. 杨宽：《中国上古史导论》，上海人民出版社 2016 年版。

29. 易中天：《祖先》，浙江文艺出版社 2013 年版。

30. 傅斯年：《民族与古代中国史》，北京出版社 2018 年版。

31. 陕西省考古研究所等：《陕南考古报告集》，三秦出版社 1994 年版。

32. 蒙文通：《巴蜀古史论述》，四川人民出版社 1981 年版。

33. 任乃强：《四川上古史新探》，四川人民出版社 1986 年版。

34. 任乃强：《华阳国志校补图注》，上海古籍出版社 1987 年版。

35. 刘琳：《华阳国志校注》，成都时代出版社 2007 年版。

36. 童恩正：《古代的巴蜀》，四川人民出版社 1979 年版。

37. 郑德坤：《四川古代文化史》，巴蜀书社 2004 年版。

38. 徐南洲：《古巴蜀与〈山海经〉》，四川人民出版社 2004 年版。

39. 段渝：《酋邦与国家起源：长江流域文明起源比较研究》，中华书局 2007 年版。

40. 段渝：《政治结构与文化模式》，学林出版社 1999 年版。

41. 马幸幸：《川东北考古与巴文化研究》，西南交通大学出版社 2011 年版。

42. 葛剑雄等：《黄河与河流文明的历史观察》，黄河水利出版社 2007 年版。

43. 裴安平：《中国史前聚落群聚形态研究》，中华书局 2014 年版。

44. 夏维尔：《上古迷思》，广西师范大学出版社 2019 年版。

45. 李济：《中国早期文明》，上海人民出版社 2017 年版。

46. 李济：《中国民族的形成》，上海人民出版社 2017 年版。

47. 张学海：《龙山文化》，文物出版社 2006 年版。

48. 张光直：《中国青铜时代》，生活·新知·读书三联书店 2013 年版。

49. 张光直：《艺术·神话与祭祀》，北京出版社 2016 年版。

50. 许宏：《何以中国》，生活·读书·新知三联书店 2016 年版。

51. 李承三等：《嘉陵江流域地理考察报告》，四川北碚中国地理研究所 1946 年版。

52. 马以愚：《嘉陵江志》，商务印书馆 1946 年版。

53. 杨华：《三峡远古时代考古文化》，重庆出版社 2007 年版。

54. 白九江：《重庆地区新石器文化》，巴蜀书社 2010 年版。

55. 毛曦：《中国新石器时代文化地理》，陕西人民出版社 2002 年版。

56. 杜勇：《中国早期国家的形成与国家结构》，中国社会科学出版社 2013 年版。

57. 沈长云等：《中国古代国家起源与形成研究》，人民出版社 2009 年版。

58. 梁颖等：《中国早期国家形成的道路与形态研究》，广西师范大学出版社 1998 年版。

59. 徐达斯：《世界文明孤独史（上、下）》，作家出版社 2019 年版。

60. 佟柱臣：《中国新石器研究》，巴蜀书社 1998 年版。

61. 党双忍：《秦岭简史》，陕西师范大学出版社 2019 年版。

62. 李水城，罗泰主编：《中国盐业考古》（第一集），科学出版社 2006 年版。

63. 李水城，罗泰主编：《中国盐业考古》（第二集），科学出版社 2010 年版。

64. 唐晓峰：《文化地理学释义》，学苑出版社 2012 年版。

65. 马强主编：《嘉陵江流域历史地理研究》，科学出版社 2016 年版。

66. 张祥斌编著：《天气制造的人类历史》，陕西人民出版社 2016 年版

67. 李学勤，徐吉军主编：《长江文化史（上下）》，江西教育出版社 1995 年版。

68. 李学勤：《中国古代文明研究》，华东师范大学出版社 2009 年版。

69. 叶舒宪：《中华文明发生史》，南方日报出版社 2015 年版。

70. 宿白：《中国古建筑考古》，文物出版社 2009 年版。

71. 四川水利电力厅：《岷江志》（内部印刷），1990 年版。

72. 王若冰：《渭河传》，太白文艺出版社 2013 年版。

73. 侯甬坚：《渭河》，江苏教育出版社 2010 年版。

74. 余承君等：《关中平原》，南方日报出版社 2016 年版。

75. 黄剑华：《古蜀金沙》，巴蜀书社 2003 年版。

76. 范小平：《古蜀王国的艺术星空》，巴蜀书社 2003 年版。

77. 韩震：《西方历史哲学导论》，北京师范大学出版社 2008 年版。

78. 冉光荣、工藤元男主编：《四川岷江上游历史文化研究》，四川大学出版社 1995 年版。

79. 张胜冰：《从远古文明中走来》，中华书局 2007 年版。

80. 贾芳等：《文明的兴衰》，甘肃文化出版社 2014 年版。

81. 任放：《中国市镇的历史研究与方法》，商务印书馆 2010 年版。

82. 张树栋等：《古代文明的起源与演进》，南京大学出版社 1991 年版。

83. 秦建明：《秦巴栈道》，陕西师范大学出版社 2017 年版。

84. 李志勤等，《蜀道话古》，西北大学出版社 1986 年版。

85. 长风眼亮：《地图里的兴旺》，中国地图出版社 2015 年版。

86. 杜君立：《历史的细节》，上海三联书店 2013 年版。

87. 张伟然：《湖北历史文化地理》，湖北教育出版社 2000 年版。

88. 郭泳：《中华文明的开端》，上海人民出版社 2018 年版。

89. 田丰等主编：《环境史：从人与自然的关系叙述历史》，商务印书馆 2011 年版。

90. 侯钧生：《人类生态学：理论与实证》，南开大学出版社 2009 年版。

二、译著

91. 《马克思恩格斯选集》（1－4 卷），人民出版社 1972 年版。

92. Burns. R. M. Pickard. H. R.：《历史哲学：从启蒙到后现代性》，张羽佳译，北京师范大学出版社 2009 年版。

93. 张文杰等编译：《现代西方历史哲学译文集》，上海译文出版社 1980 年版。

94. ［美］彼得·L. 伯格、托马斯·卢克曼：《现实的社会建构》，吴肃然译，北京大学出版社 2019 年版。

95. 陈新主编：《当代西方历史哲学读本》，复旦大学出版社 2004 年版。

96. ［瑞士］雅各布·坦纳：《历史人类学导论》，白锡坤译，北京大学出版社 2008 年版。

97. ［瑞士］许靖华：《气候创造历史》，甘锡安译，生活·读书·新知三联书店 2014 年版。

98. ［英］A. R 拉德克利夫·布朗：《原始社会的结构与功能》，潘蛟等译，中央民族大学出版社 1999 年版。

99. ［英］R. G. 科林伍德：《历史的观念》，何兆武等译，中国社会科学出版社 1986 年版。

100. ［德］诺贝特·埃利亚斯：《文明的进程》，王佩莉等译，上海译文出版社 2013 年版。

101. ［美］迈克尔·托马塞洛：《人类思维的自然史》，苏彦捷译，北京师范大学出版社 2017 年版。

102. ［日］田家康：《气候文明史》，范春飚译，东方出版社 2012 年版。

103. ［以色列］尤瓦尔·赫拉利：《人类简史》，林俊宏译，中信出版集团 2017 年版。

104. ［英］Robin Dunbar 等：《进化心理学》，万美婷译，中国轻工业出版社 2017 年版。

105. ［日］柄谷行人：《世界史的构造》，赵京华译，中央编译出版社 2012 年版。

106. ［日］柄谷行人：《哲学的起源》，潘世圣译，中央编译出版社 2018 年版。

107. ［美］奥古斯汀·富恩斯特：《一切与创造有关》，贾丙波译，中信出版集团 2018 年版。

108. ［美］斯蒂芬·克尔施：《大脑与音乐》，周晓林等译，浙江教育出版社 2017 年版。

109. ［英］米歇尔·德·哈恩等：《人类发展认知神经科学》，浙江教育出版社 2017 年版。

110. ［美］马歇尔·萨林斯：《石器时代经济学》，张经纬等译，生活·读书·新知三联书店 2009 年版。

111. ［美］安简·查特吉：《审美的脑》，林旭文译，浙江大学出版社 2016 年版。

112. ［美］尼古拉斯·韦德：《信仰的本能》，陈华译，电子工业出版社 2017 年版。

113. ［美］尼古拉斯·韦德：《黎明之前》，电子工业出版社 2015 年版。

114. ［美］弗朗西斯·福山：《政治秩序的起源：从前人类时代到法国大革命》，毛俊杰译，广西师范大学出版社 2014 年第 2 版。

115. ［英］罗宾·邓巴：《人类的演化》，余彬译，上海文艺出版社 2016 年版。

116. ［英］罗宾·邓巴：《梳毛·八卦及语言的进化》，区沛仪译，现代出版社 2017 年版。

117. ［美］塞缪尔·鲍尔斯等：《合作的物种》，张弘译，浙江大学出版社 2015 年版。

118. ［美］彼得·里克森等：《基因之外》，陈姝译，浙江大学出版社 2017 年版。

119. ［美］马立博：《中国环境史》，关永强等译，中国人民大学出版社 2015 年版。

120. ［英］威廉·贝纳特等：《环境与历史》，包茂红译，译林出版社 2011 年版。

121. ［美］布鲁斯·崔格尔：《考古学思想史》，徐坚译，岳麓书社 2008 年版。

122. ［英］R，J，约翰斯顿：《哲学与人文地理学》，蔡运龙等译，商务印书馆 2010 年版。

123. ［加］J·F·佩金格尔：《符号侦探》，朱宁雁译，北京联合出版公司 2019 年版。

124. ［英］理查德·道金斯：《自私的基因》，卢允中等译，中信出版社 2012 年版。

125. ［美］迈克尔·加扎尼加：《人类的荣耀》，彭雅伦译，北京联合出版公司 2016 年版。

126. ［苏］IO. N. 谢苗诺夫：《婚姻和家庭的起源》，蔡俊生等译，中国社科出版社 1983 年版。

127. ［加］查尔斯·I. 拉姆斯登等：《基因、心灵与文化》，刘利译，上海科教出版社 2016 年版。

128. ［英］罗宾·邓巴：《人类的算法》，胡正飞译，四川人民出版社 2019 年版。

129. ［英］罗宾·邓巴：《最好的亲密关系》，周晓林译，四川人民出版社 2019 年版。

130. ［英］罗宾·邓巴：《社群的进化》，李慧中译，四川人民出版社 2019 年版。

131. ［英］罗宾·邓巴等：《大局观从何而来》，刘腾达译，四川人民出版社 2019 年版。

132. ［意］贝内德托·克罗齐：《作为思想和行动的历史》，田时纲译，商务印书馆 2012 年版。

133. ［苏］贝格尔：《气候与生命》，王勋等译，商务印书馆 1991 年版。

134. ［法］勒内·格鲁塞：《东方的文明》（上下），常任侠等译，商务印书馆 2017 年版。

135. ［法］费尔南·布罗代尔：《文明史》，中信出版社 2014 年版。

136. ［德］约阿希姆·拉德卡：《自然与权力：世界环境史》，王国豫等译，河北大学出版社 2004 年版。

三、英文专著和论文

137. HAWLEY A H, *Human Ecology：a Theory of Community Structure* ［M］. New York：Ronald. 1950.

138. SCHUTKOWSKI H, *Human Ecology：Biocultural Adaptations in Human Communities* ［M］. Berlin：Springer - Verlag. 2006，

139. R. G. COLLINGWOOD, *The Idea of History* ［M］. Oxford - New York：Oxford University Press，1994

140. FRISBIE P. *Human ecology: insights on demographic behavior//Smelser N J, Baltes P B. eds* [M]. International Encyclopedia of the Social&Behavioral Sciences, Oxford: Elsevier. 2001

141. A. DANTO, *Anatytical philosophy of history*, Cambridge 1968.

142. STEINER F, *Human Ecology: How Nature and Culture Shape Our World* [M]. Washington D C: Island Press. 2016.

143. PICKETT S A, et al. , *Urban ecological systems: scientific foundations and a decade of progress* [J]. Journal of Enviroment. 2011.

144. CLAPHAM W B JR, *Human Ecosystem* [M]. New York: Macmillan Publishing Co. 1981.

145. KENDAL J, TEHRANI J J, ODLING - SMEE J, *Human niche construction in interdisciplinary focus* [J]. PhilosophicaTransactions of the Royal Society of London. 2011.

后记

　　蒙四川省社会科学院侯水平院长见爱，2016 年秋天，我加入了"巴蜀江河传·嘉陵江传"的研究和写作工作。接受任务时，不假思索，满以为不过是小菜一碟，轻轻松松就可以通关。哪知到今天，已经过去 4 年了，才匆匆交卷，很是汗颜。

　　最初，准备采用复杂适应系统理论，从全新的视角透析嘉陵江在巴蜀文明中的作用，讨论巴文明和蜀文明是怎样形成的和怎样互动演化的。写了大概 5 万字，忽然觉得这个内容最核心的问题——互动演化，并没有足够的史实可以支撑，也无法建构起交互模型。于是只好改变思路，推倒重来，把重点放在对"嘉陵江与巴蜀文明演化的历史图景"的描述上，反复推敲提纲，觉得甚美，于是欣欣然下笔。写着写着，发现完美的提纲下同样没有多少可写的内容，又在写了 5 万多字的情况下停工了。其时，2018 年已经过半了，我们每每想到这项工作，焦躁之情可想而知。

　　这跟做买卖不一样，没有中途退货的道理。即使领导关心我，同意"退货"，必然会辜负领导的一番美意，更重要的是，江湖上的名声恐怕一落千丈，所以只有硬着头皮艰难前行。

　　又经过几个月的学习和反复思考，最后决定把内容定为"嘉陵江流域史前文化研究"。尽管这个问题依然充满了挑战，但觉得没有更好的选择。中途经历了生病住院、车祸等事件。磨磨叽叽到 2020 年 9 月下旬才勉强完稿。

　　三年多来，为研究这个问题，我们阅读和浏览的文字不会少于 1000 万字

（大多数都已经呈现在"参考文献"之中），其中精读的书籍文字不少于200万字。涉及十多个学科。

　　写完这本书，发现人类文明研究才是我们最喜欢的学术领域。这似乎为本人打开了一扇新的学术之门，希望在未来的学术生涯中，能够在这个领域有更多学术收获。

2020 中秋于蓉城